Signalementslehre

Lehrbuch der Personenbeschreibung und -feststellung für den Polizeiunterricht, den Erkennungs- und Fahndungsdienst

Von

Dr. jur. Hans Schneickert

langjähriger Leiter des Erkennungsdienstes beim Polizeipräsidium Berlin, beauftr. Dozent für strafrechtliche Hilfswissenschaften an der Universität Berlin

Mit vier Tafeln und zahlreichen Abbildungen im Text

Dritte, erweiterte Auflage

J. Schweitzer Verlag (Arthur Sellier)
München, Berlin und Leipzig 1937

Druck von Dr. F. P. Datterer & Cie., Freising-München.

Vorwort zur ersten Auflage.

(Auszugsweise.)

Alphonse Bertillon, der sich um die Vervollkommnung der Hilfsmittel der Kriminalpolizei schon so verdient gemacht hat, verdanken wir durch seine im „Portrait parlé" dargestellte Signalementslehre einen weiteren bedeutenden Fortschritt in der modernen Polizeitechnik. Niemand kann bestreiten, daß die Personenbeschreibung bei den polizeilichen Ermittelungen täglich eine wichtige Rolle spielt; jedem sind aber auch die Mängel unserer heutigen allgemein noch gebräuchlichen Signalements bekannt. Wenn ein Polizeibeamter auf Grund einer ihm übergebenen Beschreibung die richtige Person ermittelt, so muß man seinen Instinkt um so mehr bewundern, als er sich durch unzulängliche und oft ganz falsche Angaben im Signalement nicht irreführen ließ. Zu solcher Bewunderung haben wir aber nicht häufig Anlaß, denn meistens sind unsere Signalements an der Ermittelung eines gesuchten Menschen nicht schuld. Wenn der Polizeibeamte im allgemeinen auch weiß, auf was es bei den Beschreibungen hauptsächlich ankommt, und er mehr unbewußt das Richtige trifft, so fehlt es ihm aber doch an einer systematischen Schulung auf diesem Gebiet.

In der Tat haben wir heute noch keine praktische, allgemein eingeführte Signalementslehre, die doch zur grundlegenden Ausbildung der jungen Polizeibeamten gehört, wie das Einmaleins zum Pensum der Abc-Schützen. Es wäre ein großer Irrtum, zu glauben, daß der sonst gut beschlagene Polizeibeamte auch in der Wiedererkennung von Personen tüchtig sei. Es ist also nicht zu begreifen, warum man dem Beamten die Schwierigkeiten und Gefahren, denen er bei seinen Nachforschungen nach ungenügend beschriebenen Menschen ausgesetzt ist, nicht ersparen oder verringern will, indem man ihn im Aufnehmen genauer Beschreibungen und im Wiedererkennen fremder Personen nach allen Regeln der Kunst unterrichtet.

Wenn auch Bertillons Signalementslehre bei den größeren deutschen Polizeibehörden nicht unbekannt ist, so hat sie aber noch nicht die Anerkennung gefunden, die ihr in der Polizeitechnik zukommt; denn was nützt es, wenn nur die wenigen Beamten des Erkennungsdienstes einigermaßen genaue Beschreibungen lesen und nach der Person aufnehmen können. Aber jene Polizeibeamten, denen diese Signalements zum Zwecke der Personenermittelung übergeben werden, müssen sich doch nur auf das Wiedererkennen nach der jeweils beigefügten Photographie beschränken, weil ihnen die als Ergänzung beigegebenen „beschreibenden Kennzeichen" wie einem Laien größtenteils unverständlich sind.

Daß die Grundzüge der Bertillonschen Signalementslehre schon bei vielen in- und ausländischen Polizeibehörden eingeführt sind, genügt zunächst zum Beweise ihrer Wichtigkeit. Ihr Wert liegt aber allein in der allgemeinen und möglichst einheitlichen Einführung bei allen Polizeibehörden und Polizeischulen, deren Aufgabe ja die zuverlässige und umfassende Vorbildung zum Polizeiexekutivdienst ist. . . . . . .

Berlin, im Februar 1908.

Dr. H. Sch.

Vorwort zur zweiten Auflage.

(Auszugsweise.)

Seit der Einführung der Signalementslehre in die deutsche Literatur sind 14 Jahre vergangen. . . . . .

Eine Vereinfachung der Bertillonschen Signalementslehre, die im engen Zusammenhang mit der damals noch allgemein angewendeten Körpermessung gelehrt wurde, konnte nach Einführung der Daktyloskopie ohne Schaden für das Ganze sehr wohl eintreten, eine Erweiterung der Signalementslehre mußte in dem zu kurz gefaßt gewesenen Teil der Mimik und Physiognomik vorgenommen werden, soweit sie eben zu Wiedererkennungszwecken, namentlich des Verbrechers in Freiheit, brauchbar sind. Auf diesem Gebiete liegen zwei wichtige deutsche Werke vor, nämlich: Dr. Theodor Piderit, Mimik und Physiognomik (3. Auflage, Detmold 1919) und Dr. H. Krukenberg[1]), Der Gesichtsausdruck des Menschen (2. Aufl., Stuttgart 1920); dazu kommt noch Dr. Georg Buschan, Menschenkunde (Stuttgart 1920); einige Lehrsätze, auch physiologische und anatomische Beschreibungen von Gestaltsformen konnten gut verwertet werden. Diese Änderungen sollen jedoch keine Schmälerung der Verdienste Bertillons bedeuten, aber den Bedürfnissen der Praxis mußte Rechnung getragen werden.

Auch die Daktyloskopie mußte an Stelle der früheren Körpermessung mehr in den Vordergrund treten, da auch sie mit der Personenbeschreibung und -wiedererkennung im erkennungsdienstlichen Verfahren enge verwachsen ist. . . . . . . Im übrigen wurde Bertillons „anthropometrisches Signalement" (in deutscher Bearbeitung von Dr. von Sury, Bern und Leipzig 1895) als Grundlage beachtet und das Bildermaterial aus unserer Praxis neu beschafft. . . . . .

In zahlreichen Ausbildungskursen beim Berliner Erkennungsdienst wurde das vorliegende Werk beim Unterricht zugrunde gelegt. In diesem Unterricht, wie auch in der Erkennungsdienstpraxis selbst ergab sich die Notwendigkeit der Änderungen, wie sie die vorliegende zweite Auflage aufzuweisen hat, ohne daß dadurch der Hauptzweck der Signalementslehre beeinträchtigt wurde. . . . . .

Berlin, im Januar 1922. Dr. Sch.

---

[1]) Herrn Professor Dr. Krukenberg (Elberfeld) verdanke ich durch die Genehmigung mehrerer Zitate aus seinem vorzüglichen Werke eine wertvolle Ergänzung der Signalementslehre.

Vorwort zur dritten Auflage.

Fünfzehn Jahre sind seit Erscheinen der zweiten Auflage vergangen, und fast dreißig seit der ersten. Das Werk hat also seine Stellung behaupten können, trotzdem manche die z. T. umständliche und zu ausgedehnte Lehre der Personenbeschreibung bemängelt haben. Ein anderer Verfasser hat sogar versucht, diesen Einwendungen Rechnung zu tragen, und glaubte, einen besseren Weg darin gefunden zu haben, daß er die Beschreibung der anatomischen Merkmale und biologischen Kennzeichen stark zugunsten der rein äußerlichen Kennzeichen, besonders der Bekleidung gekürzt hat. (Sh. O. Vogel, Die Personenbeschreibung, Berlin 1931.) Er hat das Bessere gewollt, aber nicht erreicht. Ich halte diesen Weg keineswegs für den richtigen, denn die Tatsache, daß viele der in der Signalementslehre beschriebenen Merkmale selten vorkommen, berechtigt nicht dazu, sie einfach wegzulassen. Vielmehr erfordert ein wissenschaftliches System des Signalements eine möglichst lückenlose Darstellung der vorkommenden Gestaltsmerkmale, gleichgültig, welchen Gebrauch die Polizeipraxis oder ein anderer Beruf, z. B. der Rasseforscher, der sich mit diesem Stoff beschäftigt, daraus macht. Grundsätzlich muß also die Signalementslehre in ihrem bisherigen Umfang beibehalten werden, ohne vernünftigen und zweckmäßigen Vereinfachungen, z. B. bei der grundsätzlich fünfstufigen Größeneinteilung, aus dem Wege zu gehen. Im 2. und 3. Teil werden einige Weglassungen durch einige wertvollere Ergänzungen ausgeglichen, insbesondere sind die Markierungs- und Persönlichkeitsfeststellungsverfahren zur Vermeidung der Verwechslung Neugeborener, sowie die bei Gegenüberstellungen zu beachtenden Regeln neu aufgenommen worden. Aber auch die Grundregeln der Personenfeststellung selbst mußten mehr berücksichtigt werden, was auch in der Erweiterung des Untertitels des Werkes zum Ausdruck gebracht wurde.

Bei dieser Gelegenheit will ich noch hervorheben, daß die Signalementslehre für mich eine wesentliche Richtlinie bei der Begründung der wissenschaftlichen Grundlage der gerichtlichen Schriftvergleichung gebildet hat.

Daß die Signalementslehre nicht so aufgefaßt werden soll, daß sie in der Praxis in allen Punkten streng einzuhalten sei, muß ich noch einmal ausdrücklich betonen. Wir finden in ihr vielmehr alles Grundsätzliche der Personenbeschreibung vom

Gesichtspunkt des Lernenden, dessen Blick geschult werden soll, um alles Wichtige und weniger Wichtige zu erkennen und bei Gelegenheit den besten Nutzen aus einer Schulung zu ziehen. Es handelt sich also im 1. Teil des Buches gewissermaßen um die Formenlehre der Personenbeschreibung, wie wir auch auf anderen Gebieten, z. B. bei der Daktyloskopie und gerichtlichen Handschriftenvergleichung, eine grundlegende Formenlehre finden, ohne deren genaue Kenntnis kein Fachmann oder Sachverständiger zuverlässig arbeiten könnte.

Schließlich muß noch darauf hingewiesen werden, daß die Mängel der von Polizeibeamten aufgenommenen Personenbeschreibungen auch höheren Orts bereits richtig erkannt worden sind, wie aus einem (im 2. Teil des Buches im Wortlaut wiedergegebenen) Runderlaß des Innenministeriums vom 5. Mai 1930 zu entnehmen ist. In diesem Erlaß ist die Ausbildung aller Polizeibeamten in der Signalementslehre angeordnet worden.

Zeuthen (bei Berlin), im Februar 1937.

Dr. Sch.

Inhaltsverzeichnis.

Erster Teil.

Die Personenbeschreibung.

Einleitung.

Unter Signalementslehre verstehen wir die beschreibende Zusammenfassung aller sichtbaren Merkmale der Gestalt und biologischen Kennzeichen eines Menschen, die ihn von anderen Menschen zu unterscheiden geeignet sind. Wenn wir auf den Ausspruch des berühmten Anatomen Peisse hinweisen, der einmal sagte: Das Auge erblickt in den Gegenständen nur das, was es anschaut, und es schaut nur das an, was bereits in der Vorstellung vorhanden ist", so wird uns auch der ganze Zweck der Signalementslehre klar. Das beste und einzige Mittel für den Fahndungsbeamten, ein photographisches Bildnis dem Gedächtnis gut einzuprägen, besteht, wie schon Bertillon hervorhob, in der schriftlichen Anfertigung seiner genauen und vollständigen Beschreibung. Wir können nur das wieder vor unser geistiges Auge rufen, was wir beschreiben können. Der Fahndungsbeamte, der mit der schwierigen Aufgabe betraut ist, an Hand einer Photographie einen Verbrecher zu ermitteln und festzunehmen, muß imstande sein, die Gestalt und Züge des Gesuchten aus dem Gedächtnis zu beschreiben, also eine Art „Gedächtnisbild" zusammenzustellen und festzuhalten. Diese Fähigkeit soll nun dem Beamten durch den Unterricht in der Signalementslehre und gleichzeitige Übungen beigebracht werden.

Die Personenbeschreibung ist im Polizeidienst in drei Hauptfällen von Wichtigkeit, nämlich

1. zur Ermittelung eines für die Durchführung eines Strafverfahrens wichtigen und notwendigen Menschen, in erster Linie aber des Beschuldigten;
2. zur Ermittelung eines flüchtigen Verbrechers, der aus der Polizei-, Untersuchungs- oder Strafhaft entwichen ist und daher steckbrieflich verfolgt wird;
3. zur Feststellung von vermißten Personen und unbekannten Toten.

In den beiden ersteren Fällen werden bestimmte Menschen auf Grund eines polizeilichen oder gerichtlichen Steckbriefes gesucht, zum Teil auch durch Einsichtnahme in die Photographiensammlungen des polizeilichen Verbrecheralbums, also nach dem Bildnis.

Soweit die Beschreibung von geschulten Beamten des Erkennungsdienstes nach der Person selbst aufgenommen ist, wird sie genauer und zuverlässiger sein, als jede beliebige, nach Angaben von Zeugen aufgenommene. Insofern hat man also in zweierlei Hinsicht eine Beschreibung der Person zu unterscheiden, einmal die amtlich nach der Person aufgenommene, sodann die nach Zeugenangaben oder Angaben von Verwandten des Gesuchten nach der Erinnerung aufgenommene Beschreibung, die aber oft so mangelhaft oder lückenhaft ist, daß sie kaum noch den Namen Personenbeschreibung verdient. Wir haben uns hier lediglich mit der Beschreibung nach der Person (oder nach dem zu vergleichenden Bildnis) zu beschäftigen. Wer in der Signalementslehre geschult ist, wird erst lernen, eine Photographie richtig zu vergleichen und die wichtigsten Merkmale ablesen und sich einprägen zu können. Daher sollte die Signalementslehre grundsätzlich allen Polizeivollzugsbeamten gelehrt werden, weil sie einen großen Nutzen davon haben werden.

Seinem Gedächtnis kann, wie schon erwähnt, der Fahndungsbeamte ein Bild aber nur einprägen, wenn er eine wörtliche Beschreibung davon geben kann. Bertillon sagte zu diesem Punkte einmal: „Solange eine solche äußerliche anatomische Besonderheit, deren Vorhandensein allein schon die Wiedererkennung eines bestimmten Menschen unter tausend anderen ermöglichte, keinen Namen hat, der die Einprägung der Form und des Wertes des Merkmals zuläßt, solange werden sie auch unbeachtet und unsichtbar bleiben. Wir können eben nur das wieder sehen, was wir auch beschreiben können."

I. Die Grundeinteilung der Signalementslehre.

Während bei der Anwendung der Anthropometrie elf genaue Maße von bestimmten Körperteilen des Verbrechers festgestellt und aufgezeichnet wurden, gibt es bei der Signalementslehre keine Messungen mehr, wenn man von der genauen Feststellung der Körpergröße des Menschen (nach dem Maßstab) einmal absehen will. Es handelt sich vielmehr nur noch um Wertabschätzungen, richtiger um „Beschreibungen" von Merkmalen der menschlichen Gestalt. Dabei sind drei Hauptgruppen von Beschreibungen zu unterscheiden:

a) Bezeichnungen, die ein Maß ausdrücken, z. B. Stirnhöhe: klein, Anfangsteil der Ohrleiste: groß.
b) Bezeichnungen, die eine Form oder Neigung zum Ausdruck bringen, z. B. Nasenrücken: gebogen, Stirn: zurückweichend.
c) Bezeichnungen, die eine Farbe näher angeben sollen, z. B. Haare: hellblond, Augen: dunkelbraun.

Gelegentlich können vergleichsbildende Bezeichnungen angewendet werden, z. B. Stiernacken, halbmondförmiges Gesicht, Adlernase, Krähenfüße (= Falten am äußeren Augenwinkel), kastanienbraun usw.

Was die Größe eines Menschen, also seine Gesamtlänge anlangt, so wird sie beim Erkennungsdienst jederzeit nach genauem Maße angegeben; aber gleichwohl muß man sich einigermaßen darüber einig sein, was man hier unter: klein oder mittelgroß oder groß zu verstehen hat. Wir werden also bezeichnen:

a — 1,58 = klein,
1,59—1,70 = mittel,
1,71—x = groß.

Es ist in vielen Fällen zweckmäßig, die äußersten Erscheinungen einer Entwicklungsreihe, nämlich „sehr klein" und „sehr groß" zum Ausdruck zu bringen, so daß wir alles, was z. B. unter 1,50 m groß ist, als sehr klein, und alles, was über 1,80 m ist, als sehr groß bezeichnen. Äußerlich wird das Auffallende durch *Unterstreichungen* gekennzeichnet, also: klein = „sehr klein" und groß = „sehr groß".

Damit haben wir eine *fünfstufige* Größeneinteilung gewonnen: klein — klein — mittel — groß — groß, die wir bei den meisten der unter Gruppe a fallenden Maßbezeichnungen beibehalten können, soweit nicht genaue Maßzahlen zur Verfügung stehen. Das Verfahren der Unterstreichung bei stark ausgeprägten Merkmalen wird aber auch bei den unter b genannten Bezeichnungen der Form oder Neigung eines Merkmals angewendet, z. B. Nasengrundlinie: abwärts; Nasenrücken: gebogen.

Findet man eine solche Eigenschaft nur *schwach* angedeutet oder ist ihre Bestimmung zweifelhaft, so drückt man dies beim Signalement dadurch aus, daß das betreffende Merkmal *in Klammern gesetzt* wird, also z. B. Unterlippe: (vorspringend), Ohrläppchen: (behaart). Damit erhalten wir grundsätzlich eine *siebenstufige* Einteilung, wenn wir noch die angedeuteten Zwischenstufen berücksichtigen wollen, also: klein (1) — klein (2) — (klein) (3) — mittel (4) — (groß) (5) — groß (6) — groß (7).

Diese Einteilung hat Bertillon ganz allgemein bei allen zu bezeichnenden Merkmalen des Signalements vorgeschlagen, die aber in der Praxis nur in den wenigsten Fällen zur Anwendung kommen kann. Wir begnügen uns in der Praxis grundsätzlich mit der *dreistufigen* Einteilung.

Wir gehen nun zu der Frage über, welche Stellung die Signalementslehre in der Identitätslehre einnimmt.

II. Das Signalement in der Identitätslehre.

Die Personenbeschreibung und deren Anwendung in der Praxis ist ein Teil der kriminalistischen Identitätslehre, die sich in Sachen- und Personenidentifizierungen unterscheidet. Als Hilfsmittel zur Personenfeststellung stehen uns zur Verfügung: Fingerabdrücke, Körpermerkmale und die Handschrift. Die von mir unter dem Gesamtbegriff „kriminalistische Identitätslehre" zusammengefaßten (und in meinen akademischen Vorlesungen behandelten) Indizien der Personengleichheit gliedern sich in wesentliche und unwesentliche oder in primäre und sekundäre Merkmale[1]). Während die primären Unterscheidungsmerkmale als einzigartige selten sind und bei ihrem Auftreten von ausschlaggebender Beweiskraft sein können, sind die sekundären Merkmale entsprechend dem von dem belgischen Gelehrten Quételet[2]) zuerst aufgestellten Lehrsatz, daß die Verteilung der Formen und die Einteilung der Maße des menschlichen Körpers auf mathematischen Gesetzen beruhe, sehr häufig und können an sich noch keine Identität beweisen, vielmehr wirken sie nur im Zusammentreffen mit anderen (in der Regel sekundären) Merkmalen, sog. Komplexwirkung. Es entspricht den logischen Grundsätzen, daß die Gewißheit der Identität mit der Zahl und der Qualität, d. h. dem inneren Beweiswert der einzelnen Merkmale zunimmt. Beispielsweise haben die einzelnen Maßgrößen der bei der Anthropometrie zugrunde gelegten elf Maße eine außerordentlich schwache Beweiskraft, da sie sich bei den verschiedenen Menschen zu oft wiederholen. Nur die Kombination der elf Maßgrößen haben Beweiskraft, aber auch keineswegs eine absolute oder ausschließliche, denn auch diese Kombinationen von elf Maßgrößen wiederholen sich bei den Menschen und können nur zur Bildung gewisser Hauptgruppen dienen[3]).

Da war es die Personenbeschreibung, die als unterstützendes Beweismittel entscheidend hinzutrat und teils als kontrollierendes, teils aber auch als ausschlaggebendes Hilfsmittel die Personenfeststellungskunst vervollständigte. Daß die Personenbeschreibung nach allen Regeln der Kunst und Wissenschaft viel reichhaltiger an Einzelmerkmalen, auch primärer Natur, ist als eine Kombination von nur elf, stets an den gleichen

---

[1]) So auch in meinem „Leitfaden der gerichtlichen Schriftvergleichung" (Berlin 1918, S. 23 ff.).

[2]) Quételet ist 22. Februar 1796 in Gent geboren, 17. Februar 1874 in Brüssel (als Direktor der dortigen Sternwarte) gestorben; ist durch seine sozial-statistischen Arbeiten berühmt geworden.

[3]) Über die Mängel und Mißerfolge der Bertillonage vgl. Heindl, System und Praxis der Daktyloskopie, Berlin 1922, S. 466 ff.

Körpergliedern festgestellten Maßgrößen, ist ganz natürlich und logisch. Daß z. B. ein Mensch ein Muttermal im Gesicht hat, wird nicht selten zu finden sein, daß aber Größe, Form und genaue Lage dieses Merkmals, z. B. vom rechten Augenwinkel auf Millimetergenauigkeit bestimmt, bei vielen Menschen übereinstimmen, ist nicht anzunehmen, noch weniger, daß derselbe Mensch noch eine näher beschriebene Narbe oder Warze an genau bestimmter Stelle aufzuweisen hat. Daraus ergibt sich, daß dem einzelnen Merkmal noch keine Beweiskraft zukommt, daß es aber beim Zusammentreffen mit anderen mehr oder weniger seltenen Merkmalen einen Komplex von Merkmalen bildet, dem ein primärer Identitätswert zukommt.

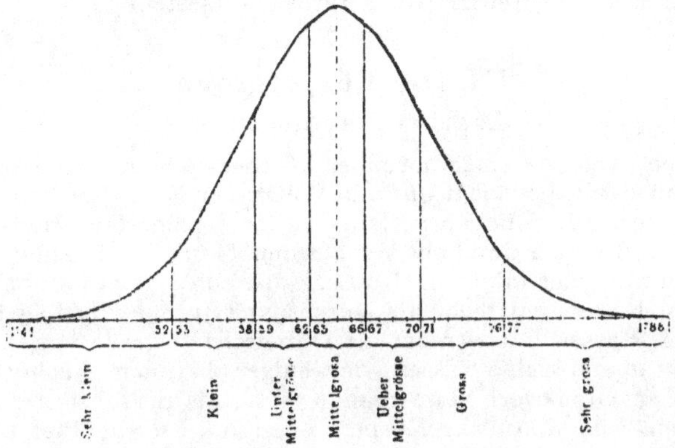

Abb. 1. Binomialkurve der Körpergröße.

Dasselbe gilt grundsätzlich von allen auf natürliche Erscheinungen zurückführbaren Merkmalen, namentlich von den Merkmalen des Fingerabdrucks und zum Teil auch von den graphologischen Merkmalen der Handschrift, nur daß jedes einzelne Identitätsgebiet durch seine besonderen Eigenarten auch besonderen Voraussetzungen und Schlußfolgerungen unterworfen ist.

Unter den körperlichen Merkmalen sind alle die einer willkürlichen oder zufälligen (d. h. durch Alter oder Krankheit verursachten) Veränderung unterliegenden als sekundäre Merkmale zu beurteilen; sie werden in einem besonderen Kapitel später noch näher dargestellt werden. Nur bei stark gegensätzlichen Vergleichungen, z. B. jung — alt, gesund — krank, kommt diesen sekundären Merkmalen auch eine primäre, also ausschlaggebende Beweiskraft zu.

Quételet hat seinem oben erwähnten Lehrsatz ungefähr folgende Form gegeben: Alles, was lebt, wächst oder vergeht, schwankt zwischen einem Maximum und einem Minimum, zwischen denen alle Mittelstufen liegen, die umso zahlreicher sind, je mehr sie sich der Mitte nähern, und um so seltener, je mehr sie sich von der Mitte entfernen. Diese Beobachtung kann jeder machen, der sich mit Identifizierungen beschäftigt und dem die Bewertung der Mittelformen überall Schwierigkeiten macht. Man kann im allgemeinen annehmen, daß die häufige Wiederholung einer bestimmten Größe sich gleichmäßig stufenweise in dem Maße verringert, wie sie sich vom Mittelmaße entfernt; dieses Abnehmen folgt dem von Newton aufgestellten binomischen Lehrsatz. Bertillon hat die oben stehende Binomialkurve der siebenstufig eingeteilten Körpergröße aufgestellt.

III. Die Körpergröße.

Anthropologisches[1]).

Wenn wir von einer normalen Körpergröße sprechen wollen, so können wir dies nicht auf alle Völker der Erde beziehen, denn die durchschnittliche Körperlänge ist für die einzelnen Menschenrassen und Völker durchaus verschieden. Man unterscheidet große Rassen mit einer mittleren Körpergröße von 1,70 m und darüber hinaus, Rassen mit mehr als Durchschnittsgröße von 1,65 m bis 1,70 m, Rassen mit weniger als Durchschnittsgröße von 1,60 m bis 1,65 m und kleine Rassen von weniger als 1,60 m. Als höchsten normalen Grenzwert kann man 1,75 m, als niedrigsten 1,46 m ansehen. Ungewöhnliche Körpergrößen, d. h. solche über 1,80 m und unter 1,35 m kommen sehr selten vor.

Zu den größten Menschen der Erde gehören die Schotten; allgemein gesagt, weist die Bevölkerung Amerikas und Afrikas die größten Menschenrassen auf; die kleinsten Rassen der Erde bilden die sogenannten Zwergstämme oder Pygmäen im Innern des schwarzen Erdteils. Die Nordländer (in Europa), namentlich die Engländer und Skandinavier, weisen eine größere Durchschnittslänge auf, als die Südländer, vor allem die Italiener.

In erster Linie sind also Rasse und Vererbung im allgemeinen von einschneidendem Einfluß auf die Körpergröße eines Menschen. Aber auch andere Faktoren kommen hierfür noch in Betracht, so das Leben in den Bergen, die geographische Lage, hygienische und Ernährungsbedingungen, wie auch Beruf und Lebensweise. Sie können entweder das Wachstum begünstigen

[1]) Nach Buschan, Menschenkunde. Auf die Körpermerkmale der verschiedenen Rassen kann hier nicht näher eingegangen, vielmehr muß auf die führende „Rassenkunde des deutschen Volkes" von Prof. Dr. Hans Günther (München 1934) verwiesen werden.

oder ungünstig beeinflussen, wie z. B. Rachitis und andere chronische Krankheiten, schwere körperliche Arbeit, sitzende Lebensweise (wie bei Schuhmachern, Schneidern, Webern, Sattlern usw.).

Nach den Angaben des englischen Anatomieprofessors Dr. R. Bennett Bean, der die Messungen an 1022 verschiedenen Volksgruppen aller fünf Erdteile verarbeitet hat, ist die durchschnittliche Größe des Menschen fünf Fuß, fünf Zoll. Die größte Gruppe sind die Australier, die sechs Fuß ein Zoll[1]) messen, die kleinste die afrikanischen Negrillos mit vier Fuß drei Zoll[2]) und die Eskimos. Der Gelehrte hält die Ernährung für den wichtigsten Punkt, der die Größe der Menschenrassen bestimmt. Menschen, die in der Nähe des Meeres leben, bekommen zu viel Jod und neigen daher zu kleiner Körperstatur; die Menschen im Innern der Länder erhalten in ihrer Nahrung mehr Kalk, wodurch ein stärkeres Wachstum hervorgerufen wird. Der Mangel an Nahrung am Äquator und in den arktischen Gebieten macht die Bewohner dieser Zonen klein, während die Menschen, die in den fruchtbaren gemäßigten Zonen wohnen, mehr und bessere Nahrung haben und daher größer werden.

Das weibliche Geschlecht ist im allgemeinen kleiner als das männliche, und zwar um 8—16 cm. Übrigens ist beobachtet worden, daß die Körpergröße des einzelnen Menschen schwankt und zu verschiedenen Tageszeiten nicht die gleiche ist. Am größten ist der Mensch nach der Bettruhe, er verliert bis zum Abend 1—2 cm an Körpergröße, nach stärkerer Ermüdung und schon nach angestrengtem Stehen oder Gehen sogar bis zu 4—6 cm. Diese Erscheinung ist vor allem darauf zurückzuführen, daß die Zwischenwirbelscheiben durch das Gewicht der auf der Wirbelsäule lastenden Körperteile zusammengedrückt werden.

Menschen, deren Körpergröße weit über das Normalmaß hinausgeht, die sog. Riesen, haben etwas Krankhaftes in ihrem Wuchs, ihre einzelnen Körperteile zeigen einen auffälligen Mangel an Proportion. So weisen z. B. die Gliedmaßen im Vergleich zum Rumpf eine zu große Länge auf, insbesondere die unteren; das Gesicht nimmt gleichfalls eine unnatürliche Größe an (stark längliches Gesicht), der Unterkiefer springt vor, die Backenknochen sind stärker erweitert usw. Unter den Riesen bewahren die einen während ihrer ganzen Lebensdauer die Anzeichen eines kindlichen Aussehens, während andere wieder am ganzen Körper mächtige Fettmassen ansetzen und eine dritte Gruppe verdickte Enden der Gliedmaßen aufweist, wobei z. B.

---

[1]) = 1,85 m.
[2]) = 1,30 m.

die Hände allgemein vergrößert erscheinen, die Finger gleichmäßig verdickt; ähnlich bei den Füßen.

Die größte bisher festgestellte Körperlänge wies ein Finnländer mit 2,83 m auf. Riesen stammen stets von ganz normal gebildeten Eltern ab; bei ihrer Geburt unterscheidet sich ihre Körperlänge in nichts von der anderer Neugeborener. Gewöhnlich erst zu Beginn der Pubertät setzt das ungewöhnliche Wachstum ein. Meistens steht ihre Muskelkraft in keinem Verhältnis zu ihrer Körpergröße, wie sie auch in geistiger Hinsicht oft minderwertig sind.

Menschen mit einer Körpergröße von weniger als 1,40 m bezeichnen wir als zwerghaft, solche von weniger als 1,05 m als echte Zwerge. Was vom Wachstum des Riesen gesagt wurde, gilt auch für die zwerghaften Menschen. Je mehr sie sich in ihrer Länge dem Durchschnittsmenschen nähern, desto weniger sind sie mißgestaltet, je kleiner sie sind, desto mehr geht ihr Wuchs ins Krankhafte. So hat man neben dem echten Zwergwuchs auch den krankhaften zu unterscheiden. Der pathologische Zwergwuchs wird hauptsächlich durch die englische Krankheit (Rachitis) und durch Ernährungsstörungen bedingt; solche Menschen zeigen eine starke Verkürzung der Beine, die meistens krumm sind. Eine weitere Form des pathologischen Wuchses ist der sog. Kretinismus oder das angeborene Myxödem (Schleimgeschwulst), bedingt durch Schrumpfen oder Fehlen der Schilddrüse; diese ist ein gefäßreiches Organ am Hals vor dem Ringknorpel und seitwärts vom Schildknorpel des Kehlkopfes, das bei krankhafter Anschwellung den Kropf bildet.

Zwerge kommen viel häufiger vor, als Riesen; sie sind meistens weiblichen Geschlechts und pflegen, obwohl von normalen Eltern abstammend, schon bei der Geburt auffallend klein zu sein, wie auch das Zurückbleiben im Wachstum anderen Kindern gegenüber zu beobachten ist, oder der Stillstand im Wachstum tritt schon in den ersten Kinderjahren ein. Soviel bekannt ist, sind wirkliche Zwerge der Fortpflanzung nicht fähig; sie sind wenig widerstandsfähig, altern schnell und sterben frühzeitig. Ihre geistige Frische ist gewöhnlich gut, während es aber auch geistig recht minderwertige unter ihnen gibt, vor allem die Kretins und Mikrozephalen (mit kleinem Schädel und auffallend niedriger, fliehender Stirn), die gewöhnlich sogar als blödsinnig zu bezeichnen sind.

Riesenwuchs ist, ebenso wie Zwergwuchs oft eine pathologische Erscheinung, meistens durch eine Störung der Funktion des Drüsensystems bedingt, wobei die Keimdrüsen, die Schilddrüse, die Hypophyse (Gehirnanhang) und die Thymusdrüse — (bei Neugeborenen unter dem Brustbein liegend, mit der Blutbildung in enger Verbindung stehend) — ausschlaggebende Bedeutung haben.

Die Körpergröße einer Rasse ist im allgemeinen konstant, das normale Wachstum des Menschen hört im allgemeinen mit Pubertätsabschluß auf. Bei der nordischen Rasse schwankt die Körpergröße um den Mittelwert von 1,75 m, bei der dalischfälischen Rasse um 1,78 m, bei der alpinen oder ostischen um den Mittelwert von 1,65 m und bei der kleinsten europäischen Rasse, der mittelländischen um 1,60 m[1]).

IV. Der Normalkopf.

Unter „Normalkopf" verstehen wir ein wohlproportioniertes, also *ebenmäßiges Profilbild*, das sich in drei ungefähr gleiche Größen zerlegen läßt:

a) den **Stirnteil**, von der natürlichen Kopfhaargrenze bis zur Nasenwurzel,
b) den **Nasenteil**, von der Nasenwurzel bis zur Nasengrundlinie,
c) den **Mundteil**, von der Nasengrundlinie bis zur Kinnbasis. (Vgl. Abbildung 2.)

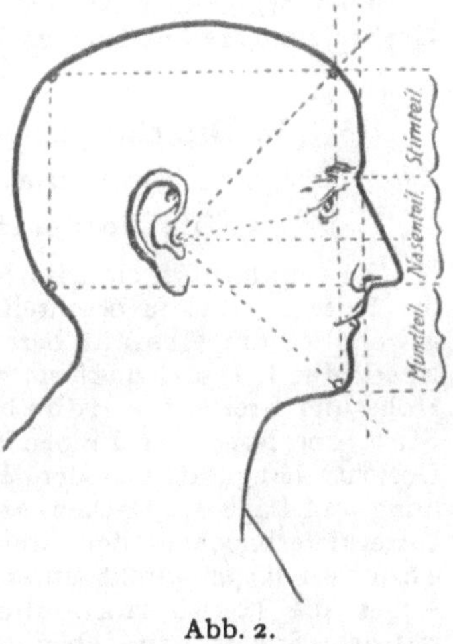

Abb. 2.

Gleichzeitig darf aber auch die Profillinie dieser drei zusammengehörigen Teile keine auffallende Ungleichheiten aufweisen, wie sie später noch dargestellt werden müssen; und schließlich darf die Schädelbildung keine auffällige Formen zeigen. Die normal proportionierten Ausmaße des Schädels sind in Abb. 2 durch das eingezeichnete liegende Viereck und durch den rechten Winkel angezeigt, dessen Spitze im Tragus, dem vor dem Gehörgang liegenden Knorpelzäpfchen liegt, während die beiden Schenkel das Profil an der Haargrenze und an der Kinnspitze begrenzen. Zu beachten ist ferner die Lagerung der zwischen den beiden vorderen parallelen Linien liegenden Gesichtsteile. Der Kopf ist dann in gerader Haltung, wenn eine durch den Tragus gedachte waagrechte Linie mit der vom gleichen Punkt zum äußeren Augenwinkel gehenden Linie einen Winkel von etwa 15 Grad bildet.

[1]) Nach Dr. K. Dürre im „Berl. L. A." vom 4. Jan. 1934.

Ein solcher Kopf, wie er in Abb. 2 schematisch dargestellt ist, soll bei der Beschreibung der vom Normalen etwa abweichenden Formen und Größenverhältnisse nur als Ausgangsgrundlage dienen, ähnlich wie das Normalschulalphabet bei der Schriftvergleichung. So würde z. B. eine Stirn, deren Höhe geringer ist als die Höhe des Nasen- oder Mundteils, als „klein" bezeichnet werden müssen, nicht aber etwa, weil die Stirnhöhe nicht ein gewisses Mindestmaß erreicht. Eine Stirn, deren Höhe aber jener des Nasen- oder Mundteils ziemlich entspricht, bezeichnen wir als „mittelgroß". Sobald also ein Höhenunterschied unter diesen drei Teilen auftritt, fällt uns dies auf, so daß die Kleinheit oder die Größe eines dieser Teile nicht nach dem Maße, sondern als relativ abzuschätzendes Merkmal zu verzeichnen ist. Ähnlich ist auch bei der Abschätzung der anderen Größen von Merkmalen der Körpergestalt vorzugehen.

V. Die Hauptmerkmale des Kopfes.

A. Die Kopfform.

a) Die Vorderansicht des Kopfes.

Die Kopfform ist einmal nach der Vorderansicht, sodann nach der Seitenansicht zu beschreiben. Wir teilen die Vorderansicht, gewöhnlich mit Gesicht bezeichnet, in drei Flächen ein: Stirn, Nase, Mund. Die Grundform des Gesichts ergibt sich aus seiner Höhe und Breite. Die Höhe hängt wieder ab von der Höhe der Stirn, der Nase, der Lippen und des Kinnes. Die Breite des Gesichts hängt ab von der Breite der Stirn, von der Ausdehnung und Lage der Backen- sowie der Jochbeinknochen und des Unterkieferknochens, der unterhalb der Ohren liegt. Die Backenknochen liegen direkt unter dem äußeren Augenwinkel jedes Auges, die Jochbeinknochen dagegen in der gleichen Höhe mit dem Tragus, dem neben dem Gehörgang sitzenden Knorpelteil des Ohres. Man unterscheidet folgende Hauptformen:

1. die **runde** Gesichtsform (Abb. 3);
2. die **viereckige** Gesichtsform (Abb. 4);
3. die **rechteckige** Gesichtsform (Abb. 5);
4. durch das Zusammentreffen der runden und rechteckigen Gesichtsform entsteht die **ovale** Gesichtsform (Abb. 5a);
5. das **pyramidenförmige** Gesicht (Abb. 6). Hier ist die Stirn schmal, die Kiefer sind breit, so daß sich die ganze Breite des Gesichts allmählich vom Unterkiefer bis zur Stirn verengert;
6. das **kreiselförmige** Gesicht (Abb. 7), die gegenteilige Form der vorigen, also Schläfenfläche breit, Kieferfläche schmal;

7. das **rautenförmige** Gesicht (Abb. 8). Die Schläfen- und Kieferflächen verengern sich, während die Jochbeinknochen stark hervortreten;

Abb. 3.

Abb. 4.

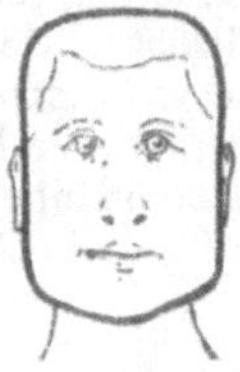

Abb. 5.

Abb. 5a.

Abb. 6

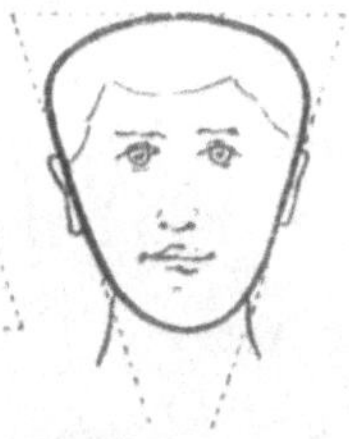

Abb. 7.

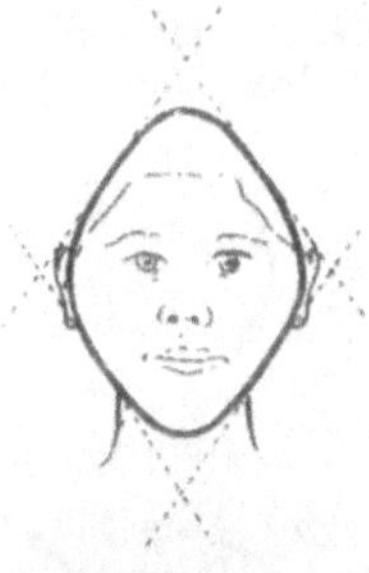

Abb. 8.

Abb. 9.

8. das **bikonkave** Gesicht (Abb. 9); zwischen den Schläfen- und Jochbeinknochen liegt die erste Aushöhlung (Konkavität), zwischen den Jochbein- und Kieferknochen liegt die zweite Aushöhlung.

Besondere Merkmale.

Gewöhnlich wird es zweckmäßig sein, wenn man nur eine oder mehrere der gut ausgeprägten Formenbildungen hervorhebt, also z. B. Unterkiefer oder Jochbeine weit oder eng voneinander entfernt, oder Schädel sehr breit, Backenknochen schwach entwickelt, Schläfen einfallend usw. Auch ist es angängig, die Bezeichnung „breites Gesicht" zu wählen, wenn Stirn und Unterkiefer breit entwickelt sind, wie es auch zweckmäßig ist, in vorkommenden Fällen ein „volles" oder „mageres" bzw. „knochiges" Gesicht aufzuzeichnen. Ebenso kann es geschehen bei hervorstehenden Schläfen (Abb. 10), eingefallenen Schläfen und hervorstehenden Jochbeinen (Abb. 9), breiten oder engen Kiefern (Abb. 6 u. 7). Schließlich sind noch anzuführen: herabhängende

Abb. 10.

Backen, unsymmetrisches Gesicht, bei dem die eine Gesichtshälfte Ungleichheiten gegenüber der anderen Gesichtshälfte aufweist, sei es in der Lage der Augen oder der Mundwinkel oder der Ohren; man kann entsprechend aufzeichnen: links oder rechts unsymmetrisches Gesicht. Damit ist die infolge Lähmung des Gesichtbewegungsnervs eintretende Verzerrung des Gesichts nicht zu verwechseln; eine verkalkte Drüse drückt auf den Nerv, lähmt ihn und verursacht eine Atrophie (Abmagerung) der einen Gesichtshälfte.

b) Die Seitenansicht des Kopfes.

Zur besseren Beurteilung der Kopfseitenansicht denkt man sich zwei senkrechte Linien gezogen, die erste vom äußeren Augenwinkel, die zweite vom Ohrrande nach oben gehend; so erhalten wir die drei Teile: Vorder-, Mittel- und Hinterhaupt.

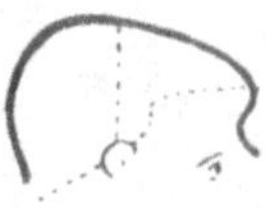

Abb. 11

Abb. 12.

Abb. 13.

Abb. 14.

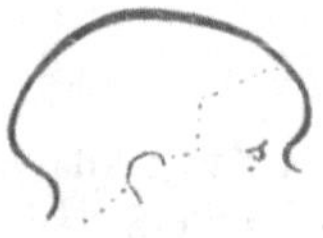

Abb. 15.

Abb. 16.

Abb. 17.

Abb. 18

Abb. 19.

Als von der Normalform abweichende Formen des Schädelprofils kommen in Betracht:

1. **Niedriger Schädel:** die Schädelhöhe vom Gehörgang bis zum Scheitel ist sehr klein, der Schädel selbst ist abgeplattet (Abb. 11).

2. **Hoher Schädel,** der entgegengesetzte Fall (Abb. 12).

3. **Spitzkopf:** die Schädelhöhe ist sehr groß, die Entfernung des äußersten Punktes des Hinterkopfes von der Nasenwurzel ist klein; nach vorn abfallendes Schädelprofil; von den Anthropologen „Akrokephalie" bezeichnet (akros = spitz, kephalä = Kopf, aus dem Griechischen). (Vgl. Abb. 13.)

Den Gegensatz hierzu zeigt ein vorn hohes, hinten niedriges Schädelprofil (Abb. 14).

4. **Eiförmiger** oder Tartaren-Kopf. Die Stirn ist zurückweichend und sehr lang, bei kleiner Schädelhöhe; der Hinterkopf

tritt stark hervor. Einige Volksstämme, z. B. im Kaukasus, auf Borneo und bei den Flachkopf-Indianern ist diese Kopfform sogar als Volkseigentümlichkeit besonders gepflegt geworden, indem ein schräg über den Kopf des Neugeborenen gespanntes Brett diese Form künstlich erzeugt (vgl. Abb. 15).[1]

5. **Flacher Hinterkopf** (Abb. 16).

6. **Gewölbter Hinterkopf** (Abb. 17).

7. **Schiffskielförmiger Kopf** (Abb. 18); der ganze Schädel verengert sich gegen den Scheitel hin, so daß er, von oben betrachtet, einem Schiffskiel ähnelt; auch giebelförmig bezeichnet.

8. **Hinterkopfwulst.** Am unteren Teil des Hinterkopfes tritt eine auffallende Höckerbildung auf (Abb. 19).

B. Das Gesichtsprofil.

Zur richtigen Beurteilung des Gesichtsprofils muß man das Verhältnis von Stirn zu Nase einerseits und von Nase zu Mund (oder Kinn) andererseits näher ins Auge fassen, dabei wieder ausgehend von den entsprechenden Verhältnissen des Normalkopfes (Abb. 2). Demnach unterscheiden wir das Stirn-Nasenprofil und das Nasen-Mundprofil. Vorher müssen wir aber die einzelnen Formen der hier genannten Bestandteile noch näher kennen lernen.

1. Die Stirn.

Die Prüfung und Beurteilung der Stirn erfolgt nach folgenden Merkmalen:

1. nach dem Grade des Vorspringens des oberen Augenhöhlenrandes oder der Augenbogen;
2. nach dem Grade der Neigung ihrer Profillinie gegen eine durch die Nasenwurzel gedachte senkrechte Linie;
3. nach ihrer Höhe;
4. nach ihrer Breite, von einer Schläfe zur anderen;
5. nach ihren Besonderheiten.

Zu 1. Die **Augenbogen** und ihr Vorsprung werden von der Profilseite aus betrachtet; ihre Lage ist insofern leicht zu beurteilen, als sie die Träger der Augenbrauen sind. Der Grad des Vorsprungs kann sein:

klein — mittel — groß[2]).

---

[1]) In Ploß-Bartels, Das Weib in der Natur- und Völkerkunde, Leipzig 1905, 8. Aufl., Bd. I, S. 154 ist ein solches Bild veröffentlicht.

[2]) Hier genügt die dreistufige Größeneinteilung.

Die Abb. 20 zeigt zur Veranschaulichung diese drei Formen klein — mittel — groß.

Zu 2. Der **Grad der Neigung** der Stirnprofillinie wird nach der durch die Nasenwurzel gedachten senkrechten Linie abgeschätzt und kann sein:
schräg (= zurückweichend oder fliehend) — mittel — senkrecht.

Bei stark zurückweichenden Stirnen ist zu notieren:
schräg (d. h. also mit Unterstreichung).

Überragt die Stirnlinie aber die Senkrechte nach vorn, so wird sie bezeichnet mit vorstehend oder vorgewölbt, so daß demnach die dreistufige Einteilung lautet:
schräg — senkrecht — vorgewölbt[1])
(vgl. die Abb. 21).

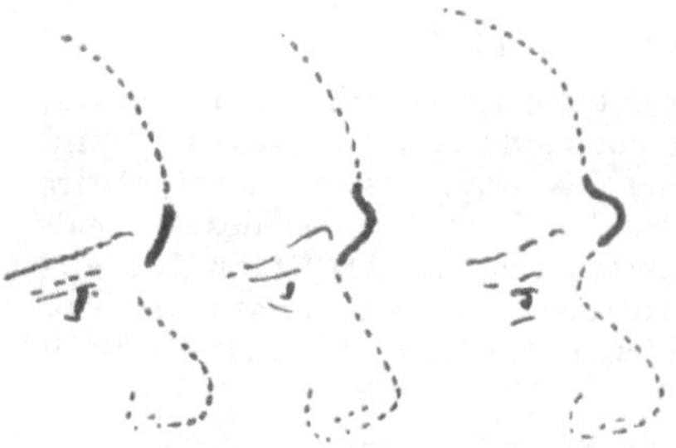

Abb. 20.

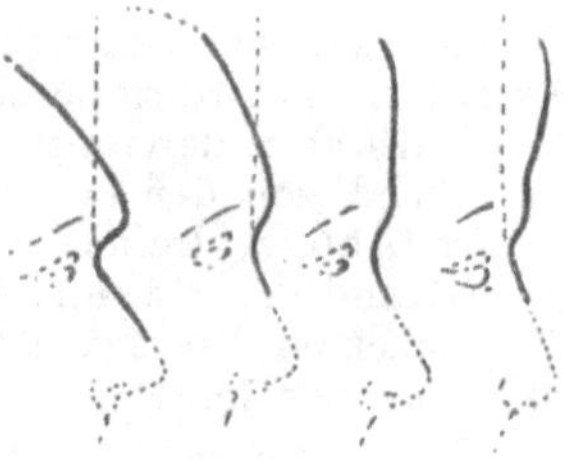

Abb. 21.

Zu 3. Die **Höhe** der Stirn wird an der Vorderseite des Kopfes geprüft und wird, je nach ihrem Verhältnis zu den übrigen (in Abb. 2 gezeigten) Teilen bezeichnet:
klein — mittel — groß[1]).

Die Höhe wird nach der Entfernung der Haupthaargrenze von der Nasenwurzel bestimmt.

Zu 4. Die **Breite** der Stirn wird ebenfalls von vorn bestimmt in entsprechender Weise wie die Höhe, von der einen Schläfe zur anderen.

Zu 5. Als **Besonderheiten** der Stirn kommen in Betracht: Stirnbogen (oder Sinus), er liegt etwas höher als der Augenbogen, tritt mit diesem aber niemals gleichzeitig auf (vgl. Abb. 22).

Liegt der etwas höckerige Stirnvorsprung noch höher, dann bezeichnet man dieses Merkmal als Stirnhöcker (vgl. Abb. 23).

Ist die ganze Stirnlinie konvex, wie in Abb. 24, dann liegt ein gewölbtes Stirnprofil vor; gewöhnlich ist hierbei die Neigung etwas zurückweichend.

---

[1]) Hier genügt die dreistufige Größeneinteilung.

Manchmal tritt über der Nasenwurzel eine schwache Vertiefung des Stirnknochens auf, die man als Stirngrube zu bezeichnen hat.

2. Die Nase.

Anatomisches[1]: Die äußere Nase ist eines der Hauptmerkmale des menschlichen Gesichts gegenüber dem Tier. Sie drückt dem Gesicht mehr als die anderen Bestandteile des Kopfes ein eigentümliches Gepräge auf, würde sofort aber an Ausdrucksfähigkeit verlieren, wenn sie nur für sich allein betrachtet würde. Hier also klare Komplexwirkung, wenn die Nase in und mit ihrer Umgebung des ganzen Gesichtes beurteilt wird. Die äußere Nase besteht aus einem oberen unbeweglichen Teil, dem knöchernen Nasenskelett, und einem unteren, nach unten beweglicher werdenden Teil, dem knorpeligen Nasengerüst. Das knöcherne Nasengerüst wird von den beiden Nasenbeinen und den Nasenfortsätzen des Oberkiefers gebildet. Gegen die Stirn wird die äußere Nase durch eine Einsenkung (den Nasensattel oder die Nasenwurzel) abgegrenzt, jedoch erstreckt sich die innere Nase mit einem Fortsatz, den sogenannten Stirnhöhlen nach der Stirn zu. Der vordere untere Teil der Nase wird in seiner Gestalt durch die Nasenknorpel bestimmt. Man unterscheidet einen unbeweglichen mittleren Nasenknorpel und zwei bewegliche seitliche Knorpel, die Nasenflügel. Die mittlere knorpelige Nasenscheidewand ist die Fortsetzung der inneren knöchernen Nasenscheidewand und bildet einen festen Tragpfeiler für den unteren Teil des Nasenrückens. Gibt dieser Pfeiler nach, wie es nach Verletzungen und geschwürigen Prozessen vorkommt, so sinkt der Nasenrücken ein. Häufiger kommen Verbiegungen der Nasenscheidewand vor, durch welche eine Asymmetrie der äußeren Nase und Erschwerung der Nasenluftatmung, die sich im Offenhalten des Mundes zeigt, bedingt wird. Die knorpelige Nasenscheidewand verbindet sich beiderseits mit den dreieckigen Nasenknorpeln, welche sich nach oben an die Nasenknochen anschmiegen, während nach unten die Spitzenknorpel die Grundlage der Nasenspitze bilden und

Abb. 22. Abb. 23. Abb. 24.

[1]) Nach Krukenberg, Der Gesichtsausdruck des Menschen Stuttgart 1920, S. 228.

schmale Fortsätze, die Nasenflügelknorpel, zu den Nasenflügeln weiterleiten. Durch den Erheber des Nasenflügels und der Oberlippe kann die Nase durch Erhebung der Nasenflügel willkürlich bewegt werden und das sogenannte Nasenrümpfen bewirkt werden.

Die Haut der äußeren Nase ist fettarm und haftet fest an dem knorpeligen Nasengerüst, besonders an den Nasenflügeln, während sie über dem knöchernen Nasengerüst mehr verschiebbar ist und sich bei Bewegungen in Falten legt. An den Nasenlöchern schlägt sich die Nasenhaut nach innen zur Schleimhaut

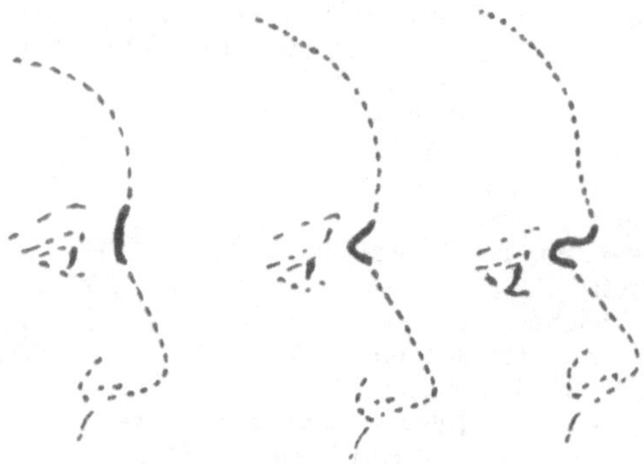

Abb. 25.

der Nasenhöhle um, die (namentlich bei älteren Leuten) öfter mit borstenähnlichen, aus der Nase herauswachsenden Haaren besetzt ist. Die Haut der Nase enthält (besonders in der Umgebung der Nasenspitze) zahlreiche Talgdrüsen, deren Öffnungen meistens als feine punktförmige Vertiefungen zu erkennen sind. Häufig erscheinen diese Pünktchen, die Ausführungsmündungen der Talgdrüsen, durch Unreinlichkeiten der Haut schwärzlich gefärbt, oder der Inhalt der Drüsen staut sich, und man sieht um diese schwarzen Pünktchen einen roten Hof (Finnen, Mitesser).

Durchschnittlich ist die Nase des Mannes um 4 mm länger als die des Weibes.

Für das Signalement kommt es auf folgende Unterscheidungsmerkmale an:

1. die Nasenwurzel;
2. der Nasenrücken;
3. die Nasengrundlinie oder Nasenbasis;
4. die Höhe der Nase;
5. der Vorsprung der Nase;
6. die Breite der Nase;
7. die Besonderheiten der Nase.

Zu 1. Die **Nasenwurzel** ist eine querliegende größere oder kleinere Vertiefung des obersten Teiles des Nasenrückens, zwischen beiden Augen, am unteren Stirnrande. Fehlt diese Vertiefung, so haben wir das geradlinige oder griechische Profil, das weiter unten noch dargestellt werden wird. Die Vertiefung der Nasenwurzel kann sein:

klein — mittel — groß[1]).

(Vgl. Abb. 25).

Zu 2. Der **Nasenrücken** entspricht der von der Nasenwurzel bis zur Nasenspitze verlaufenden Profillinie und kann

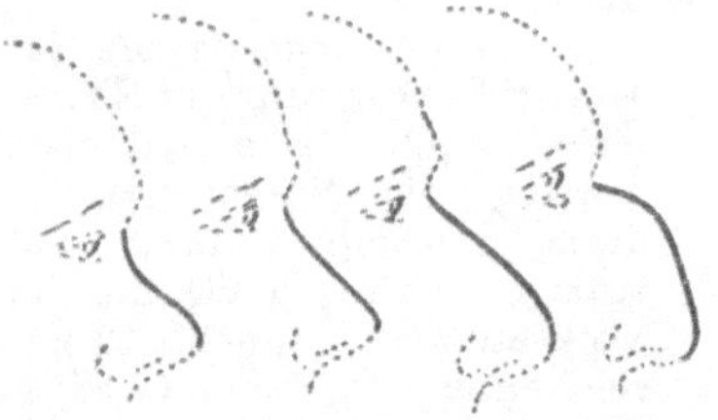

Abb. 26.

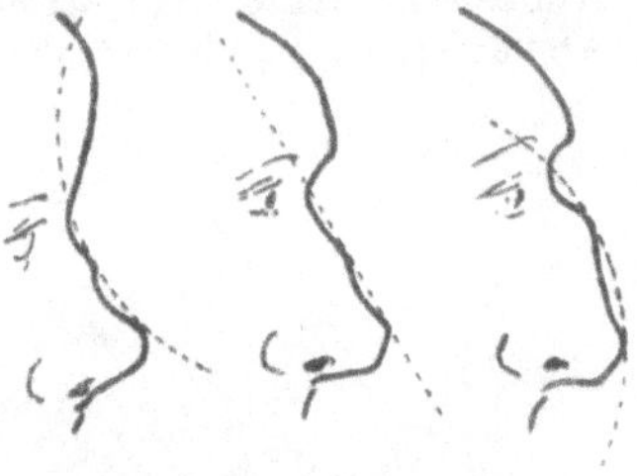

Abb. 27.

folgende drei Hauptformen aufweisen, die in Abb. 26 dargestellt sind:

konkav oder eingebogen,

geradlinig,

konvex oder gebogen; ist bei dieser Form der Nasenrücken etwas höckerig, so entsteht eine winkelig-gebogene Form (vgl. Abb. 26, vierte Form). In diesem Falle liegt der höchste Punkt der Wölbung nicht auf der Mitte des Nasenrückens, sondern mehr der Nasenwurzel zugewendet, während im übrigen der Nasenrücken nach unten geradlinig verläuft.

Konkav wird der Nasenrücken nur dann bezeichnet, wenn die Profillinie in ihrer ganzen Ausdehnung ununterbrochen konkav ist, entsprechend auch bei der konvexen Form. Wir haben also die Bezeichnungen zu unterscheiden:

konkav — geradlinig — konvex

und als Sonderform die winkelig-gebogene oder höckerige Nase, gewöhnlich auch Adlernase genannt.

Durch das Zusammentreffen zweier Formen können weiter noch folgende Sonderformen unterschieden werden:

konkav-wellig — geradlinig-wellig — konvex-wellig, wie Abb. 27 zeigt.

[1]) Hier genügt die dreistufige Größenangabe.

Zu 3. Die **Grundlinie oder Basis** der Nase weist die drei Hauptformen auf:

aufwärts — waagrecht — abwärts

(vgl. Abb. 28); bei auffallend starker Aufwärts- oder Abwärtsrichtung kann dies durch Unterstreichungen angezeigt werden.

Das Profil des Nasenrückens und die Richtung der Nasengrundlinie sind voneinander unabhängig, so daß also z. B. ein konkaver Rücken mit einer abwärts verlaufenden Grundlinie zu finden ist, wenn dieses Zusammentreffen auch nicht gerade häufig sein wird. Dagegen trifft man häufiger einen konkaven Rücken mit einer Aufwärtsrichtung, einen konvexen mit einer Abwärtsrichtung der Nasenbasis an.

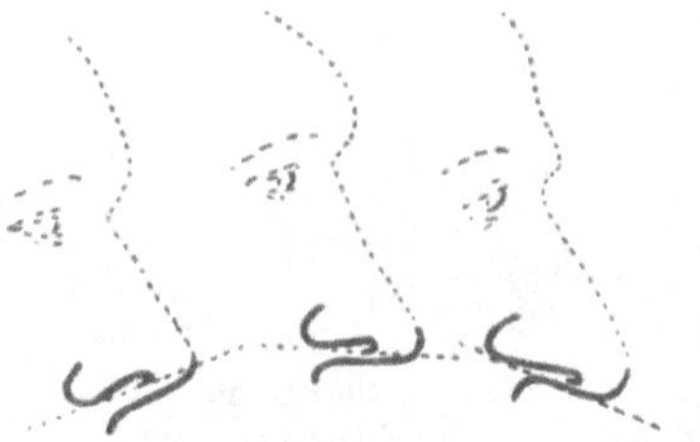

Abb. 28.

Bei stark eingebogenen Nasen ist die Richtung der Nasenlöcher nach vorne und oben geneigt, die Nasenspitze ist dann gewöhnlich breit und stumpf; daher auch die im Volksmunde gebräuchliche Bezeichnung: Stumpf- oder Stülpnase, auch Himmelfahrtsnase oder Wolkenriecher scherzhaft genannt. Tritt diese Form in Verbindung mit einem sehr breiten, aber flachen Nasenrücken und kurzem Nasensteg (siehe hierzu Ziffer 8 der Besonderheiten) auf, so daß die Nasenwurzel im Profil nur sehr wenig über die Augenlinie hervorsteht, so spricht man von einer „Plattnase", wie sie namentlich bei tiefstehenden Rassen als Regelform zu beobachten ist. Ihr entspricht auch der (unter Ziffer 1 der unten näher beschriebenen Besonderheiten) S-förmige Nasenrücken.

Zu 4. Unter **Höhe** der Nase hat man die Ausdehnung der Nase von ihrer Wurzel bis zum untersten Ende der Nasenflügel zu verstehen (vgl. Abb. 29). Sie wird ebenfalls im Verhältnis zu den übrigen benachbarten Teilen abgeschätzt und erhält die Bezeichnungen:

klein — mittel — groß.

Zu 5. Der **Vorsprung** der Nase wird, wie aus Abb. 29 zu ersehen ist, vom äußersten Punkt des Nasenrückens bis zum innersten Punkt der Nasenflügel oder Wangenfläche abgeschätzt und wie die Höhe ebenfalls klein — mittel — groß bezeichnet.

Zu 6. Die **Breite** der Nase wird (nach der Vorderansicht) durch die von den beiden äußersten Enden der Nasenflügel gebildete Querlinie abgeschätzt, ebenfalls mit klein — mittel —

groß bezeichnet; es ist aber auch schon ausreichend, nur von einer *schmalen* oder *breiten* Nase zu sprechen (vgl. Abb. 30).

Zu 7. Die **Besonderheiten** der Nase sind mannigfaltig, und zwar hinsichtlich des Nasenrückens, der Nasenspitze, der Nasenwurzel und der Nasenflügel. Man kann folgende Besonderheiten unterscheiden:

1. **S-förmiger Nasenrücken** (vgl. Abb. 31). Die Nasenwurzel ist breit und tief, der obere Nasenrücken ist stark konkav, der untere aber konvex. Demnach beschreibt die ganze Profillinie die Form eines großen lateinischen **S**. Groß sind solche Nasen gewöhnlich nicht, daher ist ihre Höhe als *klein* zu bezeichnen.

Abb. 29.

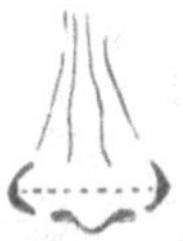

Abb. 30.

Abb. 31.

Abb. 32.

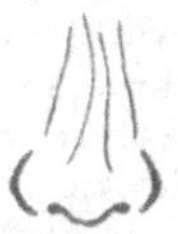

Abb. 33.

Abb. 34.

2. **Breitgedrückter Nasenrücken** (vgl. Abb. 32). Hier ist der Nasenrücken etwa in der Mitte seitlich etwas ausbiegend geformt, ohne jedoch den Verlauf der Profillinie des Rückens zu beeinträchtigen.

3. **Abgeplattete Nasenspitze;** hier liegt die dreieckförmige Verbreiterung des Nasenrückens weiter unten und zwar auf der Nasenspitze.

4. Der Nasenrücken kann auch in seiner ganzen Ausdehnung entweder **schmal** oder **breit,** auch kann er durch gewisse Zufälle **gequetscht** sein, so daß er mehr oder weniger von der Hauptrichtung abgebogen erscheint.

5. **Schiefe Nase.** Der Mittelteil des Nasenrückens ist hier etwas nach rechts oder nach links (vgl. Abb. 33) ausgebogen.

6. **Sattelnase.** Der obere (knochige) Teil der Nase springt weiter vor als der untere (knorpelige) Teil. Auf der Grenze beider Teile bildet sich eine sattelförmige Vertiefung (vgl. Abb. 34). Solche Nasenmißbildungen können z. B. durch syphilitische Erkrankungen entstehen, die einen Zerfall des Nasengerüsts verursachen.

7. Die **Nasenspitze** kann *dünn* (*schmal*), *dick* (kugelförmig) oder auch *gespalten* sein; im letzteren Falle ragt der Knorpel der Nasenflügel deutlich sichtbar unter der Haut hervor, die zwischen beiden hervorstehenden Knorpelenden liegende

Furche spaltet die Nasenspitze gewissermaßen in zwei Teile. Schließlich kann die Nasenspitze abgebogen sein, d. h. von der Hauptrichtung des Nasenrückens nach rechts oder nach links gewendet.

8. Die **Nasenscheidewand** ist entweder sichtbar oder verdeckt; als sichtbar wird sie nur dann bezeichnet, wenn der die beiden Nasenflügel scheidende Knorpel, bzw. der sog. Nasensteg erheblich über den unteren Rand der Nasenflügel hinausragt. Tritt er aber stark zurück, bezeichnet man die Nasenscheidewand als verdeckt; dabei muß die Nasenbasis genau geprüft werden, da bei stark zurücktretender Nasenscheidewand die Basis abwärts gerichtet erscheint.

Bei stark schiefer innerer Nasenscheidewand entstehen Atmungsbeschwerden, die ein gewohnheitsmäßiges Offenhalten des Mundes verursachen; hierbei erscheint das eine Nasenloch enger als das andere. Verengerungen des inneren Nasengerüsts und des Nasenrachenraumes sind häufig schon äußerlich durch die auffallend schmale Form der Nase und die schmale allgemeine Gesichtsbildung kenntlich; sie stören die Nasenatmung und nötigen zum Offenhalten des Mundes (Krukenberg).

9. Die **Nasenflügel** weisen folgende Besonderheiten auf: Die Nasenflügel können sein: sehr dünn oder sehr dick, auch umsäumt, wenn nur der untere Rand derselben mit einem Fleischpolster umgeben ist; dementsprechend sind auch die Nasenlöcher eng oder weit. Sie können ferner leicht beweglich und beim Anwuchs an die Wange zurücklaufend (eingekerbt) sein, so daß dort eine mehr oder weniger tiefe Furche entsteht.

10. Die **Nasenwurzel** kann breit oder schmal, niedrig oder hoch sein, schließlich auch tiefliegend.

11. Stark gerötete Nasen werden als **Kupfernasen** bezeichnet oder auch „Trinkernasen". Zuweilen zeigen sich an der Nase krankhafte Veränderungen (Wucherungen). Eine harmlosere krankhafte Wucherung der äußeren Weichteile der Nase, Rhinophym genannt, entstellt die Nase stark und wird auch als „Kartoffelnase" bezeichnet. Infolge von Erfrierung oder von gewohnheitsmäßigem Alkoholgenuß, aber auch ohne solche Ursachen in einzelnen Familien sogar erblich, findet sich eine nach der Spitze zulaufende Rötung, die häufig einen Stich ins Bläuliche oder Violette zeigt. Bei älteren Leuten finden sich an solchen roten Nasen häufig größere netzförmig erweiterte Blutäderchen, zuweilen in Verbindung mit dem Rhinophym.

3. Das Kinn.

Beim Kinn haben wir zwei Teile zu unterscheiden, einen oberen, durch eine unter der Unterlippe liegende Querfurche abgegrenzt, und einen unteren Teil, das eigentliche, durch eine mehr oder weniger deutliche Vorwölbung gewöhnlich hervortretende Kinn. Das von der Entwicklung des Unterkiefers abhängige Kinn ist ein charakteristisches Merkmal des Menschen und findet sich bei keinem Tier ausgebildet.

Für die Personenbeschreibung hat man das Kinn nach folgenden vier Hauptpunkten zu unterscheiden:

1. Neigung,
2. Größe (d. h. Höhe und Breite),
3. Vorsprung,
4. Besonderheiten.

1. Die **Neigung** des Kinns schwankt zwischen zurückweichend — senkrecht — vorspringend (vgl. Abb. 35 und 36).

2. Die **Höhe** und **Breite** des Kinns kann klein — mittel — groß sein.

3. Die Form des **Vorsprunges** wird als flach bezeichnet, wenn dieser Vorsprung sehr klein ist oder ganz fehlt, wie z. B. in Abbild. 37; vom Rande der Unterlippe geht eine fast gerade Linie zum unteren Kinnende. Den Gegensatz hierzu bildet das vorstehende (oder vorgewölbte) Kinn, wie Abb. 38 zeigt, wobei aber zugleich der Unterschied von dem vorspringenden Kinn der Abb. 36 zu beachten ist, das keine Vertiefung unter der Unterlippe zeigt, wie die Form der Abb. 38, deren Hauptrichtung im übrigen ganz senkrecht sein kann.

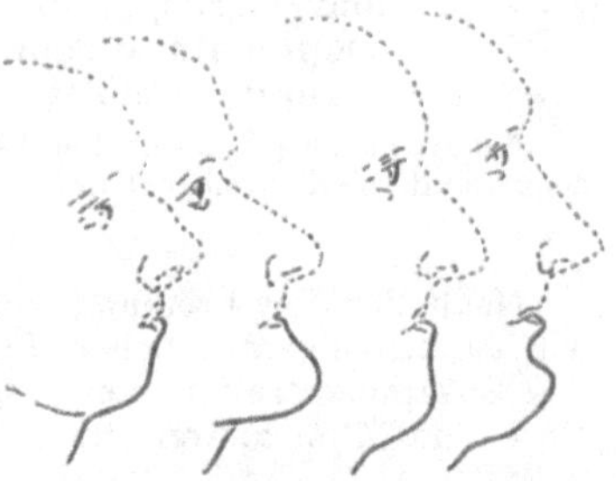

Abb. 35 36 37 38

4. **Besonderheiten:** Das mehr oder weniger spitzwinkelig vorspringende Kinn tritt häufig auch bei alten Leuten auf, wenn die Zähne ausgefallen sind und der Kiefer in gleicher Weise schwindet[1]). Bei starkem Fettreichtum entsteht das sogenannte „Doppelkinn", das sich an der Kinnunterseite durch eine Querfurche abgrenzt und die untere Gesichtshälfte verlängert und verbreitert. Bei starker Abmagerung wird der Umriß des Unterkieferknochens deutlich erkennbar, die Haut der Unterkinngegend erscheint etwas ausgehöhlt. Bei alten Leuten bilden sich vom Kinn ausgehend am Halse zwei nach unten ziehende stark hervortretende Stränge, von der vorderen Grenze des

[1]) Bei gleichzeitig stark vorspringender Nase (mit abwärtsgerichteter Basis) und Kinnspitze finden wir das charakteristische „Nußknackergesicht".

breiten, unter der schlaffen Haut angespannten Halsmuskels gebildet.

Als weitere Besonderheiten des Kinns kommen in Betracht:

a) Das **Kinngrübchen.** Es liegt in der Mitte des unteren Vorsprunges, ist meistens kreisrund, manchmal auch etwas ovalförmig, mehr oder weniger tief und wird gewöhnlich beim vorgewölbten Kinn (Abb. 38) beobachtet.

b) Das **gespaltene Kinn.** Bei dieser Form ist das Grübchen stark verlängert und spaltet das Kinn gewissermaßen in zwei Hälften.

c) Die **Kinnquerfurche** erstreckt sich in einer Länge von 2—3 cm konvexförmig über den eigentlichen Kinnvorsprung.

d) Die **Doppelkinnfurche** liegt, wie oben bereits erwähnt, etwas unterhalb der Umbiegung des Kinnes.

Anmerkung: Soweit die Besonderheiten durch Barthaare verdeckt sind, bleiben sie bei der Beschreibung unberücksichtigt.

Nach der Beschreibung von Stirn, Nase und Kinn können wir zu den eigentümlichen Profilformen übergehen, die durch das Zusammentreffen von Stirn und Nase einerseits und von Nase und Kinn andrerseits gebildet werden.

4. Das Stirn—Nasenprofil.

Als einzelne Formen kommen hier die folgenden in Betracht:

1. **Geradliniges Profil,** auch griechisches Profil bezeichnet. Stirn und Nase bilden bei sehr wenig vertiefter Nasenwurzel eine fast gerade Linie, die Nase selbst zeigt mittlere Verhältnisse, also keine auffallenden Besonderheiten (Abb. 39).

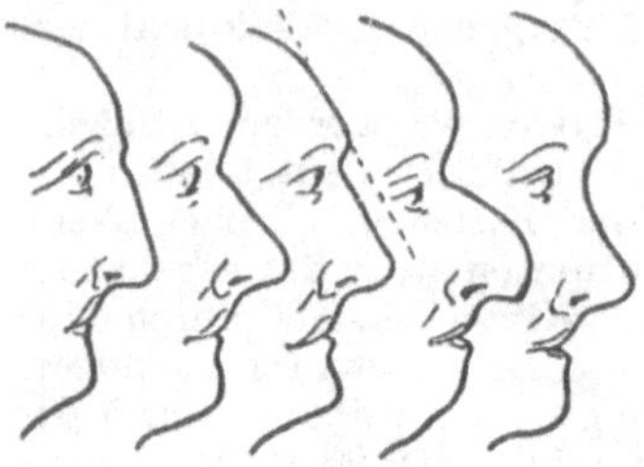

Abb. 39 40 41 42 43

2. **Winkeliges Profil.** Die Stirnlinie fällt senkrecht auf einen stark vorspringenden Nasenrücken (Abb. 40).

3. **Paralleles Profil.** Die Stirn ist etwas zurückgeneigt, die Nasenwurzel tief, der Nasenrücken geradlinig. Die Nasenrückenlinie verläuft ziemlich parallel mit der verlängerten Stirnprofillinie (Abb. 41).

4. **Gebogenes Profil.** Die Stirn ist etwas vorgewölbt, der Nasenrücken konvex, also stark gebogen (Abb. 42).

5. **Gewelltes Profil.** Stirn ist vorgewölbt, Nasenrücken konkav, Nasenwurzel weit ausgehöhlt (Abb. 43).

6. **Halbmondförmiges Profil.** Stirn und Kinn zurückweichend, Nase konvex, so daß der Verlauf der ganzen Gesichtsprofillinie halbkreisförmig ist.

5. Das Nasen—Mundprofil.

Hier unterscheidet man zwei Hauptformen: die Prognathie und die Orthognathie[1]). Zur besseren Beurteilung dieser Formen denkt man sich von der Nasenwurzel aus eine senkrechte Linie nach unten gezogen.

1. **Das prognathische Profil.** Unter- und Oberkiefer stehen weit nach vorn, sog. Negertypus (Abb. 44). Bildet man durch zwei Linien, von denen die eine waagrecht vom Gehörgang zur Nasenbasis, die andere über Stirn, Nase und Oberkiefer verläuft, dann ergibt sich ein spitzer Winkel, wie er wohl kaum beim Europäer anzutreffen sein wird.

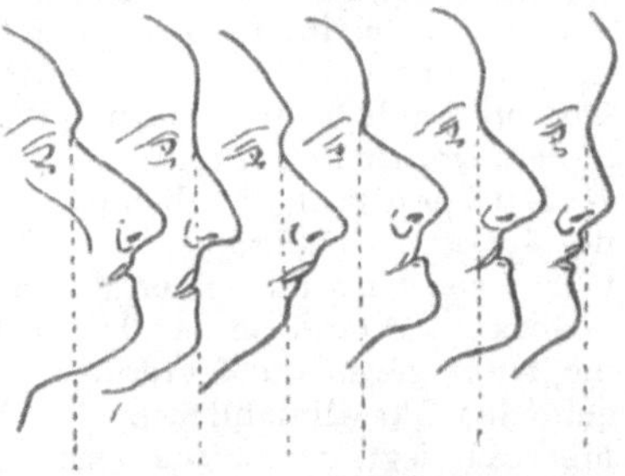

Abb. 44 45 46 47 48 49

2. **Das orthognathische Profil.** Ober- und Unterkiefer liegen mit dem Stirnprofil in einer gerade und senkrecht verlaufenden Linie (Abb. 45).

3. **Nasenprognathie.** Nur der Oberkiefer steht nach vorn, der Unterkiefer tritt zurück und liegt regelmäßig nicht in der geraden senkrechten Richtung der von der Nasenwurzel ausgehenden Linie (Abb. 46). Ist aber die ganze Nasen—Mundpartie vorstehend, dann tritt auch der Unterkiefer stark nach vorn (Abb. 47).

4. **Vorstehender Unterkiefer** (Abb. 48), wobei sich auch das gleichzeitige Vorstehen der Unterlippe ergibt[2]); im übrigen aber orthognathisches Profil.

5. **Zurückweichendes Gesichtsprofil** (Abb. 49). Die untere Gesichtshälfte tritt hinter die von der Nasenwurzel aus gedachte Senkrechte zurück; die Stirn ist hierbei gewöhnlich vorgewölbt oder mit Stirnhöcker ausgestattet.

Anmerkung. Die prognathische Gesichtsform (auch „Vogelgesicht" genannt) ist hauptsächlich auf die Kiefer- und Zahnreihenstellung zurückzuführen. Das Zusammentreffen der Zahnreihen (oder

---

[1]) Vom Griechischen: orthos = gerade, gnathos = Kiefer, pro = vorwärts.

[2]) In der Verbrechersprache wird diese Form auch als „Balkonfresse" bezeichnet.

der „Biß") ist normal, wenn die vorderen unteren Zähne dicht hinter die vorderen oberen treffen (wie z. B. bei der Schere). Abweichende Formen sind: der „gerade Biß", wenn die Vorderzähne direkt (senkrecht) aufeinandertreffen (orthognath); von einer „Progenie" des Bisses spricht man, wenn der Unterkiefer den Oberkiefer überragt. Wenn dagegen der Unterkiefer verkürzt, der Oberkiefer daher vorstehend ist und die Schneidezähne schräg gegeneinander nach außen geneigt sind, haben wir die typische Form der „Prognathie". In beiden letzten Fällen spricht man auch vom „offenen Biß", bei dem also eine Zahnreihe hinter der anderen zurückbleibt.

C. Das Ohr.

Anatomisches: Da für die Beschreibung nur das äußere Ohr, nicht der im Innern des Schädels versteckte Gehörapparat in Betracht kommt, werden wir uns auch nur auf das äußere Ohr, gewöhnlich auch „Ohrmuschel" bezeichnet, beschränken. Das äußere Ohr ist eine unregelmäßig muschelförmige, durch elastische Knorpel gestützte, länglich-ovale Hautfalte, welche die Mündung des äußeren Gehörganges umfaßt. Der vordere konkave Teil der Ohrmuschel ist mit einer dünnen, sehr straff anliegenden Haut bedeckt, während an der dem Kopfe zugekehrten hinteren Seite die Haut gegen die Unterlage verschiebbar ist. Nach vorne zu geht das Ohr allmählich in die Haut der Wange über. Die Ohrmuschel liegt, wenn man sich ein Normalohr vorstellen will, in gleicher Höhe mit der Nase, ist etwa so lang wie diese und etwa doppelt so lang wie breit. Ihre Größe ist aber individuell sehr schwankend, bei Frauen im allgemeinen kleiner als bei Männern, bei Neugeborenen ist sie schon verhältnismäßig groß und vollständig entwickelt. Das Ohr steht in einem Winkel von etwa 45 Grad vom Kopfe ab; große Ohren stehen häufig stärker ab und werden dadurch noch auffälliger, während kleine Ohren meistens am Kopf flach anliegen. Die Entwicklung der einzelnen Teile des Ohres, namentlich auch des Ohrläppchens, zeigt bei den einzelnen Menschen mannigfaltige Verschiedenheiten, sind in ihrem Wachstum keinen auffallenden Veränderungen unterworfen, so daß sich gerade das Ohr vom signaletischen Gesichtspunkte aus als das wichtigste Unterscheidungs- und Erkennungsmerkmal des Menschen darstellt, wenn man von den Fingerabdrücken hierbei absehen will. Bei minderwertigen Menschen, insbesondere auch bei Geisteskranken und Idioten ist das Ohr nicht selten mangelhaft entwickelt, die Ohrläppchen fehlen oder sind an die hintere Wange angewachsen, der sogenannte Darwinsche Fortsatz, ein kleiner Höcker am hinteren oberen Teil der Ohrleiste ist zu einer deutlich erkennbaren Spitze nach oben und außen zu ausgebildet, oder die Ohren sind abnorm groß und plump geformt. Als sogenannte Degenerationszeichen haben sie jedoch nur dann eine Bedeutung, wenn sie bei einem

Menschen in größerer Zahl auch an anderen Körperstellen vorkommen. Da das Ohr außer dem Ohrläppchen kein Fettgewebe enthält, so wird es auch bei auszehrenden Krankheiten nur wenig verändert, nur das Ohrläppchen vergrößert oder verkleinert sich je nach dem allgemeinen Ernährungszustand des Menschen. Durch krankhafte Prozesse kann sich das Ohr ebenfalls verändern. Besonders nach Erfrierung kommt eine häufig wiederkehrende Rötung und Schwellung der Ohren vor. Schwere Grade von Erfrierung führen zu Substanzverlusten an der Ohrleiste, die nach der Heilung scharf und wie abgenagt aussieht. Auch äußeren Verletzungen ist das Ohr nicht selten ausgesetzt, besonders durch Aufschlitzen des für Ohrringe durchbohrten Ohrläppchens, wie dieses auch durch Geschwüre tuberkulöser oder krebsiger Natur entstellt werden kann (nach Krukenberg). Schon Bertillon wies darauf hin, daß das Ohr infolge seiner Unbeweglichkeit und Untätigkeit beim Mienenspiel unsere Aufmerksamkeit weniger anzieht, als andere Gesichtsteile. Weil wir also das Ohr im täglichen Leben so wenig beachten, sind wir ohne Schulung auch gar nicht in der Lage, es näher zu beschreiben, was aber um so notwendiger ist, als es kaum zwei Ohren verschiedener Menschen gibt, die sich in allen Einzelheiten gleichen und daher zur Wiedererkennung eines Menschen, der seine Persönlichkeit zu verbergen bestrebt ist, viel mehr geeignet ist, als andere Körperformen.

Die einzelnen Bestandteile des Ohres.

(Vgl. Abb. 50.)

Der Beschreibung wird grundsätzlich nur das rechte Ohr zugrundegelegt.

Die unregelmäßige, muschelartige Gesamtbildung des Ohres läßt sowohl Erhöhungen, als auch Vertiefungen (Aushöhlungen) unterscheiden und zwar folgende:

1. Der **Ohrsaum** (oder **Ohrleiste**). Von der Ohrmitte ausgehend verfolgen wir den Ohrrand in seiner ganzen Ausdehnung bis zur Basis, wo er sich verschmilzt mit dem

2. **Ohrläppchen,** dem weichen, fleischigen mehr oder weniger abgerundeten unteren Teil des Ohres.

3. Der **Tragus** ist jener knorpelige, etwas bogen-spitzenförmige Teil, der vor der Gehörgangsöffnung liegt und mit der Wange verschmolzen ist.

4. Der **Antitragus** liegt dem Tragus gegenüber, durch einen Einschnitt von ihm getrennt, direkt am oberen Rande des Ohrläppchens.

5. Die **Gegenleiste** (auch Falte oder Antihelix bezeichnet)

liegt über dem Antitragus, eigentlich dessen Fortsetzung nach oben bildend, der obere Teil läuft gewöhnlich in zwei Ästen aus, welche die sogenannte „Fingerfurche" einschließen.

Von Vertiefungen oder Aushöhlungen unterscheiden wir beim Ohr ferner:

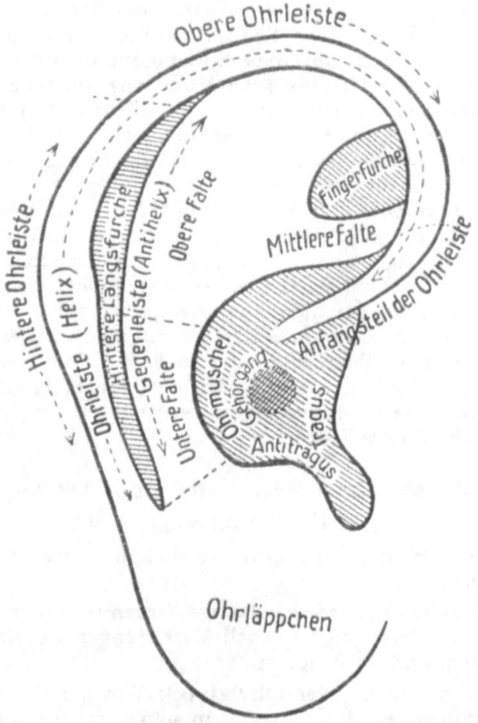

Abb. 50.

6. Die **hintere Längsfurche,** die zwischen der in senkrechter Richtung verlaufenden Ohrleiste und der Gegenleiste (oder Falte) liegt und im Ohrläppchen verläuft.

7. Die **Fingerfurche,** zwischen den beiden oberen Ästen der Gegenleiste liegend.

8. Die **Ohrmuschel,** vom Tragus, Antitragus, Gegenleiste und dem Anfangsteil der Ohrleiste umschlossen. In die Ohrmuschel mündet der Gehörgang direkt ein.

1. Die Ohrleiste.

Die Ohrleiste wird in drei Teile zerlegt: a) Anfangsteil, b) oberer und c) hinterer Teil der Ohrleiste. Der Anfangsteil wird nach der Ausdehnung in der Länge, der obere und hintere Teil nach der Ausdehnung in der Breite oder Dicke bezeichnet.

a) Der Anfangsteil der Ohrleiste (auch Wurzel der Ohrleiste genannt). Dieser Teil ist als klein zu bezeichnen, wenn der Anfangspunkt kaum in die Ohrmuschel hineinragt, als mittel, wenn er in der Mitte der Ohrmuschel beginnt, und als groß, wenn er die ganze Ohrmuschel durchzieht und sich mit dem unteren Teil der Gegenleiste verbindet (vgl. Tafel I Bild 1—3).

b) Der obere Teil der Ohrleiste wird ebenfalls mit klein, mittel oder groß bezeichnet. Wenn dieser Teil klein ist, reicht der obere Teil der Gegenleiste bis zum oberen Rande des Ohres, der dann nur durch ein schmales, kaum sichtbares Polster eingesäumt wird, so daß der obere Rand flach aussieht (Tafel I, 4). Ist der obere Rand weder sehr dünn und schmal, noch auffallend dick und breit, so bezeichnen wir ihn als mittel (Tafel I, 5). Bildet der obere Teil der Ohrleiste ein die obere Gegenleiste und die Fingerfurche bedeckendes Fettpolster, so bezeichnen wir dieses mit groß (Taf. I, 6).

c) Der hintere Teil der Ohrleiste wird ebenfalls mit klein, mittel und groß bezeichnet. Ist er klein, dann sind hintere Längsfurche und der untere Teil der Gegenleiste sehr oft abgeplattet und lassen den hinteren Ohrteil flach erscheinen (Taf. I, 7). Im entgegengesetzten Falle sehen wir ein die hintere Längsfurche und den unteren Teil der Gegenleiste verdeckendes Fettpolster (Taf. I, 9). Als Zwischenstufe haben wir auch hier noch die Bezeichnung: mittel (Taf. I, 8).

Im Anschluß hieran ist gleich die hintere Längsfurche zu beschreiben, da ihre Form durch die Gestalt des hinteren Teiles der Ohrleiste bedingt wird und beide somit in engem Zusammenhange stehen.

Die hintere Ohrleiste zeigt Verschiedenheiten, je nachdem sie stark oder schwach eingerollt oder geöffnet ist. In manchen Fällen, hauptsächlich aber bei kleinen und mittleren Maßen, ist der hintere Teil der Ohrleiste stark rückwärts geneigt, so daß die Längsfurche deutlich zu sehen ist. Dieses Merkmal bezeichnen wir mit offen (Taf. I, 10). In anderen Fällen ist die Ohrleiste mehr eingerollt, wobei die Längsfurche nur als eine schmale Rinne sichtbar ist. Diesen Grad der Öffnung bezeichnen wir als mittel (Taf. I, 11). Endlich kann die hintere Ohrleiste, wenn sie als groß zu bezeichnen ist, stark eingerollt sein und dicht an dem unteren Teil der Gegenleiste anliegen. In diesem Falle ist die Längsfurche vollständig bedeckt und die Öffnung wird als geschlossen bezeichnet (Taf. I, 12).

2. Das Ohrläppchen.

Unter Ohrläppchen verstehen wir jene weiche und nach unten abgerundete Anschwellung, die den untersten Teil des Ohres bildet. Wir haben es hinsichtlich der Form seines äußeren Randes, seines Zusammenhanges mit der Wange, seiner Gestalt, seiner Flächenbildung und schließlich hinsichtlich seines Umfanges und seiner Besonderheiten zu prüfen. Wenn die eingehende Beschreibung der einzelnen Merkmale des Ohrläppchens für die Personenbeschreibung in der Praxis auch weniger von Bedeutung ist, so ist und bleibt sie doch wertvoll für die Schulung

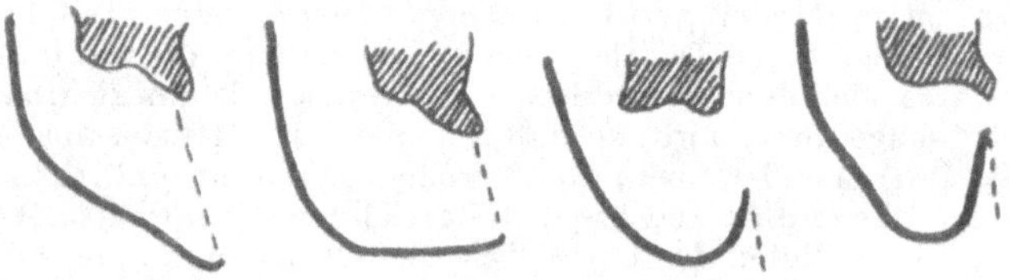

Abb. 51.

des Auges, auch feinere Unterscheidungsmerkmale kennen und anwenden zu lernen. (Das gilt auch für die Merkmale des Tragus und Antitragus.)

a) Umriß des Ohrläppchens. Das Ohrläppchen kann gegen die Wange hin in Spitzform auslaufen: zwickelförmiger Umriß (Taf. I, 13 und Abb. 51, erste Form); es kann ferner mit der Wange einen rechten Winkel bilden: rechtwinkeliger Umriß (Taf. I, 14 und Abb. 51, zweite Form). Der Umriß kann gegen die Wange zu abgerundet sein, d. h. erst abwärtsgehend, dann gegen die Wange hin wieder aufwärtssteigend; wenn das abgerundete Ohrläppchen noch teilweise mit der Wange verschmolzen ist, bezeichnen wir es bogenförmig (Taf. I, 15 und Abb. 51, dritte Form); wenn der untere Rand des Läppchens noch tiefer hinabsteigt und von der Wange durch einen freien Zwischenraum ganz getrennt ist, so wird dieses als freihängend oder golfförmig (Taf. I, 16 und Abb. 51, vierte Form) bezeichnet.

Wir haben beim Ohrläppchen vier Umrißformen zu unterscheiden: zwickelförmig (V), rechtwinkelig (L), bogenförmig (U) und freihängend oder golfförmig (fh).

b) Anwuchs des Ohrläppchens an die Wange. Dieser kann sein: verschmolzen (Taf. I, 17), wenn die das Ohrläppchen bedeckende Haut sich mit der Haut der Wange furchen- und faltenlos verschmilzt, wenn mit anderen Worten der Verbindungspunkt von Wange und Ohrläppchen nicht mehr zu unterscheiden ist. Wenn das Ohrläppchen teilweise von der Wange getrennt ist, d. h. wenn zwischen Ohrläppchen und Wange eine kurze Furche sichtbar ist, bezeichnen wir diese Form halbgetrennt (Taf. I, 18). Wenn das Ohrläppchen von der Wange vollständig durch eine Hautfurche getrennt ist, so ist diese Form mit getrennt zu bezeichnen (Taf. I, 19). Endlich kann das Ohrläppchen vollständig von der Wange losgelöst sein; in diesem Falle wird es als isoliert bezeichnet (Taf. I, 20).

Zwischen vollständiger Verschmelzung und Isolierung haben wir demnach vier Arten seines Anwuchses zu unterscheiden: verschmolzen (vsm), halbgetrennt (ht), getrennt (gt) und isoliert (is).

c) Gestalt des Ohrläppchens. Die Oberfläche des Ohrläppchens kann durchfurcht sein (Taf. I, 21). In diesem Falle endet die hintere Längsfurche nicht an der Grenze der hinteren Ohrleiste, sondern durchquert die ganze Oberfläche des Ohrläppchens. Wenn sich die hintere Längsfurche ungefähr bis in die Mitte des Ohrläppchens fortsetzt, bezeichnen wir diese Form halbdurchfurcht (Taf. I, 22). Zeigt das Ohrläppchen keine Spur einer Vertiefung, so nennen wir es glatt oder eben (Taf. I, 23). Springt das glatte Ohrläppchen etwas nach vorn (außen), so bezeichnen wir es als vorragend (Taf. I, 24).

Die vierstufige Einteilung der hier besprochenen Formen ist also: durchfurcht (df), halbdurchfurcht (hdf), glatt oder eben (eb) und vorragend (vr).

d) Die Größe (Höhe) des Ohrläppchens. Die Größe des Ohrläppchens, bestimmt nach der Höhe vom oberen bis zum unteren Rande des Ohrläppchens, kann sein: klein (Taf. II, 25), mittel (Taf. II, 26) und groß (Taf. II, 27).

3. Der Antitragus.

Der Antitragus ist ein knorpeliger, mit Haut überzogener Teil des Ohres, der gerade über dem Ohrläppchen liegt. Er zeigt gewöhnlich einen leichten Vorsprung, der aber auch ganz fehlen kann. Der Antitragus ist für unsere Zwecke nach folgenden Eigenschaften zu untersuchen:

a) Neigung;
b) Profil;
c) Ausbiegung;
d) Größe;
e) Besonderheiten.

a) Die Neigung des Antitragus. Um diese abzuschätzen, hat man seine Grundlinie ohne Rücksicht auf den Vorsprung des Antitragus zu beachten; seine Richtung schwankt zwischen waagrecht und schräg bis zu einem Winkel von 45° ansteigend.

Die drei Richtungen des Antitragus unterscheiden wir, wie folgt:
waagrecht (Tafel II, 29), mittel (Taf. II, 30) und schräg (Taf. II, 31), abgekürzt: —, m, \.

b) Das Profil des Antitragus. Wenn man das Profil des Antitragus prüft, drückt man das Ohr etwas gegen den Kopf der Person; dadurch tritt der äußere Rand des Antitragus besser in Erscheinung. Wir finden so ein Profil, das bei verschiedenen Personen zwischen konkav (ausgehöhlt) und konvex (vorspringend) schwankt.

Der konkave oder ausgehöhlte Antitragus bildet gegen das Ohrläppchen zu eine halbkreisförmige Kurve, eine seltene Form (Taf. II, 32).

Der geradlinige Antitragus (Taf. II, 33) ist meistens mit einer horizontalen Richtung verbunden; doch findet man auch geradlinige, schräg verlaufende Profillinien des Antitragus.

Die als mittel zu bezeichnende Richtung des Antitragus zeigt einen leichten Vorsprung des Profils und wird dadurch etwas wellig (Taf. II, 34).

Endlich ist noch der vorspringende Antitragus zu erwähnen, nach dem starken Vorsprung seines Profils so genannt (Taf. II, 35).

Das Profil des Antitragus wird also abgestuft: konkav oder ausgehöhlt (cav oder ah), geradlinig (gl), mittel (m) und vorspringend (vs.).

c) Die Ausbiegung des Antitragus. Der äußere (freie) Rand des Antitragus ist sehr oft nach vorn gewendet, d. h. von der Ohrmuschel nach außen. Ist dies in starkem Grade der Fall, dann wählen wir die Bezeichnung ausgebogen (Taf. II, 36), wenn nur in leichtem Grade: mittel (Taf. II, 37). Ist überhaupt keine Ausbiegung vorhanden, sondern verläuft der äußere Rand in gerader Linie oder ragt er sogar leicht in die Ohrmuschel hinein, so bezeichnen wir diese Form mit gerade (Taf. II, 38).

Wir erhalten hier somit eine dreistufige Einteilung: aus- oder umgebogen (ug), mittel (m) und gerade (ge).

d) Die Größe des Antitragus kann sein: klein (Taf. II, 39), mittel (Taf. II, 40) und groß (Taf. II, 41) und richtet sich nach der Kürze oder Länge der unter „Neigung" erwähnten Linie.

Anmerkung: Der Tragus wird nur hinsichtlich seiner Besonderheiten beschrieben; s. weiter unten.

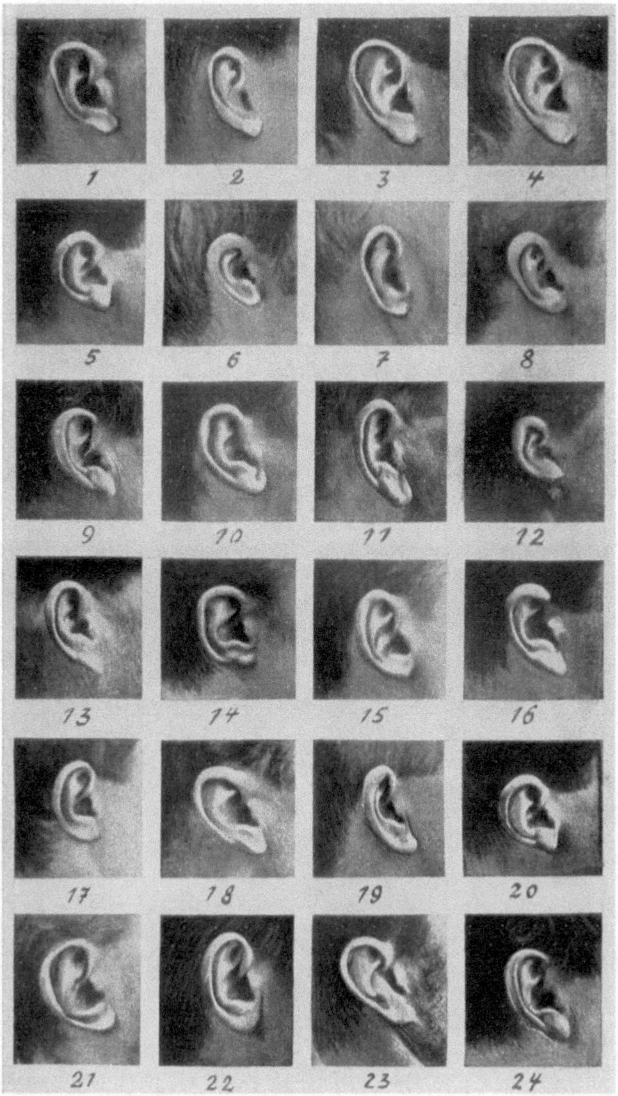

Tafel I.

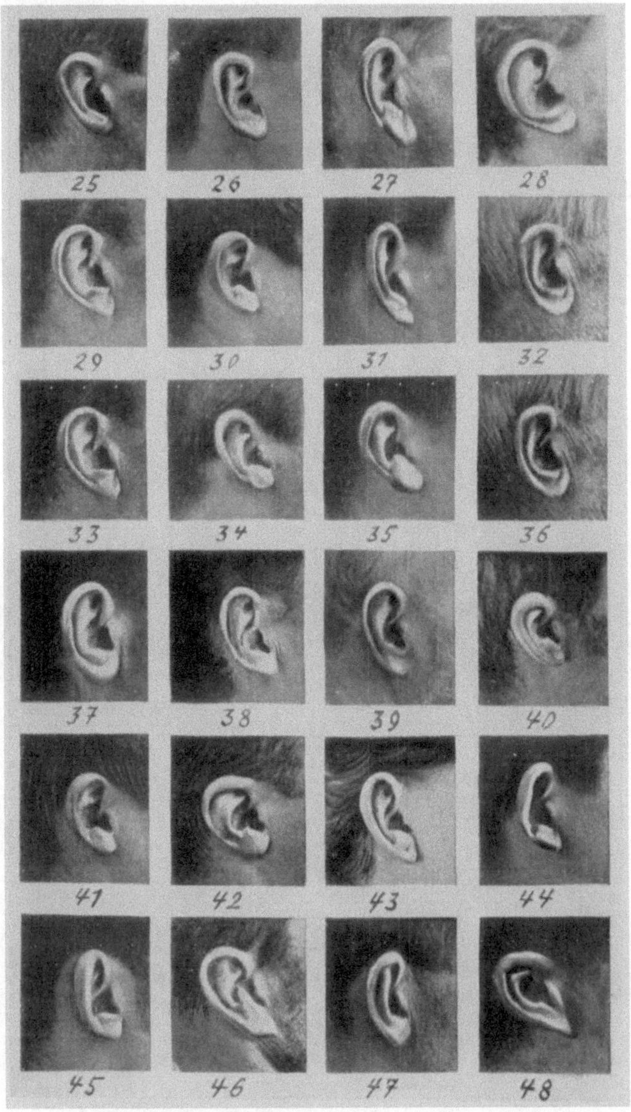

Tafel II.

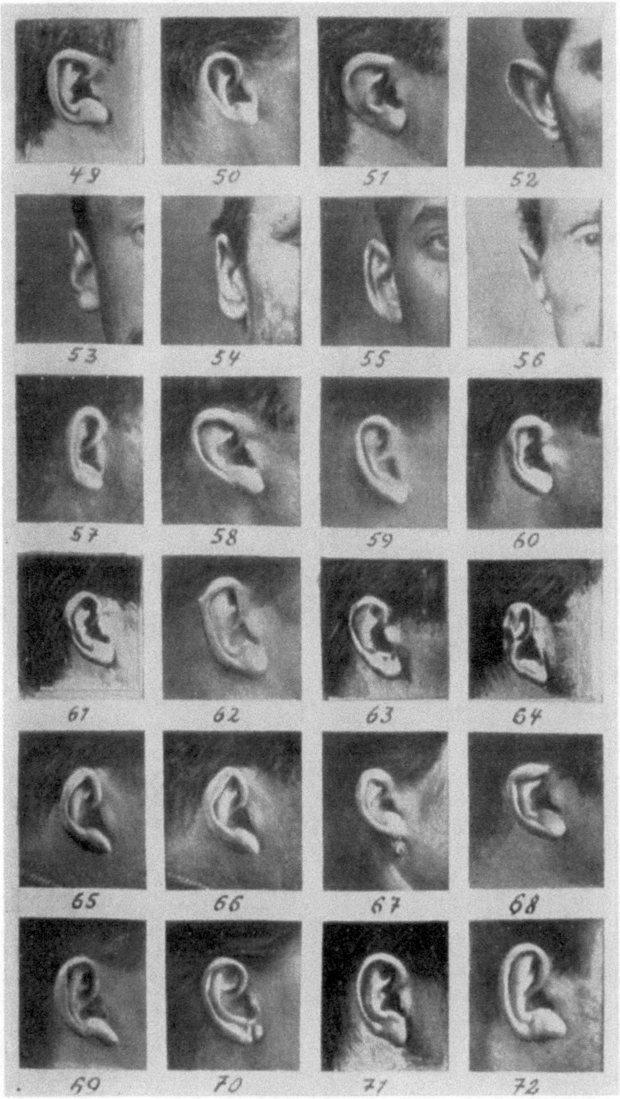

Tafel III.

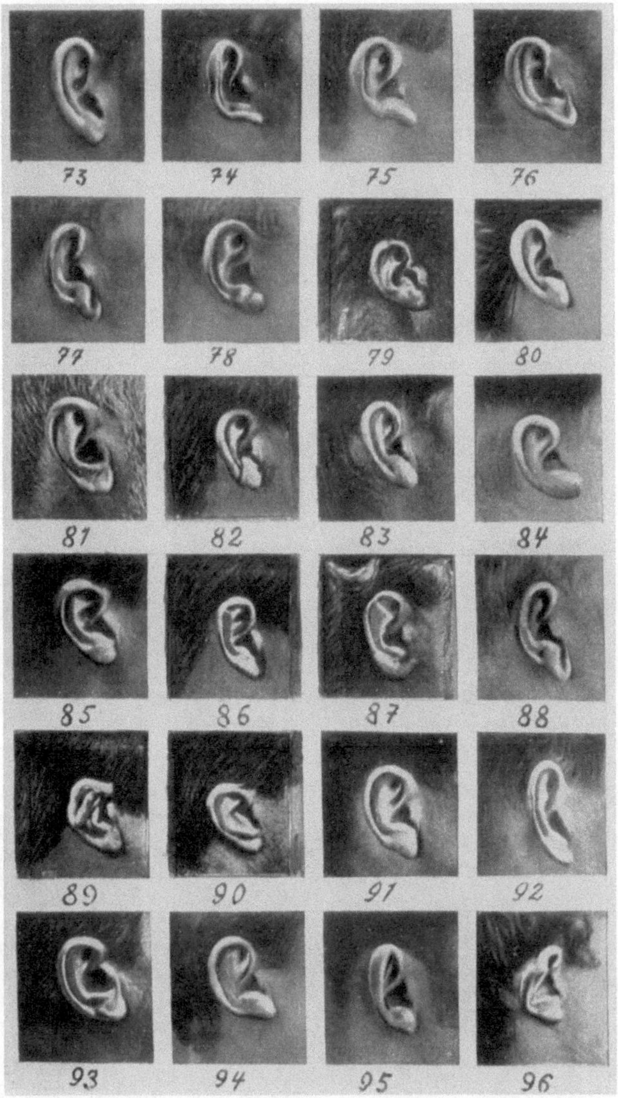

Tafel IV.

4. Die Gegenleiste oder Falte.

Die Gegenleiste oder Falte zerfällt in zwei Teile, die untere und die obere Falte.

a) Die untere Falte. Dieser Teil der Gegenleiste wird nur hinsichtlich seines größeren oder geringeren Vorsprunges betrachtet; man bezeichnet diesen Teil als vorragend, vorgewölbt oder konvex (vr oder vex), (Taf. II, 42 und Abb. 52c), wenn er über den äußeren Rand der Ohrleiste hervorragt[1]), als mittel, wenn er mit dem äußeren Ohrrand auf gleicher Höhe liegt (Taf. II, 43 und Abb. 52b), und als zurückweichend oder konkav, wenn er von dem äußeren Ohrrand überragt wird (Taf. II, 44 und Abb. 52a). Diese Formen werden am besten durch waagrechte Anlegung eines kleinen Lineals über Tragus und Ohrleiste geprüft.

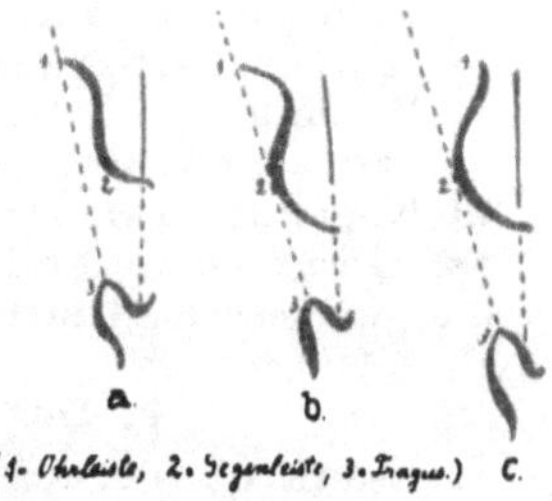

Abb. 52.

b) Die obere Falte. In ihrem oberen Teile wird die Falte oder Gegenleiste mit ø (= fehlend) bezeichnet (Taf. II, 45), wenn sie gar nicht, als mittel (Taf. II, 46), wenn sie nur wenig, und als hervortretend oder vorragend (vr) (Taf. II, 47), wenn sie stark hervortritt und den äußeren Ohrrand überragt.

Hierzu ist noch zu bemerken, daß das Ohr der zu beschreibenden Person von hinten betrachtet werden muß, um die einzelnen Formen der Falte oder Gegenleiste feststellen zu können, während die sonstige Beschreibung des Ohres von der Seite aus geschehen muß.

5. Die Grundformen des Ohres.

Wir unterscheiden vier Grundformen des Ohres (vgl. Taf. II, 48 bis III, 51).

1. Dreieckig. Der obere Ohrsaum verläuft zunächst etwas rechtwinkelig, das Ohrläppchen in spitzem Winkel gegen die Wange (Taf. II, 48).

2. Rechteckig. Der obere Umriß des Ohres ist fast rechtwinkelig, das Ohrläppchen hat eine viereckige Form (Taf. III, 49).

3. Oval. Diese Form ist die häufigste (Taf. III, 50); hier gibt es auch eine abnorme Form, wenn sich nämlich das ganze

---

[1]) Es genügt, wenn nur ein Teil der Gegenleiste, gewöhnlich der mittlere, über den Ohrleistenrand hinausragt.

Ohr nach unten verbreitert, so daß der Ohrläppchenteil breiter als der Ohrspitzenteil ist.

4. Rund. Ohren, deren Umriß rund ist, sind gewöhnlich klein (Taf. III, 51).

6. Der Abstand des Ohres.

Es sind fünf Arten des Ohrabstandes zu unterscheiden, die wir, wie folgt, bezeichnen:

1. Oberer Abstand. Der ganze obere Teil des Ohres steht vom Kopfe ab, in diesem Falle fehlt meistens die obere Falte (Taf. III, 52).

2. Hinterer und unterer Abstand. Hier steht der hintere und untere Teil des Ohres auffallend vom Kopfe ab (Taf. III, 53).

3. Unterer Abstand. Nur das Ohrläppchen steht auffallend vom Kopfe ab (Taf. III, 54).

4. Totaler Abstand. Das ganze Ohr steht auffallend weit vom Kopfe ab (Taf. III, 55).

5. Ganz anliegend. Das Ohr zeigt überhaupt keinen Abstand, sondern liegt fast ganz am Kopfe an (Taf. III, 56).

7. Der Ansatz des Ohres.

1. Senkrechter Ansatz. Der obere Teil des Ohres ist nach vorn geneigt; die Hauptrichtung des Ohres ist senkrecht (Tafel III, 57).

2. Schräger Ansatz. Die obere Ohrhälfte ist nach rückwärts geneigt, während die untere Hälfte mehr nach vorn gedreht ist; die Hauptrichtung ist sehr schräg (Taf. III, 58).

8. Besonderheiten des Ohres.

a) Der Ohrleiste.

1. Darwinscher Knoten. Dies ist ein kleiner knorpeliger Knoten, der sich ungefähr auf der Grenze des oberen und hinteren Ohrsaumes befindet. Er ist nicht immer sichtbar, jedoch leicht fühlbar (Taf. III, 59), für die Praxis daher kaum von Bedeutung, wie auch die drei folgenden Merkmale.

2. Darwinsche Erweiterung. Sie bildet eine ungefähr in der Mitte der hinteren Ohrleiste liegende Anschwellung (Taf. III, 59).

3. Der Darwinsche Vorsprung wird durch einen kleinen Knorpel gebildet, der wie der Zahn einer Säge aussieht und ebenfalls etwa in der Mitte des inneren Randes der hinteren Ohrleiste liegt (Taf. III, 61).

4. Erbsenförmiger Darwinscher Knoten. Dieser deutlich sichtbare knorpelige Knoten liegt ungefähr an derselben Stelle wie der unter Ziffer 1 genannte, ist aber in seinem Um-

fange viel größer als jener, ganz rund, von weißer, perlmutterartiger Haut überzogen. Diese Besonderheit ist selten (Taf. III, 62).

5. Ausgezackter Ohrsaum. Gleichfalls an der Grenze der oberen und hinteren Ohrleiste kann der Ohrsaum einen eigenartigen Ausschnitt aufweisen (Taf. III, 63).

6. Gequetschter Ohrsaum. Die ganze hintere Ohrleiste sieht wie ein Stückchen Teig aus, das mit den Fingern geknetet ist, so daß deren Eindrücke zu sehen sind (Taf. III, 64).

7. Hintere Ohrleiste verschmolzen. Der untere Teil, etwa von der Mitte der hinteren Ohrleiste an, ist mit der unteren Falte der Gegenleiste verschmolzen, mit ihr einen einzigen Vorsprung bildend (Taf. III, 65).

8. Winkelformen der Oberleiste: a) Spitzwinkeliger Obersaum. Die obere Ohrleiste bildet keinen Kreisbogen mehr, sondern einen mehr oder weniger spitzen Winkel, dessen Spitze etwa in der Mitte des Obersaumes liegt (Taf. III, 66).

b) Rechtwinkeliger (hinterer) Obersaum. Der Obersaum ist fast geradlinig und waagrecht, während die hintere Ohrleiste mit der oberen einen rechten Winkel bildet (Taf. III, 67).

c) Zweiwinkeliger Obersaum. Etwas über der Grenze des Anfangsteils des Ohrsaumes ändert der Obersaum plötzlich seine Richtung, einen fast rechten Winkel bildend, und verläuft waagrecht oder etwas aufsteigend weiter. Die hintere Ohrleiste schließt sich ebenfalls im rechten Winkel an (Taf. III, 68).

d) Stumpf-spitzwinkeliger Obersaum. Hier handelt es sich wieder um einen zweiwinkeligen Saum. Der vordere, gegen den Schädel gerichtete Winkel ist spitz, der hintere Winkel dagegen stumpf. Der erste (kleinere) Teil des Obersaums hat eine senkrechte, der zweite (größere) Teil eine absteigende Richtung (Taf. III, 69).

9. Vernarbte und erfrorene Ohrleiste. Bei manchen Menschen weist die Ohrleiste von alten Wunden oder Frostbeulen herrührende Narben auf. Die Ohrleiste kann infolge einer Operation auch ganz fehlen.

b) Besonderheiten des Ohrläppchens.

1. Durchschlitztes (durchrissenes) Ohrläppchen. Beim Herausreißen der Ohrringe wird das Ohrläppchen häufig durchrissen. Der entstehende Schlitz bleibt dann und verheilt (Taf. III, 70).

2. Spitzes Ohrläppchen. Zuweilen finden wir Ohrläppchen, die in einem sehr spitzen Dreieck auslaufen (Taf. III, 71).

3. Viereckiges Ohrläppchen. Diese Form kommt nicht häufig vor; das viereckige Ohrläppchen ist fast immer vorstehend und sehr dick (Taf. III, 72).

4. Nach innen gebogenes Ohrläppchen. Statt senkrecht nach unten hängend, ist das Läppchen leicht nach innen (d. h. also nach hinten) gebogen (Taf. IV, 73).

5. Nach außen gebogenes Ohrläppchen. Der gegenteilige Fall des vorigen; hier ist der untere freie Läppchenrand nach außen, also nach vorn gerichtet (Taf. IV, 74).

6. Nach vorn gedrehtes Ohrläppchen. Der obere Teil des Läppchens ist nach vorn, der untere nach hinten gedreht, so daß der innere Rand des oberen Teiles (am Antitragus) höher als der äußere Rand und der innere Rand des unteren Teiles tiefer als der äußere Rand dieses Teiles liegt (Taf. IV, 75).

7. Ohrläppchen mit Grübchen. Das glatte Ohrläppchen hat in der Nähe des Anwuchses eine leichte Vertiefung, die etwa $^2/_3$ der Höhe des Läppchens einnimmt (Taf. IV, 76).

8. Kommaförmiges Grübchen. Hier ist die längliche Vertiefung sehr ausgeprägt und hat die Form eines Kommas; das Grübchen, zwischen Tragus und Antitragus liegend, erscheint als Verlängerung des Gehörganges nach außen (Taf. IV, 77).

9. Ohrläppchen mit Querfalte nach hinten. Die Falte beginnt an der oberen Grenze des Ohrläppchens mit dem Tragus und durchquert dieses ganz nach unten zu (Taf. IV, 78).

10. Behaartes Ohrläppchen. In der Regel ist das Läppchen von einem leichten Flaum bedeckt; bei manchen alten Leuten hat sich dieser Flaum zu borstigen Haaren entwickelt.

c) Besonderheiten des Tragus und Antitragus.

1. Mit der Ohrleiste vereinigter Antitragus. Der Antitragus ist manchmal durch eine die Ohrmuschel durchquerende Falte mit dem Anfangsteil der Ohrleiste verbunden (Taf. IV, 79).

2. Spitzer Tragus. Der Vorsprung des Tragus läuft ganz spitz aus (Taf. IV, 80).

3. Gabelförmiger Tragus. Der Tragus hat zwei mehr oder weniger abgerundete Vorsprünge (Taf. IV, 81).

4. Behaarter Tragus und Antitragus. Beide Vorsprünge sind mit Haaren bewachsen.

5. Einschnitt hinter dem Antitragus. Eine sehr ausgeprägte Furche trennt den Antitragus und das Ohrläppchen vollständig von der hinteren Ohrleiste und der unteren Gegenleiste. Diese Furche trifft man fast immer in Verbindung mit einem stark vorspringenden Antitragus an (Taf. IV, 82).

6. Enger Gehörgang. Der äußere Gehörgang läuft zwischen Tragus und Antitragus aus; wenn sich beide sehr nähern, wird der Gehörgang verengert und bedeutet so ein besonderes Merkmal (Taf. IV, 83).

d) Besonderheiten der Gegenleiste.

1. Anfangsteil der Ohrleiste und des unteren Astes der oberen Falte nahe beieinander. Die Ohrleiste beginnt immer gerade über dem Gehörgang. In manchen Fällen liegt dieser Anfangsteil mit dem unteren Ast der oberen Falte so nahe beisammen, daß sie sich fast berühren (Taf. IV, 84); das Gegenteil wird mit weitgetrennt bezeichnet (Taf. IV, 85).

2. Obere Falte in drei Äste geteilt (Taf. IV, 86).

3. Obere Falte mit der Ohrleiste verwachsen. Die obere Falte verändert plötzlich ihre fast senkrecht aufsteigende Richtung und verbindet sich mit der oberen Ohrleiste (Taf. IV, 87).

Hier seien noch zwei weitere Besonderheiten erwähnt:

4. Punktförmiges Ende der Längsfurche. Die Längsfurche verläuft gegen das Ohrläppchen zu in einer punktförmigen Erweiterung, während sie sonst ohne Übergang im Ohrläppchen verschwindet (Taf. IV, 88).

5. Hämatom der oberen Falte. Die ganze obere Hälfte des Ohres ist mit ungleichen Anschwellungen (Verknotungen, Blutgeschwulsten) ausgefüllt, die durch Vernarbung alter Abszesse usw. entstanden sind. Man findet diese Besonderheit vielfach bei Berufskämpfern, wie Athleten und Boxern (Taf. IV, 89).

e) Besonderheiten der Ohrmuschel.

1. Vorgedrückte Ohrmuschel. Die ganze Ohrmuschel scheint in den Gehörgang gedrückt zu sein (Taf. IV, 90).

2. Durchquerte Ohrmuschel. Der Anfangsteil der Ohrleiste durchquert die ganze Ohrmuschel und verbindet sich hinter dem Antitragus mit der unteren Gegenleiste (Taf. IV, 91).

3. Enge Ohrmuschel. Der Abstand zwischen Tragus und Gegenleiste ist außergewöhnlich klein; das ganze Ohr nimmt eine längliche Form an (Taf. IV, 92).

4. Breite Ohrmuschel. Hier ist der Abstand zwischen Tragus und Gegenleiste sehr groß (Taf. IV, 93).

5. Niedrige Ohrmuschel. Der Abstand zwischen dem Horizontalast der Gegenleiste und dem Antitragus ist klein (Taf. IV, 94).

6. Hohe Ohrmuschel. Hier ist der im vorigen Falle bezeichnete Abstand groß (Taf. IV, 95).

7. Am Antitragus gebrochenes Ohr. Das Ohrläppchen hat einen normalen Abstand; aber von der Grenze des Antitragus bis zum Anfangsteil des Ohrsaumes ist das Ohr stark nach vorn gekrümmt, was z. B. durch die Gewohnheit, auf dem einwärts eingedrückten Ohr zu schlafen, entstehen kann (Taf. IV, 96).

VI. Ergänzende Merkmale des Kopfes.

Wir haben bis jetzt die wichtigsten Bestandteile des Kopfes: Stirne, Nase, Kinn, Ohr und ihre Profilformen kennengelernt und gehen nunmehr zu den weniger wichtigen, daher als „ergänzend" bezeichneten Merkmalen über, die in keinem Falle solche Unterschiedlichkeiten aufweisen, wie jene Hauptmerkmale. Daher legen wir hier auch nur Wert auf die mehr auffallenden Formen und lassen in der Personenbeschreibung die Mittelformen beiseite, da sie im gewöhnlichen Leben allzu häufig vorkommen und zur genauen Beschreibung eines Menschen wenig dienlich sind.

1. Der Mund.

Beim Munde können wir die äußere und innere Mundspalte unterscheiden; die äußere Mundspalte wird durch die (im übernächsten Kapitel näher zu beschreibenden) Lippen begrenzt und schließt den vorderen Raum des Mundes ab. Die innere Mundspalte wird durch die Kiefer mit den Zahnreihen gebildet und umfaßt die eigentliche Mundhöhle. Die äußeren seitlichen Grenzen werden durch die Mundwinkel gebildet, deren Verlauf dem ganzen Mund sein besonderes Gepräge gibt. Liegen beide Mundwinkel verhältnismäßig weit auseinander, wird die Bezeichnung: großer oder breiter Mund zutreffend sein, im gegenteiligen Falle aber klein.

Von der normalen oder geraden Mundspalte abweichend wären die nach aufwärts oder nach abwärts verlaufenden Mundwinkel hervorzuheben, wie es auch vorkommen kann, daß nur einer von beiden Mundwinkeln als nach aufwärts oder abwärts gehend zu bezeichnen ist, z. B. rechter Mundwinkel abwärts, was zugleich besagen würde, daß der linke Mundwinkel normal, also gerade verläuft.

Herzförmiger Mund. Ober- und Unterlippe sind leicht gewölbt, die Furche auf der Mitte der Oberlippe erscheint auf die Unterlippe verlängert; der Mund selbst ist klein und hat aufwärts verlaufende Mundwinkel.

Im Ruhezustand ist der Mund bei den meisten Menschen geschlossen, steht er aber halb oder ganz offen, dann ist dieses Merkmal anzugeben. Der entgegengesetzte Fall interessiert nur, wenn der Mund infolge etwas zusammengepreßter Lippen als „zusammengekniffen" zu bezeichnen wäre. Sieht die Oberlippe gewissermaßen zu kurz gewachsen aus, so daß sie im Ruhezustand die Unterlippe nicht berührt, werden selbstverständlich die (mehr oder weniger vorstehenden) Schneidezähne sichtbar sein, so daß man diese Eigenschaft als „sichtbare Schneidezähne" bezeichnen kann. Seltener wird es eintreten, daß nur die unteren Schneidezähne sichtbar werden, was weniger bei einer zu kurzen, als einer zu weit nach außen herabhängenden Unterlippe zu beobachten sein wird.

2. Die Zähne.

Die Beschreibung der Zähne darf bei auffallenden Merkmalen selbstverständlich auch nicht versäumt werden, es genügt, hier auf die einzelnen Eigentümlichkeiten, wie sie sich schon aus dem Worte selbst ergeben, kurz hinzuweisen: Schneidezähne vorstehend, sehr groß, sehr breit, vorspringend und auseinandergestellt, gedrängt, unregelmäßig, zu eng und daher übereinanderstehend. Auch spielt ihre Farbe oft eine Rolle: weiß, perlmutterfarbig, gelb, braun oder gar schwarz; dann krankhaft, fehlend (Zahnlücken). Zu empfehlen ist es auf alle Fälle zu sagen, welcher Zahn fehlt, welche Zähne plombiert sind, mit welcher Füllmasse, wie auch das Tragen eines Gebisses oder von Zahnbrücken zweckdienlich sein kann[1]). Bekanntlich kommt den Zähnen und dem ganzen Gebiß bei der Beschreibung von unbekannten Toten eine besondere Bedeutung zu. Daher lasse ich hier einige sachdienliche Bemerkungen von Krukenberg („Der Gesichtsausdruck des Menschen") folgen:

Die Zähne sind beim Menschen einem einmaligen Wechsel unterworfen. In den ersten drei Jahren bildet sich das aus 20 Zähnen bestehende Milchgebiß, das erst vom siebenten Jahre ab durch 20 bleibende Zähne ersetzt wird, denen sich dann noch 12 Backenzähne anschließen. Die Milchzähne bestehen jederseits oben und unten aus 2 Schneidezähnen, 1 Eckzahn und 2 Backenzähnen, sie sind kleiner und zarter als die später nachwachsenden bleibenden Zähne, von denen im Ober- und Unterkiefer jederseits 8 vorhanden sind, 2 Schneidezähne, 1 Eckzahn, 2 Backenzähne und 3 Mahlzähne. Der das Zahnfleisch überragende freie Teil der Zähne wird als Krone bezeichnet; sie ist bei den Schneidezähnen in ihrem unteren Teil meißelförmig gestaltet, während die den Lippen zugekehrte Fläche nahezu viereckig ist und gewöhnlich drei niedrige Längsleisten zeigt, welchen bei frisch durchgebrochenen Zähnen drei abgerundete Zacken entsprechen. Der obere mittlere Schneidezahn ist der größte, dann folgt meist der obere seitliche und der untere seitliche; der untere mittlere ist der schmalste. Bei Frauen sind

---

[1]) Es empfiehlt sich, die Beschreibung solcher Merkmale unter Zugrundelegung eines vorgedruckten Schemas des Ober- und Unterkiefers durchzuführen. Die Zahnärzte bedienen sich solcher Vordrucke oder selbst hergestellter Stempelabdrücke mittels des — im Handel erhältlichen — „Denta-Stempels".

die oberen mittleren Zähne etwas größer und stehen etwas mehr hervor als bei Männern. Die hinter den Mundwinkeln sitzenden Eckzähne sind kräftiger und länger als die Schneidezähne, ihre untere Kante ist nicht waagrecht gestellt, sondern hat eine keilförmige Gestalt, so daß die Spitze von einer äußeren längeren und einer inneren kürzeren Grenzlinie gebildet wird. Die Krone des unteren Eckzahnes ist schmaler und länger als die des oberen Eckzahnes. Die Backenzähne haben eine unregelmäßig viereckige Kaufläche. Die Mahlzähne sind erheblich stärker als die Backenzähne und haben eine würfelförmige Krone. Der dritte Mahlzahn, der sogenannte Weisheitszahn, ist häufig verkümmert. Die Form der Zähne in beiden Kiefern ist nicht die gleiche, wie auch die Krümmung des Oberkiefers nicht die gleiche ist wie die des Unterkiefers, so daß auch die gleichartigen Zähne in beiden Kiefern nicht mit den entsprechenden Stellen genau aufeinander beißen. Die oberen Zähne, welche mit ihren Längsachsen etwas schräg nach außen und unten gerichtet sind, ragen seitlich etwas über die unteren Zähne hervor, deren Längsachsen mehr nach oben einwärts verlaufen. Die oberen Vorderzähne decken die freien Enden der unteren etwas von vorne her. Da besonders die oberen Schneidezähne breiter sind als die unteren, so legt sich die Spitze der oberen Eckzähne zwischen den unteren Eckzahn und den ersten Backenzahn hinein und berührt beide.

Abnormitäten der Zahnbildung und Zahnstellung rufen eine Entstellung der Kiefer und damit des ganzen Gesichts hervor; daher werden stark vorstehende Zahnreihen durch ein besonderes Verfahren der kosmetischen Zahnheilkunde gerade gerichtet.

Unregelmäßige Form der Zähne, z. B. sogenannte Riffzähne mit parallelen Querstreifen im (z. T. mangelhaften) Schmelz, kommen öfter im Gefolge der englischen Krankheit vor; halbmondförmige, mit Rinnenbildung verbundene Defekte der Schneidezähne entstehen bei angeborenen Krankheiten. Im höheren Alter zieht sich öfter das Zahnfleisch hinter die Zahnkrone zurück, so daß der Zahnhals frei liegt und die Zähne verlängert erscheinen.

Bei wilden Völkern werden die Zähne vielfach künstlich verstümmelt, so ist z. B. bei den Malayen die Zahnfeilung, das künstliche Zuspitzen der Zähne üblich. Auch künstliche Färbung der Zähne findet sich bei einzelnen Völkern.

Eine schon von Bertillon erwähnte charakteristische Abnormität ist das Vorhandensein von nur drei oberen Schneidezähnen, statt vier, die dann entsprechend breiter gewachsen sind.

Bei älteren Menschen findet man zuweilen Zahnbeschädigungen, die durch schlechte Angewohnheiten verursacht sind. Näheres darüber bei den sog. Berufsmerkmalen. (Weiter unten bei VII, 7 „Kleidung und Beruf".)

3. Die Lippen.

Anatomisches: Die Lippen bilden dicke, an Muskeln, Drüsen und Fettgewebe reiche Hautfalten, die den Zähnen vorgelagert sind. Man unterscheidet an ihnen eine innere Schleimhautfläche, die sich als Zahnfleisch auf die Kiefer umschlägt, und eine äußere Hautfläche. In der Mitte der Oberlippe zwischen den Schneidezähnen wölbt sich an der Innenseite eine senkrechte Schleimhautfalte, das Lippenbändchen hervor, das den mittleren Teil der Oberlippe nach innen zu gespannt erhält und die mittlere, längsgerichtete Furche auf der äußeren Lippenoberfläche ausprägt. Die äußere Hautoberfläche der Oberlippe geht nach innen zu in das unbehaarte Lippenrot über, das allmählich zur Schleimhaut wird, die gegen die Mundwinkel nach außen hin schmäler wird. Das Lippenrot ist von einer sehr zarten Haut bedeckt und zeigt feine, schmale, quergestellte Einkerbungen. Die Oberlippe bildet an ihrer mittleren Vereinigungslinie eine schwache Erhöhung, an den beiden äußeren Mundwinkeln wird die Oberlippe von der Wange etwas überragt. Während die Oberlippe bei jugendlichen Menschen allmählich in sanfter Wölbung in die Wange übergeht, erstreckt sich bei älteren Leuten die am oberen Ende der Außenseite der Nasenflügel beginnende Nasenlippenfalte als Grenze zwischen Oberlippe und Wange nach außen und unten, zieht im Bogen um den äußeren Mundwinkel herum und endigt dort. An der Unterlippe ist der Übergang der Haut in das Lippenrot meist weniger scharf, namentlich an den seitlichen Teilen. Die Unterlippe zeigt in der Mitte eine leichte Einsenkung und ist etwas breiter als die Oberlippe. An einem feingeschnittenen Mund überragt die Oberlippe mit ihrem mittleren Teil die Unterlippe. Bei kräftigen, gesunden Menschen wölben sich die Lippen leicht hervor und man spricht dann von „schwellenden Lippen". Bei kranken und unterernährten Menschen fallen die Lippen ein, die Farbe der Lippen verblaßt, die dann nicht mehr deutlich erkennbar hervortreten. Die Breite des Lippensaumes wird aber auch vom Zustande der Zähne beeinflußt. Bei Zahnausfall mit Kieferschwund wenden sich die Lippen und der Lippensaum nach innen, so daß die Lippen schmaler, der Mund kleiner erscheint, die Haut wird oft zu weit und zeigt zahlreiche, gegen die Mitte des Mundes zu gerichtete Falten, so daß der Eindruck eines etwas zugespitzten oder zusammengepreßten

Mundes entsteht. Das Lippenrot wird durch die Blutgefäße bewirkt, welche durch die dünne Schleimhaut hindurchschimmern; bei Gesundheit tritt es stärker hervor, als im kranken Zustande, der oft blasse Lippen verursacht. Aber auch bei Ohnmachten und heftigen seelischen Erregungen können die Lippen erbleichen, während sie im Erstickungszustande eine blaurote, bei starker Atemnot auch eine blauschwarze Farbe zeigen. (Nach Krukenberg.)

Für die Beschreibung betrachten wir die Lippen von der Profilseite aus und unterscheiden:

1. Die **Höhe der Oberlippe** von der Nasenbasis bis zum unteren Rand der Oberlippe, groß — mittel — klein.

2. Den **Vorsprung der Ober- und Unterlippe,** also z. B. „vorspringende Oberlippe", „vorspringende Unterlippe".

3. Die **Breite der Lippenschleimhaut:** schmal — mittel — breit.

4. Die **Dicke der Lippen:** dünn — mittel — dick. Liegt eine Lippe mit breitem Saum nicht auf den Zähnen auf und ist sie daher mehr nach außen gewendet, dann bezeichnen wir eine solche Lippe als „aufgeworfen", bzw. „hängende Unterlippe". Man kann hier auch von „wulstigen Lippen" sprechen, wenn Ober- und Unterlippe dick und vorgewölbt sind.

Nach der Vorderansicht untersucht, kann die Oberfläche der Lippen folgende Eigenschaften aufweisen:

1. **Tiefe Oberlippenfurche,** wenn die die ganze Oberlippe durchziehende Vertiefung sehr auffallend ist; manchmal kann man auch auf der Unterlippe eine ähnliche, aber weniger ausgeprägte Furche beobachten.

2. **Narben auf der Ober-** (oder **Unter-)Lippe,** die durch schlecht geheilte Risse (Schrunden) entstehen können oder auch durch mehr zufällige Verletzungen. Als „Hasenscharte" werden Narben der Oberlippe bezeichnet, welche in Verbindung mit einer auffallenden Verkürzung der Oberlippe durch einen operativen Eingriff verursacht wurden. Gewöhnlich handelt es sich bei diesem auffallenden Merkmal um eine angeborene Spaltung der mittleren Oberlippe, die durch Operation beseitigt werden kann, nicht aber ohne eine entsprechende Narbe zu hinterlassen.

Da auch Gewohnheiten für die Beschreibung von Wichtigkeit sein können, wird bei einer entsprechenden Gewohnheit auch vermerkt werden: „nagt an den Lippen", „färbt die Lippen".

4. Das Auge.

1. Anatomisches: Das **Äußere des Augapfels** bilden drei Hauptschichten: 1. die weiße Augenhaut, auch Lederhaut oder Sklera bezeichnet (vgl. W in Abb. 53), die vorn in die durch-

sichtige, mit einem Konvexspiegel zu vergleichende Hornhaut oder Kornea (H) übergeht; 2. die Pigment und Muskelfasern enthaltende Ader- oder Pigmenthaut (A), die hinter der Hornhaut als Iris oder Regenbogenhaut (J) sichtbar ist, und von einer kreisrunden Öffnung, der Pupille (P) oder „Sehloch" durchbrochen wird; 3. die lichtempfindliche Netzhaut (N), die innerste Hautschicht.

Das **Innere des Augapfels** besteht hinten aus einem gallertartigen Glaskörper (G), vorn aus zwei durch die Iris geschiedenen (vorderen und hinteren) Augenkammern, die mit einer wasserklaren Flüssigkeit angefüllt sind. Dicht hinter der Iris liegt die Kristallinse (L), ein durchsichtiger elastischer bikonvexer Körper, dazu bestimmt, scharfe Bilder auf die Netzhaut zu werfen, die durch den Sehnerv (S) dem Gehirn übermittelt werden. Das Auge entspricht in seiner Struktur und Funktion einer richtigen Camera obscura.

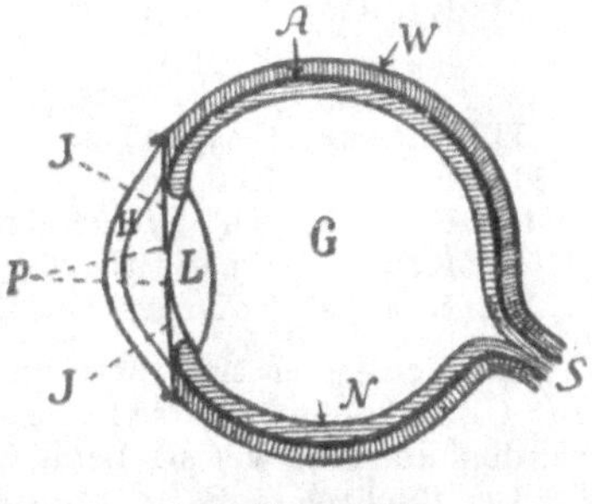

Abb. 53.

Der Augapfel ist durch sechs Muskeln, die sich außen ansetzen, beweglich. Über den äußeren Augenwinkeln, tief in der Augenhöhle, liegen die Tränendrüsen, die durch ihre bekannte Absonderung die äußere Fläche des Augapfels beständig anfeuchten. Eine äußerst feine und durchsichtige Schleimhaut, die sogenannte Bindehaut, kleidet die innere Fläche des Augenlids aus und setzt dann auf die vordere Fläche des Augapfels über, die sie vollkommen überzieht. In dieser — sehr empfindlichen — Bindehaut verlaufen die feinen Gefäßchen (Blutäderchen), die man auf der Oberfläche des vorderen Auges sieht. An dem inneren Augenwinkel, wo die Bindehaut in die Lidhaut übergeht, befinden sich die Tränenpunkte, kleine Öffnungen, durch welche die Tränenflüssigkeit in den Tränensack und den Tränengang abläuft, der die Nasenknochen durchbohrt und in die Nasenhöhle selbst sich öffnet. Infolge krankhafter Verschließung der Tränengänge fließt die Tränenflüssigkeit beständig, wie beim Weinen, über die Backen, wo sie meistens die Haut angreift und Schorfe erzeugt.

Die **Pupille** kann durch Muskeln verengert und erweitert werden, bei grellem Licht zieht sie sich zusammen, in der Dunkelheit dehnt sie sich aus.

Die **Kristallinse** hat die Fähigkeit, sich je nach der Entfernung der besichtigten Gegenstände zu verschieben und ihre

Krümmung zu ändern; der Mangel dieser Anpassungsfähigkeit verursacht Weitsichtigkeit.

Das **Irisgewebe** des Neugeborenen enthält noch kein Pigment; es werden daher alle Kinder mit schieferblauen Augen geboren. Entwickelt sich später kein Farbstoff in den Zellen, so bleibt die Iris blau. Bei älteren Personen ist die weiße Augenhaut durch Fettablagerung etwas gelblich, manchmal auch rötlich infolge Bluteindringens.

2. Augenklasseneinteilung. Die Augen wurden, um ihre Farbe anzugeben, von Bertillon nach der Menge des in der Iris vorhandenen Gelbstoffes („Pigment") eingeteilt in folgende sechs Klassen:

I. Klasse: Nichtpigmentierte Iris, gewöhnlich als blau oder schieferblau, fälschlich oft auch als „grau" bezeichnet.
II. Klasse: Gelbe Iris.
III. Klasse: Rotgelbe Iris.
IV. Klasse: Nußbraune Iris.
V. Klasse: Kastanienbraune Iris.
VI. Klasse: Schwarzbraune Iris.

Bildlich lassen sich diese Farben nie genau darstellen, so daß zur Übung beim Unterricht entsprechende Glasaugen verwendet werden können, wie sie beim Optiker erhältlich sind[1]).

Bei flüchtigem Betrachten der Augen eines Menschen kann man sich sehr leicht über ihre Farbe täuschen, namentlich bei schlechter Beleuchtung oder in der Dunkelheit. Ein Auge, das z. B. bei Tageslicht hell erscheint, kommt uns bei künstlicher Beleuchtung oft dunkler vor, daher muß man die Beschreibung der Augen bei bester Beleuchtung, namentlich bei Tageslicht, und durch Hochschieben des Oberlides vornehmen.

Bertillon hatte der Augenbeschreibung einen besonderen Wert beigelegt und die Iris noch in eine innere Zone oder Aureole und in eine äußere Zone oder Peripherie eingeteilt, deren Farbe und Form besonders zu beschreiben war. Solange die Anthropometrie in Anwendung war, konnte man dieses weitgehende Eingehen auf Einzelheiten wohl verstehen; sie wird aber bei der heutigen Praxis des Erkennungsdienstes allgemein als überflüssig und dazu auch unzuverlässig betrachtet. Wir nehmen daher auch davon Abstand, diese Einzelheiten in die Signalementslehre aufzunehmen; dagegen müssen wir noch erwähnen:

---

[1]) Glasaugenfabriken gibt es namentlich in Lauscha in Thüringen. Die ersten künstlichen Augen fertigte der Kunstdrechsler Zick in Nürnberg um das Jahr 1800 an.

Die Besonderheiten des Auges.

1. **Auge mit Forellentupfen.** Auf der Hornhaut, bei blauer wie auch dunkler Farbe, treten öfters rote Punkte auf, wie sie den Forellentupfen ähnlich sehen. Weiße Flecken auf der Hornhaut werden als Leukome bezeichnet.

2. **Iris mit andersfarbigem Kreisausschnitt.** Tritt an irgendeiner Stelle der Iris ein scharf markierter Teil des Iriskreises andersfarbig, meistens natürlich dunkler als die Hauptfarbe, auf, so muß diese Eigentümlichkeit bezeichnet werden, z. B. kastanienbrauner Kreisausschnitt auf der linken Iris. Eine solche Farbänderung kann z. B. durch zufälliges Eindringen von Fremdkörpern (vor allem Metallsplitterchen) in die Hornhaut verursacht werden.

3. **Perlmutterfarbiger Greisen- oder Altersbogen.** Die Peripherie (äußere Iriszone) ist zuweilen, namentlich bei alten Leuten, von einem perlmutter- oder gelbfarbigen Kreis umzogen; bei Greisen öfters als bei alten Frauen zu beobachten.

4. **Verschiedenfarbige Augen.** Weicht die Farbe des einen Auges vom anderen auffallend ab, so ist dies genau anzugeben.

5. **Fehlendes Auge.** Bei Einäugigen ist zu unterscheiden: am linken (rechten) Auge blind, linkes (rechtes) Auge fehlt, oder linkes (rechtes) Auge ein Glasauge.

Anmerkung. Hier seien noch einige sachdienliche Bemerkungen über künstliche Augen eingefügt. Das künstliche Auge ist nichts anderes als eine in Gestalt, Farbe und Zeichnung dem (sichtbaren) gesunden Auge genau entsprechende länglich runde hohle Schale aus Glas oder Porzellan, die nicht bloß zur Verschönerung des durch ein fehlendes Auge entstellten Gesichtes dient, sondern auch gewisse mechanische Funktionen des verlorenen Auges übernimmt. Da nun das künstliche Auge dem gesunden sehr ähnlich sieht und bis zu einem gewissen Grade an den Bewegungen des gesunden Auges teilnimmt, so wird bei flüchtiger Beobachtung selbst ein Kenner zuweilen getäuscht, namentlich auch wenn Augengläser zur Verdeckung des Mangels getragen werden. Das künstliche Auge kann von seinem Träger jederzeit herausgenommen werden, also auch z. B. zur Täuschung.

6. **Abnormitäten der Pupille.** Die Pupille kann in seltenen Fällen sowohl der Form, wie ihrer Lage nach von der Regel abweichen. So hat man schon birnförmige Pupillen gefunden, die also kein kreisrundes, sondern eine mehr längliche Form aufweisen, ferner exzentrisch gelagerte Pupillen, die also nicht in der Mitte der Regenbogenhaut liegen, sondern am unteren Rande der Iris, sei es in senkrechter oder etwas seitlicher Richtung. Auffallend können auch die stark erweiterten

Pupillen sein. Bekanntlich ist die Pupille in ihrer Ausdehnung veränderlich. Krukenberg sagt hierüber folgendes: Bei starkem Lichteinfall verengert sich die Pupille reflexartig, während bei Dunkelheit sich das Sehloch erweitert. Die Pupille verengt und erweitert sich aber nicht nur je nach dem Lichteinfall, sondern auch danach, ob der Blick auf einen Gegenstand in der Nähe gerichtet ist oder in die Ferne schweift, im ersteren Falle verkleinert, im zweiten dagegen erweitert sich die Pupille. Die Pupille erweitert sich reflexartig auch durch Einwirkung von Schmerzen, so wirken die Wehen pupillenerweiternd, aber auch sehr leichte Tasteindrücke, z. B. Kitzel, haben eine Erweiterung der Pupille zur Folge. In ähnlicher Weise wird die Pupille durch Erstickungsnot oder durch plötzlich eintretende Verblutung erweitert. Daher wirkt sehr starke körperliche Anstrengung, bei der reichlich Blut in die erweiterten Muskelgefäße einströmt, pupillenerweiternd; auch mit dem Eintritt des Todes erweitern sich die Pupillen. Einzelne Gifte verändern die Pupillengröße, durch Morphium und Opium wird die Pupille verengert, durch Atropin (Belladonna) dagegen erweitert. Es sind schon Fälle in der Kriminalpraxis bekannt geworden, daß durch Anwendung von Atropin, das durch die starke Erweiterung der Pupille ein helles Auge dunkel erscheinen läßt, versucht wurde, das Aussehen zwecks Erschwerung der Wiedererkennung zu verändern.

5. Der Augapfel.

Der Augapfel, der Hauptbestandteil des Sehorgans, liegt im Innern der knöchernen „Augenhöhle"; er ist aber durch den Augenliderschlitz nur zu einem kleinen Teile seiner Oberfläche sichtbar. Je weiter diese Schlitzöffnung ist, um so größer erscheint auch der Augapfel und ebenso umgekehrt. In Wirklichkeit sind aber seine Größenunterschiede bei den einzelnen (erwachsenen) Menschen kaum merklich, da Unterschiede von mehr als 2 mm im Durchmesser desselben kaum zu finden sind. Dagegen ist seine Einlagerung in die Augenhöhle oft sehr verschieden und zeigt hinsichtlich seines Vorsprunges manche Auffälligkeiten. Tiefliegende Augen, sowie vorspringende Augen werden die hauptsächlichsten Merkmale sein, auf die es bei der Beschreibung ankommt.

Das sogenannte „Glotzauge" ist allgemein bekannt; infolge Entzündung, Eiteransammlung, Geschwulstbildung oder auch übermäßiger Fettentwicklung innerhalb der Augenhöhle tritt der Augapfel sehr stark hervor, wird auch als Folge der Basedowschen Krankheit, eine von der Schilddrüse ausgehende Selbstvergiftung, beobachtet. Großer oder kleiner Augenzwischenraum ist bei auffallendem Vorkommen ebenfalls zu beachten, und zwar kommt es auf die geringe oder starke Entfernung der beiden inneren Augenwinkel voneinander an.

Die Besonderheiten des Augapfels umfassen alle von der Regelform stark abweichenden Bildungen, hauptsächlich aber das abweichende Verhalten der beiden Sehachsen zueinander. Sobald diese nicht parallel zueinander stehen, wird man sich kreuzende oder auseinanderlaufende (konvergierende oder divergierende) Sehachsen beobachten, die das allbekannte Schielen verursachen. In solchen Fällen sehen wir mit Leichtigkeit, daß die Iris eines oder beider Augen nicht mehr im Zentrum des Augenschlitzes liegt, sondern sich entweder mehr dem inneren oder dem äußeren Augenwinkel zuneigt. So können wir vier Arten des Schielens unterscheiden.

a) **Einwärts schielend.** Die Iris des einen Auges, das in der Beschreibung auch näher zu bezeichnen ist, zeigt eine Drehung gegen den inneren Augenwinkel; also ist z. B. rechtes Auge einwärts schielend zu vermerken.

b) **Auswärts schielend.** Die Iris des rechten oder linken Auges ist gegen den äußeren Augenwinkel gedreht.

c) **Doppelseitig einwärts schielend.** Die Iris beider Augen ist nach dem inneren Augenwinkel gerichtet.

d) **Doppelseitig auswärts schielend.** Die Iris beider Augen ist gegen den äußeren Augenwinkel gedreht. (Diese Richtungsänderung ist dem Schüler mit einfachen Zeichnungen an der Tafel unschwer klar zu machen.) Ist nun die Iris nicht nach den Augenwinkeln, sondern mehr nach oben oder unten gedreht, so wird man dementsprechend die weiße Hornhaut oben oder unten stark hervortreten sehen und dies bezeichnen: Das Weiße des Auges oben (unten) stark sichtbar. Man hat es hier mit einer Art senkrechten Schielens zu tun. Ist die Iris stark nach oben gedreht, das Weiße also unten stark sichtbar, so verleiht diese Lage dem Auge einen traurigen Blick, im umgekehrten Falle, wenn die Iris nach unten gedreht und das Weiße oben stark hervortritt, so können wir einen Ausdruck des Staunens oder Zornes im Auge beobachten.

Die **Augenhöhle** selbst kann in ihrem senkrechten Durchmesser auffallend klein oder groß sein. Liegt der Augapfel sehr tief in der Augenhöhle, was übrigens oft bei kranken Menschen infolge Abmagerung[1]) zu sehen ist, spricht man von tiefliegenden Augen oder auch von „Hohlaugen".

---

[1]) Im Alter und bei längeren Krankkeiten schwindet das Fettpolster hinter dem Auge, der Augapfel sinkt dann tiefer in die Augenhöhle zurück und die Lidspalte verkleinert sich.

6. Die Augenlider.

Anatomisches: Die Augenlider sind zwei an ihren Rändern starre Hautfalten, die den vorderen Augapfel umschließen und dem empfindlichen Auge zum Schutze dienen. Bei jugendlichen Menschen geht das untere Augenlid nach unten allmählich in die Wange über, nur an der Innenseite ist die Grenze durch die etwas ausgerundete Wangenlidfurche gekennzeichnet. Im späteren Alter wird diese Furche tiefer und schärfer und es kommt eine zweite vom äußeren Augenwinkel her hinzu. Beide Furchen treffen sich nicht immer, sondern werden häufig miteinander durch eine Reihe kleinerer unregelmäßiger Hautfältchen verbunden. Die Grenze des Oberlides gegen die Augenbrauen zu wird durch eine Hautfalte gebildet, die sich beim Öffnen des Auges vertieft und beim Schließen verflacht, aber die Grenze bleibt auch bei geschlossenem Auge eine scharfe, da das Lid vollständig frei von Fett ist. Sammelt sich auch im oberen Lid Fett an, so entsteht dadurch eine unschöne Gestalt des Auges, die man mit „Froschauge" bezeichnet. Im Alter erschlafft, namentlich bei Männern, die Haut oberhalb des Augenlids, besonders an der Außenseite, und hängt etwas über das Lid hinüber. Durch die allgemeine Erschlaffung der Haut in der Umgebung des Auges sinkt häufig auch das Oberlid stärker herab, der Lidheber kann dieses Lid nicht mehr vollständig hochziehen, so daß (besonders bei gespannter Aufmerksamkeit) der Stirnmuskel zum Heben des Oberlides in Anspruch genommen werden muß. Dadurch bilden sich auf der Stirn lange in waagrechter Richtung verlaufende Falten.

An ihrer unteren Umschlagsfalte sind die Lider mit Haaren, den sog. Wimpern, besetzt, die am Unterlid weniger als am Oberlid entwickelt sind. Sind sie nicht regelmäßig angeordnet oder fehlen sie, so stellen sich sehr entstellende, mit Rötung und Schwellung der Lider auftretende Entzündungszustände ein. Die Lidspalte ist bei den Völkern des hohen Nordens allgemein enger als bei den Südländern. Besonders die Bewohner der Schneeregionen zeigen vielfach eine krampfhafte Zusammenziehung der Lidspalte, eine Abwehr gegen das blendende Reflexlicht des Schnees, desgleichen bei den Menschen, die in tropischen Gegenden wohnen und ihre Augen vor den blendenden Sonnenstrahlen schützen müssen. Bei der mongolischen Rasse liegt die Lidspalte etwas tiefer als bei den Europäern, der Augenbrauenbogen erscheint daher höher gewölbt und die Grenze des unteren Lides geradliniger als bei der indogermanischen Rasse. Die Richtung der geöffneten Lidspalte ist keine genau waagrechte sondern der innere Augenwinkel steht auch bei Europäern ein ganz wenig tiefer als der äußere. Beim Augenschluß wird die Richtung der Lidspalte etwas verschoben. Die innere Grenze des Augenspalts ist ganz unverschieblich und mit dem darunter liegenden Knochen fest verwachsen. Nicht so die äußere, die beim Augenschluß etwas gesenkt wird, so daß der äußere Augenwinkel bei geschlossenem Lid ein wenig tiefer steht als der innere. Bei der mongolischen Rasse zieht sich eine halbmondförmige, nach außen konkave Falte von der inneren Augenbrauengegend über den inneren Augenwinkel hinweg nach der Wangengegend zu. (Nach Krukenberg.)

Beschreibung. Bei der Beschreibung der Augenlider hat man zu beachten: 1. ihre Größe und den Grad ihrer Öffnung; 2. die Hauptrichtung ihrer Öffnung; 3. die Gestalt des oberen Augenlides; 4. die Besonderheiten der Augenlider.

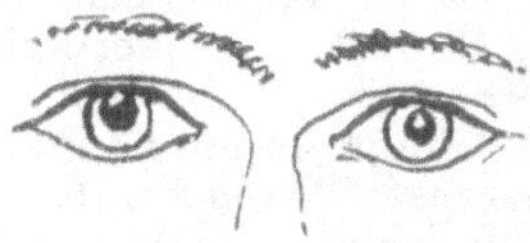

Abb. 54.

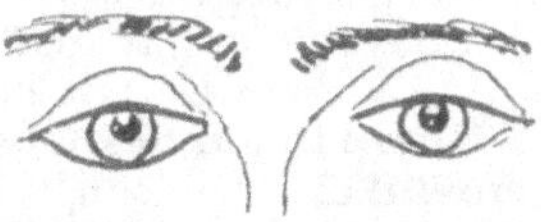

Abb. 55.

Abb. 56.

Zu 1. **Die Öffnung der Augenlider.** Diese wird angegeben nach der Größe des waagrechten Schlitzes als *wenig* oder *weit geschlitzt*, sodann nach der Weite der senkrechten Öffnung als *wenig* oder *weit geöffnet*; dementsprechend ist auch die Iris ganz oder nicht ganz zu sehen.

Der ungenügende Augenaufschlag kann auch einer Gewohnheit entsprechen, die entweder das rechte oder linke Oberlid etwas herabhängen läßt (siehe unter den Besonderheiten).

Zu 2. **Die Neigung des Augenschlitzes.** Liegt der äußere Augenwinkel höher als der innere, wie dies die Regel bei der mongolischen Rasse bildet, dann wird diese schräg nach einwärts verlaufende Richtung als *aufwärts geschlitzt* oder *schräg aufwärts* bezeichnet. Liegt aber der äußere Augenwinkel tiefer als der innere, dann bezeichnen wir diesen gegenteiligen Fall als *abwärts geschlitzt* oder *schräg abwärts* gerichtet.

Zu 3. **Gestalt des oberen Augenlides.** Das Oberlid besteht aus dem beweglichen, mit den Wimpern eingefaßten unteren Teil und aus dem darüber liegenden, bis an die Augenbrauen reichenden unbeweglichen Teil, unter den sich der bewegliche

Teil beim Augenöffnen mehr oder weniger tief hineinschiebt. Überdeckt beim gerade vorwärts Schauen der unbewegliche Teil der Oberlider deren beweglichen Teil, so wählen wir die Bezeichnung bedeckte Oberlider (vgl. Abb. 54). Wird aber der bewegliche Teil vom unbeweglichen nicht ganz bedeckt, was durch ein auffälliges Herabhängen der Oberlider leicht erkennbar wird, so wählen wir für diesen Fall die Bezeichnung freiliegende oder unbedeckte Oberlider, vgl. Abb. 55.

Zu 4. **Besonderheiten der Augenlider.**

a) **Überhängende Oberlider:** Hier hängt der unbewegliche Teil des Oberlides als lockere Hautfalte sackförmig auf den beweglichen Lidteil herab und verdeckt ihn etwas.

b) **Eingefallene Oberlider:** Hier ist der unbewegliche Lidteil straff gespannt, so daß er nach einwärts eine Vertiefung bildet, welche die Gestalt des Augapfels hervortreten läßt.

c) **Überhängen des Oberlides am äußeren oder inneren Augenwinkel:** Hier hängt nicht das ganze Oberlid herab, sondern nur die eine Hälfte des Lides, meistens aber der dem äußeren Augenwinkel zugewendete Teil (vgl. Abb. 56). Nicht zu verwechseln damit ist die sog. „Mongolenfalte", die Ursache der „Schlitzaugen"; sie besteht aus einem kleinen Hautwulst, der von der Haut oberhalb der Augenlider sichelförmig nach innen und unten zur Nasenwurzel hinzieht und einen Teil des innern Augenwinkels bedeckt. Hierdurch kommt das scheinbare Schiefstehen und die Kleinheit des Augenspalts zustande. (Krukenberg.)

d) **Hängendes Oberlid:** Es kann vorkommen, daß das rechte oder das linke Oberlid (oder auch beide) als Folge einer Gewohnheit etwas herabhängt, so daß das eine Auge kleiner als das andere erscheint.

e) **Gerändertes Unterlid:** Der ganze freie Lidrand ist von einem leichten, wenige Millimeter dicken Wulst eingefaßt, sog. „Froschaugen".

f) **Hängende oder sackförmige Unterlider:** Das ganze untere Augenlid ist gesenkt und bildet eine sackartige Anschwellung mit einer oder mehreren konzentrischen Falten überzogen.

g) **Unteres Augenlid umgestülpt,** und zwar nach außen, so daß die innere Schleimhaut deutlich sichtbar ist.

h) **Wärzchen am Augenlid.** Nicht selten beobachtet man kleine längliche, zäpfchenförmige Wärzchen an den Lidern, besonders bei älteren Leuten.

i) Im Zustande chronischer Entzündung können die Augenlider folgende Merkmale aufweisen: rote Augenlider, triefäugig (die mit den Wimpern versehenen Ränder sind gerötet und aufgedunsen); tränende Augen (als Folge der S. 51 beschriebenen Erscheinung).

k) Die **Wimpern** können sein: sehr lang, sehr kurz, reichlich, spärlich, fehlend. Infolge Krankheit können die Wimpern ganz ausfallen, wie es auch bei einzelnen Völkern Sitte ist, sie aus Schönheitsgründen zu entfernen.

7. Die Augenbrauen.

Die Augenbrauen, deren Wuchs nicht wenig beim Gesichtsausdruck mitwirkt, bezeichnen die Grenze der Augenhöhle gegen die Stirn. Sie beginnen an der Nasenwurzel und ziehen sich in mehr oder weniger gebogener Form über die Augen nach rechts und links hin. Ihr innerer Abstand ist bei Frauen meist etwas größer als bei Männern. Die Augenbrauen entsprechen in ihrem Anwuchs nicht immer genau den sie tragenden Augenbogen, oft beginnen sie unterhalb und endigen oberhalb der Augenbogen.

Wir haben die Augenbrauen zu prüfen 1. nach ihrer Lage und Richtung; 2. nach ihrer Form; 3. nach ihrer Stärke; 4. nach ihren Besonderheiten.

Zu 1. **Lage und Richtung der Augenbrauen.**

a) **Nahe beisammen:** Ohne zusammengewachsen zu sein, berühren sie sich fast in der Nasenwurzel.

b) **Getrennt:** Ihre Anfänge liegen weit auseinander.

c) **Niedrig:** Die Entfernung der Augenbrauenmittellinie vom Mittelpunkt des Augapfels ist klein.

d) **Hoch:** Die Entfernung der Augenbrauenmittellinie vom Mittelpunkt des Augapfels ist groß.

e) **Schräg aufwärts:** Die Mittellinie der Augenbrauen verläuft von oben nach unten gegen die Nasenwurzel zu[1]).

f) **Schräg abwärts:** Die Augenbrauenmittellinie verläuft von oben nach unten gegen die äußeren Augenwinkel zu[2]).

Der Fall, daß sie ganz waagrecht verlaufen, ist selten, aber immerhin nicht zu übersehen.

Zu 2. **Form der Augenbrauen.**

a) **Bogenförmig:** Die Augenbrauenmittellinie beschreibt eine nach oben gebogene (konvexe) Linie.

b) **Geradlinig:** Die Mittellinie verläuft, wenn nicht waagrecht, so doch in schräger, aber immerhin geradliniger Richtung.

c) **Wellenförmig:** Hier ist die Mittellinie etwas wellig, ein nicht gerade häufiger Fall.

Die verschiedenen Formen stehen untereinander in Wechselbeziehung; so werden hohe Augenbrauen gewöhnlich gebogen,

---

[1]) Bertillon bezeichnete dies mit schräg einwärts.

[2]) Bertillon bezeichnete dies mit schräg auswärts. Die obige Bezeichnung entspricht aber besser derjenigen der Richtung des Augenschlitzes; s. unten.

niedrige eher geradlinig sein und die Neigung zeigen, sich fast zu berühren.

Zu 3. **Die Stärke der Augenbrauen.** Hierbei hat man eine der Bezeichnungen zu wählen: kurz, lang, dünn, breit, dicht, schwach behaart. Die Bezeichnung dünn und breit ist nach der Höhe der Ausdehnung der Augenbrauen zu verstehen.

Zu 4. **Besonderheiten der Augenbrauen.**

a) **Bürsten-** oder **pinselförmig:** Bei Männern werden die Brauen im höheren Alter stärker und unregelmäßig buschig, so daß sie die Augengegend beschatten.

b) **Stärkste Haarfülle am Anfang oder am Ende der Brauen.**

c) **Zusammengewachsene Augenbrauen:** Hier vereinigen sich die Anfänge der Augenbrauen, gewöhnlich in Form eines Wirbels unmittelbar über der Nasenwurzel.

d) **Abweichende Farbe der Augenbrauen:** Wenn sie von der Farbe des Haupt- oder Barthaares abweicht, ist dies besonders zu bemerken, je nachdem mit blond oder schwarz, allerdings, soweit nicht der Verdacht der künstlichen Färbung besteht, die vielfach geübt wird und dann als besondere Gewohnheit ebenfalls zu vermerken wäre.

e) **Nervöses Zusammenziehen der Augenbrauen,** als Folge einer besonderen Gewohnheit zu vermerken.

Selbstverständlich brauchen alle diese Einzelmerkmale nie vollständig aufgeführt zu werden; es genügt vielmehr, bei wirklich auffallendem Vorkommen etwa in dieser vereinfachten Form aufzuzeichnen: Geradlinige, etwas schräg aufwärts gerichtete Augenbrauen, oder hohe, zusammengewachsene Augenbrauen.

8. Die Falten.

a) Ihre Entstehung: Die Falten sind Bruchlinien der Haut, die durch das jedem Menschen eigentümliche Mienenspiel entstehen und physiognomisch hohen Wert besitzen. Wir unterscheiden drei Hauptgruppen von Falten: 1. die Stirnfalten, 2. die Falten um die Augen, 3. die Falten um den Mund.

Die waagrechten Stirnfalten entstehen durch das gewohnte Stirnrunzeln; der breite Stirnmuskel entspringt aus der festen Kopfschwarte und verläuft nach unten zu den Augenbrauen; er erhebt die Augenbrauen und legt die Stirn in waagrechte Falten.

Am Auge haben wir den inneren und den äußeren Ringmuskel zu unterscheiden. Wenn sich der äußere Ringmuskel zusammenzieht, legt er die Haut besonders an der Außenseite des Auges in strahlenförmige Falten. Von dem äußeren Augenringmuskel zweigt sich nach innen zu ein gesondertes Muskelbündel ab, welches von der Mittellinie der Stirn entspringt und Augenbrauenrunzler bezeichnet wird. Bei der Nase haben wir den Nasenrückenmuskel, den Nasenmuskel (der die Nasenflügel herabzieht und verengert) und den Erheber des Nasenflügels und der Oberlippe zu unterscheiden.

In der Ober- und Unterlippe verläuft der Ringmuskel des Mundes, welcher die Mundöffnung kreisförmig verengt, während die am Mundwinkel ansetzenden Muskeln den Mundspalt in die Breite ziehen, besonders ist dies der sog. Lachmuskel. Dieser zieht die Mundwinkel seitwärts und wirft dabei die Mund- und Nasenwangenfalte auf. Ist er weiter seitwärts an einer Stelle mit der Wangenhaut verwachsen, so zieht er diese beim Lachen zu einem Grübchen. Die Bewegungen der Oberlippe nach oben werden von dem Erheber der Oberlippe bewirkt, während der vom unteren Rande des Unterkiefers zum Mundwinkel verlaufende Herabzieher des Mundwinkels die ihm zugedachten Bewegungen ausführt. Der Erheber der Oberlippe und der viereckige Unterlippenmuskel setzen sich in den vorderen Teilen der Lippenhaut an. Bei ihrer Zusammenziehung verkürzen sie die vordere Seite der Lippe gegenüber der hinteren Lippenschleimhautseite. Treten sie mit dem Mundringmuskel gleichzeitig in Tätigkeit, so öffnen sie den Mund nicht, sondern schieben den geschlossenen Mund rüsselförmig nach vorne, so daß die Lippenschleimhaut etwas hervorgekehrt wird. Der Unterlippenmuskel allein ruft die als „Schippchen" im Volksmunde bezeichnete Vorschiebung der Unterlippe, wie sie besonders bei kleinen Kindern im schmollenden oder halbweinenden Zustande beobachtet wird, hervor. Vom Unterkieferknochen verläuft nach abwärts und vorne gegen die Kinnhaut der Kinnmuskel, welcher bei seiner Zusammenziehung die das Kinn nach oben abgrenzende Furche hervorruft oder die Haut des Kinns an zahlreichen Punkten etwas einzieht.

Schließlich ist noch der Kau- und der Schläfenmuskel zu erwähnen; jener spielt beim Mienenspiel keine besondere Rolle, nur bei starker Wut (im Zustande des Zähneknirschens) werden die Kiefer sichtbar weit auseinander gedrückt, so daß dieser Muskel auch äußerlich sichtbar wird. Auch bei anstrengenden Kaubewegungen treten die beiden genannten Muskeln manchmal deutlich hervor; der Schläfenmuskel hebt den Unterkiefer und schließt die Zahnreihen. (Nach Krukenberg.)

Auf diese Gesichtsmuskeln wurde nur zu dem Zwecke hingewiesen, um sie als wesentliche Mitursachen des Mienenspiels und der durch ihren fortwährenden Gebrauch entstehenden charakteristischen Falten besser verstehen zu lernen und Falten nicht als Zufälligkeiten so ganz nebensächlich zu behandeln.

b) **Die Stirnfalten.**

Die Stirn kann entweder von einer einzigen durchgehenden langen Falte durchzogen sein, oder von einer entsprechenden Doppelfalte oder mehreren übereinander liegenden Falten (vgl. Abb. 57); sind sie stark nach oben gebogen, wird dies bezeichnet: Mehrere konvexe Stirnfalten (vgl. Abb. 58). Die einzige Mittelfalte kann aber auch nur kurz sein, wenn sie, in der Stirnmitte liegend, nicht über beide Augenbogen hinaus sich erstreckt, daher: einzige Mittelfalte.

c) **Augenfalten.**

Zwischen den Augenbrauen findet man teils senkrecht, teils waagrecht gerichtete kleine Falten (vgl. Abb. 57 u. 58). Die

Abb. 57.

Abb. 58.

über der Nasenwurzel liegende Querfalte kann gerade, gebogen oder auch dachförmig sein; die Bezeichnung lautet daher z. B. dachförmige Querfalte der Nasenwurzel. Sie kann allein auftreten, wie auch in Verbindung mit einem oder zwei senkrecht über ihr stehenden Fältchen, wie auch über der geradlinigen Falte über der Nasenwurzel noch eine dachförmige liegen kann. Die Erkennung und Bezeichnung dieser Falten macht keine besonderen Schwierigkeiten. Haben die aufwärts gerichteten Falten eine auffallende Schräglage, so kann man dies z. B. so angeben: Nach links (oder rechts) schräge Falte zwischen den Augenbrauen. Am äußeren Augenwinkel treten im vorgeschrittenen Alter sehr häufig, sogar fast ausnahmslos, die im Volksmunde als Hahnen- oder Krähenfüße bezeichneten Schläfenfalten auf.

d) **Ohrfalten.**

In der Nähe des Ohranwuchses ziehen sich im vorgeschrittenen Alter, meistens nach dem 30. Lebensjahre auftretende, mehr oder weniger lang gestreckte Falten hin, die wegen ihrer unmittelbaren Nähe des Tragus mit „Tragusfalten" bezeichnet werden; es empfiehlt sich auch, deren Zahl anzugeben: einzige Tragusfalte, doppelte Tragusfalte, mehrere Tragusfalten.

e) **Mundfalten.**

1. **Nasenmundfalte.** Sie zieht sich von jedem Nasenflügel beiderseits schräg gegen den äußeren Mundwinkel zu.

2. **Wangenfalte.** Sie liegt mehr gegen die Mitte der Wange zu, zieht sich jedoch bis zum Kinn, im Gegensatz zu der vorgenannten Nasenmundfalte.

3. **Kinnquerfurche** und **Doppelkinnfurche;** beide wurden schon bei den Besonderheiten des Kinns besprochen (s. S. 32).

4. **Halsfalten.** Bei älteren Menschen oder infolge von Abmagerung entstehen zwei senkrecht über den Vorderhals bis in die Nähe des Schlüsselbeins verlaufende lange Falten, während die Genickfalten stets waagrecht über den Hinterhals verlaufen.

9. Der Hals.

Der Hals wird nach seinen senkrechten und waagrechten Verhältnissen geprüft und als kurz, lang, dünn (oder mager), dick (oder fett) bezeichnet; breit wird er bezeichnet, wenn der Hals fast die gleiche Breite wie der Unterkiefer unter den Ohren hat[1]), im entgegengesetzten Falle als dünn.

Als Besonderheiten des Halses kommen in Betracht: der Kropf und der stark vorstehende Kehlkopf, „Adamsapfel" im Volksmunde bezeichnet. Beim Manne ist die vordere Kante des Schildknorpels, d. h. des Hauptknorpels des Kehlkopfes scharf, dagegen beim Weibe und beim Kinde abgerundet, so daß hier diese Besonderheit nicht zutage tritt.

10. Die Haare.

1. Anatomisches. Die Haare sind aus der Haut hervorwachsende, dünne, fadenförmige Horngebilde, die mittelst der Haarwurzel bis in die Tiefe der Lederhaut hineinreichen. Das Haar erstreckt sich über die ganze Körperoberfläche und ist an den meisten Stellen als sog. Flaumhaar sehr dünn und kurz, auch ungefärbt und daher wenig sichtbar. Am stärksten ist das Haar beim Schnurrbart des Mannes. Das Haar des Weibes ist durchweg dünner als das des Mannes, aber das Kopfhaar ist länger und dauerhafter als beim Manne. Das menschliche Haar unterliegt einem fortwährenden Wechsel durch Ausfall und Erneuerung. Hinsichtlich der Stärke, Verbreitung und Form der Behaarung zeigen die verschiedenen Menschenrassen, ja auch schon einzelne Familien und Individuen vielfache Abweichungen. Man erinnere sich nur z. B. an den wenig entwickelten Bart der Japaner und Chinesen und der meisten Neger, während umge-

---

[1]) Die Bezeichnung „Stiernacken" wird bei starkem, kurzem Hals meistens ebenfalls zutreffend sein.

kehrt sich ein stärkerer und fast die ganzen Wangen bedeckender Bart bei den Uraustraliern, bei den Ainos[1]) und vielen Semiten findet.

Bei den meisten Menschen treten die Haare nicht senkrecht, sondern in schräger Richtung aus der Oberhaut (Epidermis) hervor. Bei der europäischen Bevölkerung kommt sowohl glattes als auch gekräuseltes Haar vor. Nicht selten ist bei Männern das Kopfhaar glatt, das Barthaar aber gekräuselt. Die bei Kindern häufige Kräuselung des Kopfhaares geht im späteren Alter meistens verloren. Bei der südlichen Bevölkerung Europas überwiegt das dunkle (brünette), im Norden das hellblonde Haar. Die Albinos, Menschen mit angeborenem krankhaften Pigmentmangel, haben Haare ohne jede Färbung; bei ihnen fehlt auch das Pigment in den Augen; daher erscheinen die Haare weiß und die Iris rot, da die Adern der Netzhaut durchschimmern.

An dem in die Lederhaut (d. i. mittlere Hautschicht) hineinragenden Teil des Haares, der Haarwurzel, finden sich traubenförmig ausgebuchtete Hohlgebilde, die sog. Talgdrüsen, deren Bestimmung die Einfettung des Haares und der ganzen Haut ist. Von dem unteren Drittel der Haarwurzel ziehen schräg nach aufwärts die Haarmuskeln gegen die Oberhaut; sie richten beim Zusammenziehen das Haar gerade, sie sträuben es und stoßen es dabei nach außen herauf, bilden also in der Haut einen kleinen Hügel, die sog. Gänsehaut, namentlich bei Kälteeinwirkung und Fieberfrost. (Nach Krukenberg.)

2. Die Beschreibung des Haares.

a) Die Beschaffenheit der Haare.

Die Beschaffenheit der Haare kann sein: glatt, einfach gewellt, gelockt, gekräuselt und wollig. Das glatte Haar kann sein: fein, grob, steif, weich.

Gewellt sind die Haare, wenn sie an ihrem Ende ringförmig eingebogen sind, gekräuselt, wenn sie in ihrer ganzen Ausdehnung sich in kleinere oder dichtere Ringe zusammenrollen.

Wollig wird das Haar bezeichnet, wenn es, wie beim Negerkopf, sich büschelweise so einrollt, daß es dem Schafsfell ähnlich sieht.

b) Der Haaransatz.

Die Linie des Haarbesatzes zieht sich gewöhnlich in zwei Winkeln um die Stirn, welche dadurch die Gestalt eines Rechtecks erhält, dessen Grundlinie von den Augenbrauen gebildet

[1]) Japanische Urbevölkerung und die Eingeborenen der japanischen Inseln.

wird; diese Form heißt *rechtwinkelig* und kommt am häufigsten vor, daher stellt sie die Mittelform dar (vgl. Abb. 59).

Kreisförmig (oder vielmehr halbkreisförmig) ist der Haaranwuchs, wenn dessen Linke einen ziemlich gerade verlaufenden Bogen am oberen Stirnrande beschreibt und beiderseits an den Anfangsteil der Ohrleiste heranreicht (vgl. Abb. 60).

Erstreckt sich auf die Mitte der oberen Stirn ein mehr oder weniger spitz zulaufender Haarstreifen mit links und rechts davon gegen die Schädelmitte sich hinziehenden haarfreien Einbuchtungen (sog. „Weisheitsecken"), so bezeichnet man diese Form mit *spitzwinkeligem Haaransatz* (vgl. Abb. 61).

Bei noch vollständigem Haarwuchs der Jugend wird die zweite Form die Regel bilden, während sich die erste und dritte Form im fortschreitenden Alter zu bilden pflegen.

Abb. 59.

Abb. 60.

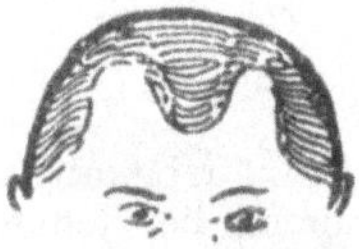
Abb. 61.

c) *Die Haarfülle.*

Die Haarfülle, mit *spärlich*, *stark* oder *sehr dicht* bezeichnet, bildet nur in ihren mangelhaften Formen der *Kahlheit* Merkmale, wie sie für die Beschreibung zweckdienlich sind. Die Form der Glatzenbildung ist:

1. **Stirnglatze.** Das Ausfallen der Haare beginnt gewöhnlich auf der Linie des Haaranwuchses über der Stirn; wird daher zunächst nur die vordere Stirnseite davon betroffen, dann spricht man von Stirnglatze.

2. **Scheitelglatze.** Hier beginnt die Kahlheit auf dem Scheitel an dem sog. Haarwirbel,[1]) gewöhnlich in kreisrunder Form, der Tonsur der katholischen Geistlichen ähnlich.

3. Die **durchgehende Glatze** entsteht, wenn sich die beiden vorerwähnten Formen der Kahlheit vereinigen und auch die Seitenteile des Kopfes mit umfassen.

4. **Vollständige Kahlheit** tritt gewöhnlich als Folge einer Krankheit ein.

An Stelle der ausfallenden Haare wachsen immer dünnere Haare nach, welche frühzeitig wieder ausfallen und durch Wollhärchen — (sog. Lanugohaare, wie sie der Körper des Neu-

---

[1]) Wo *Haarwirbel* deutlich sichtbar in Erscheinung treten, sind sie bei der Beschreibung — nach Zahl, Form und Lage — ebenfalls zu erwähnen.

geborenen zeigt) — ersetzt werden. Schließlich bleibt auch dieser Nachwuchs aus und die Kopfhaut wird allmählich haarlos, glatt und spiegelnd. Der Haarausfall tritt vor allem am Scheitel in der Umgebung des Haarwirbels, sowie zu beiden Seiten der Stirnbeingegend auf. Von diesen Stellen schreitet er allmählich immer mehr nach vorn, bzw. nach rückwärts vor, bis die haarlosen Teile des Scheitels und der Stirnbeingegend sich vereinigen. Häufig wird ein vorn in der Mitte der Stirnbeingegend gelegenes Büschel Haare erhalten und gepflegt, das aber später auch verschwindet. Schließlich bleibt nur noch ein von einer Schläfe zur anderen im Halbkreis über die Hinterhauptgegend verlaufender Haarkranz übrig. Dieser Haarausfall tritt erst im späteren Alter auf, er kann sich aber auch schon viel früher, zuweilen schon in den zwanziger Jahren einstellen (Krukenberg).

Anmerkung: Das Tragen falscher Haare ist mit „Perücke" oder „falschen Zöpfen" zu vermerken.

d) Die Haarfarbe.

Die Farbenabstufung für die Kopf- und Barthaare ist einfacher als bei den Augen, sie beginnt mit flachsblond und endet mit schwarz.

Abgesehen von den roten Haaren werden drei Hauptgruppen unterschieden: blond, braun und schwarz. Bei blond werden folgende Untergruppen gebildet: flachsblond, hellblond, mittelblond, dunkelblond; bei der zweiten Hauptgruppe: hell-, mittel- und dunkelbraun; schließlich bei der dritten Hauptgruppe: schwarzbraun und schwarz. Selbstverständlich ist trotz Übung niemals eine genaue Grenze zwischen diesen Untergruppen der Farbenabstufung einzuhalten, weil diese einer durchaus subjektiven Abschätzung unterliegt, im übrigen auch die richtige Farbenerkennung beim besten Willen oft eine sehr schwierige Sache ist, ganz abgesehen von der Farbenblindheit vieler Menschen[1]). Außerdem hat die Farbenbestimmung beim Haar in der Personenbeschreibung nur eine untergeordnete Bedeutung, aber gleichwohl muß versucht werden, eine einigermaßen richtige Farbenbestimmung zu treffen, was aber der Übung im praktischen Anschauungsunterricht überlassen bleiben muß[2]). Es genügt, sich wenigstens über folgende Farbenstufen Klarheit

[1]) Daß ungenügende Beleuchtung Irrtümer in der Farbenbestimmung verursachen kann, ist bereits bei der Augenfarbe hervorgehoben worden.

[2]) Guten Dienst leistet dabei „Wörners Haarfarbenring", der 15 Bündel Menschenhaare aller Farbenstufen mit diesen Bezeichnungen enthält: schwarz, schwarzbraun, dunkelbraun, braun, hellbraun, dunkelblond, mittelblond, blond, hellblond, dunkelrot, rot, hellrot, graumeliert, grau, weiß.

zu verschaffen: flachsblond, hellblond, dunkelblond, hell-, mittel-, dunkelbraun und schwarzbraun (oder schwarz); schließlich hellrot (oder auch rotblond) und dunkelrot. Schwarzes Haar findet man eigentlich viel seltener, als es gemeinhin angenommen wird; es trifft namentlich auf die Südländer zu, in Europa haben z. B. die Spanier und Italiener schwarzglänzendes Haar; sonst bei den Chinesen, Japanern, Juden, Afrikanern usw. zu beobachten. Was wir aber an schwarzen Haaren zu sehen bekommen, ist meistens schwarzbraun. Hellrote Haare werden manchmal noch besser mit feuerrot zu bezeichnen sein.

Weiße Haare treten, außer bei den an Pigmentmangel leidenden Menschen (Albinos genannt) nur im Alter auf. Im Greisenalter bleichen die Haare durch Schwund des Pigments und durch Auftreten feinster, das Licht reflektierender Luftbläschen im Haar, die es silberweiß erscheinen lassen. Ob ein plötzliches Ergrauen der Haare möglich ist, erscheint zweifelhaft; die hierüber gemachten Angaben widersprechen einander (Krukenberg). Treten neben den Haaren ihrer Ursprungsfarbe mehr oder weniger deutlich sichtbar ergraute Haare auf, so wird dies mit graugemischt bezeichnet, wenn man den Fremdwortausdruck „meliert" vermeiden will; im fortgeschrittenen Zustande des Ergrauens wird auch die Bezeichnung grau zutreffend sein. In Zweifelsfällen hat der Beamte Gelegenheit, durch Angabe von Zwischenstufen in der Farbenbestimmung Irrtümern vorzubeugen; er wird z. B. schreiben: dunkelblond—kastanienbraun, oder hell—dunkelblond. Er kann bei auffallenden Farben sich auch mit Unterstreichungen behelfen, wie er auch wenig auffallende oder schwer zu bestimmende Farben in Klammern setzen darf.

Sind die Haare erkennbar (oder gewohnheitsmäßig) gefärbt oder mit chemischen Mitteln gebleicht, hat er dies in der Beschreibung ebenfalls anzugeben.

11. Der Bart.

Der Bart erscheint mit dem Eintritt in das Mannesalter auf und unter dem Kinn, auf dem hinteren Wangenteil und über der Oberlippe. Die höchstentwickelten Rassen, speziell die kaukasische, haben einen starken Bartwuchs, ebenfalls die Uraustralier, die (japanischen) Ainos und viele Semiten. Dagegen haben Chinesen, Japaner und die meisten Neger einen schwach entwickelten Bartwuchs. Beim weiblichen Geschlecht kommen Spuren des Bartwuchses besonders an der Oberlippe und am Kinn im höheren Alter nicht ganz selten vor. Die Barthaare zeigen nicht immer dieselbe Farbe, wie das Haupthaar, besonders spielt ihre Farbe bei blonden Männern oft mehr in das

Rötliche als das Kopfhaar, auch ergrauen sie nicht immer zu derselben Zeit, wie das Kopfhaar.

Die vorherrschende Mode der Barttracht richtet sich häufig nach hervorragenden oder herrschenden Persönlichkeiten, die den betreffenden Männern nachahmungswert erscheinen und denen zu gleichen ihre Eitelkeit befriedigt. Es sei nur erinnert an die nach bekanntem Vorbilde früher stark verbreitete Barttracht „Es ist erreicht!". Eine Zeitlang pflegte die junge Männerwelt nach englischem Muster nur über der mittleren Oberlippe einen kleinen, einer Zahnbürste gleichenden Bartansatz stehen zu lassen [1]). (Nach Krukenberg.) Schließlich wurde die bartlose Mode ganz allgemein vorgezogen mit zeitweiser Neigung, den kleinen Schnurrbart wieder zu pflegen.

Eine früher ebenfalls sehr beliebte Barttracht war der sog. „Kaiser-Franz-Joseph-Bart" (oder kurz „österreichischer Backenbart" bezeichnet), mit ausrasiertem Kinn. Auch der halsbandartig unter dem Kinn hinziehende amerikanische Backenbart, auch „Schweizerbart" genannt, mit ausrasierter Mundpartie ist hier zu nennen, sowie der russische Backenbart, nach unten zu breiter werdend. Der französische Knebelbart, oder „Napoleonsbart" bezeichnet, lehnte sich auch an ein bekanntes Vorbild an.

Schließlich sind von den nationalen Barttrachten noch die Stirnlocken der polnischen und galizischen Juden zu erwähnen.

Da die Barttracht sehr der Mode unterworfen ist, kann sie für die Beschreibung eben auch nur von untergeordneter Bedeutung sein. Sind nicht die oben erwähnten Barttrachten nach berühmten Vorbildern anzutreffen, so wird sich die Barttracht doch immer nach dem persönlichen Geschmack des Trägers richten. Bei der Beschreibung wird dann der jeweilige Zustand des Bartes, sei es des Schnurrbartes [2]), des Kinnbartes oder des Wangenbartes (an beiden Ohren entlang, daher „Ohrenbärtchen", im Volksmunde auch „Kotelettenbart" genannt, der zuweilen auch nach unten [bis zum Schnurrbart] verbreitert getragen wird), oder der „Fliege" oder „Mücke" an der Unterlippe zu beachten sein. Wo Schere und Rasiermesser gemieden werden, wird der eigentliche runde Vollbart [3]) gepflegt, im Gegensatz hierzu werden wir den glattrasierten Mann antreffen. Bartlos wird eigentlich nur der nichtrasierte Mensch zu bezeichnen sein, der entweder gar keinen Bartwuchs hat oder infolge jugendlichen Alters als bartlos zu nennen wäre; in diesem Falle wird

---

[1]) = kurz geschnitten.

[2]) Z. B. als „lang" oder als „kurzgeschnitten" zu bezeichnen.

[3]) Der Vollbart kann aber auch etwas beschnitten, also kurz getragen werden.

aber der Flaum- oder Milchbart zu erkennen und daher in der Beschreibung darauf hinzuweisen sein.

Wie die Kopfhaare, so können auch die Barthaare ihrer Beschaffenheit und Farbe nach beschrieben werden. Ebenso ist die Haarfülle in entsprechenden Fällen zu berücksichtigen, z. B. starker Schnurrbart, spärlicher Backenbart usw.

12. Die Haut- und Gesichtsfarbe.

Es sind zwei Arten der Hautfärbung zu unterscheiden: die eigentliche Hautfarbe oder Pigmentierung und die durch das (durchschimmernde) Blut bedingte Färbung. Die eigentliche Hautfarbe (der Teint) hängt von der Menge des gelblich-braunen Farbstoffes (d. i. Pigment) ab, welcher selbst bei der weißen Rasse die Haut mehr oder weniger erkennbar färbt.

Anatomisches: Die menschliche Haut setzt sich aus drei Schichten zusammen: der Oberhaut (Epidermis), der Lederhaut (mittlere Hautschicht oder Cutis) und dem Unterhautbindegewebe. Diese drei Schichten der Haut haben verschiedene Farben, welche in ihrer Gesamtheit die äußere Hautfarbe (den Teint der Haut) erzeugen. Das Pigment ist in den unteren Teilen der Oberhaut körnig abgelagert, wodurch sie je nach der Masse des abgelagerten Farbstoffes gelblich bis braun und sogar bis schwarz erscheint. Bei farbigen Rassen, z. B. den Negern, ist das Pigment in der ganzen Schleimschicht der Oberhaut abgelagert, ebenso bei der gelben Rasse (Mongolen). Bei der weißen Rasse findet sich der Farbstoff nur spärlich und nur in der untersten Zellschicht der Schleimschicht, nur an einzelnen Körperstellen tritt diese Pigmentierung in etwas stärkerem Maße auf. Je nach der Menge des abgelagerten Farbstoffes entstehen auch bei der kaukasischen Rasse verschiedene Farbenabstufungen. Am hellsten erscheint die Haut der flachsblonden und hellblonden Menschen, am dunkelsten bei den dunkelhaarigen (und meistens auch dunkeläugigen) Menschen, den Brünetten. Namentlich bei Kindern lagert sich das Pigment oft fleckenweise in Gestalt von sogenannten Sommersprossen ab. Diese allbekannten Fleckchen, die meistens an freigetragenen Hautpartien auftreten, besonders im Gesicht, am Hals, Vorderarmen und an den Händen, verblassen gewöhnlich im Winter, erscheinen aber im Sommer wieder dunkler und auffallender. Unbedeckte Hautstellen nehmen auch bei der weißen Rasse oft infolge vermehrter Pigmentanhäufung (bei häufigem Aufenthalt und Arbeiten im Freien, bei Sonnenbädern, nach Stehen am offenen Feuer, wie bei vielen Heizern zu beobachten, nach Gletscherwanderungen usw.) eine dunklere Farbe an, namentlich bei brünetten Personen. (Krukenberg.)

Die Lederhaut hat an sich eine weiße Farbe, sie wird aber durch die sie durchziehenden Blutgefäße mehr oder weniger rötlich gefärbt, je nach dem Blutgehalt der Haut. Je dünner daher die Oberhaut ist, desto mehr schimmert die Lederhaut durch, desto weißer erscheint daher der Teint und desto mehr läßt er die rosige Färbung der durchschimmernden Blutgefäße erkennen, was namentlich bei Frauen und Kindern zu beobachten ist, die eine weißere Haut als die Männer haben. Wo die Haut reichlich mit Blutgefäßen durchzogen ist, wie an den Wangen, manchmal auch an der Nasenspitze, nimmt sie eine rötliche Farbe an, die sich zu einem reinen Rot steigert, wenn die Oberhaut sehr dünn und die Lederhaut sehr blutreich ist. Wo Dunkelrot durch farblose Gewebsmassen hindurchschimmert, zeigt es einen deutlich wahrnehmbaren Stich ins Bläuliche, so vor allem die dünnwandigen, unter der Haut sich hervorwölbenden Blutadern (z. B. auf dem Handrücken, am Fußknöchel), während die starkwandigen Arterien als geschlängelte und pulsierende Linien, besonders an den Schläfen und am Vorderarm älterer Leute hervortreten, ohne sich durch ihre Farbe abzuheben. Eine bläuliche Färbung ganzer Hautflächen bildet sich, wenn Blut bei ungenügendem Umlauf sich in den kleinen Blutgefäßen staut, was man z. B. bei bleichsüchtigen Mädchen an den Schläfen und am Halse sieht. Aus ähnlichen Gründen erscheinen auch die blauen Ringe um die Augen bei Erschöpfungszuständen und Ermüdung, bedingt durch die durchschimmernde blaurote Farbe des Kreismuskels, dessen Farbe infolge des trägen Rückflusses des Blutes dunkler wird. Die bräunliche Färbung der Lider bei manchen Brünetten rührt dagegen von Pigmentablagerung her. (Nach Krukenberg.)

Einer hellen Haut entspricht eine helle Haar- und Augenfarbe und umgekehrt einer dunklen Haut eine dunkle Haar- und Augenfarbe. Innerhalb der weißen Rasse findet sich die helle Hautfarbe mit Vorliebe mit Blondheit und außerdem noch mit blauen Augen zusammen, gelbliche sowie bräunliche Haut mit braunen oder schwarzen Haaren und mit dunklen Augen. Das erstere Zusammentreffen bezeichnet man als blonden, das letztere als brünetten Typus (Buschan).

Die Hautfarben der verschiedenen Völker werden einzig und allein durch verschiedene Mischung der drei färbenden Grundstoffe: das Rot der Blutgefäße, das Braun des Pigmentes und das Gelbweiß der Oberhaut hervorgebracht.

Bei der Personenbeschreibung wird der Grad dieser Färbung ausgedrückt: Pigment: klein — mittel — groß und Blutmenge: klein — mittel — groß.

Der unreine Teint wird gegebenenfalls auch vermerkt mit: Ausschlag, Pusteln, Flechten, Sommersprossen, Pikkeln, Pockennarben. Ebenso krankhafte Zustände mit: Bleichsucht, Gelbsucht, blasses, blutleeres, krankhaftes Aussehen, je nachdem sich der Beamte ein zutreffendes und für andere auch verständliches Bild der Gesichtsfarbe und seines Zustandes machen kann. Selbstverständlich ist es auch zweckmäßig, das volle oder magere Gesicht, wie auch gesundes Aussehen zu vermerken, wenn dies zutreffend und genügend auffallend erscheint.

Wo zutreffend, vor allem bei Ausländern, ist auch die Rassenzugehörigkeit anzugeben: Neger, Mulatte, Zigeuner, Chinese, Japaner, Jude usw.

VII. Die übrigen Merkmale des Körpers.

1. Die Schultern.

Hauptsächlich kommt es hier auf die Neigung der Schultern an, die entweder mit waagrecht oder mit abfallend zu bezeichnen ist. Gewöhnlich trifft man einen langen Hals mit abfallenden Schultern und umgekehrt einen kurzen Hals mit waagrechten Schultern an. Bei verkrüppelten Menschen (d. h. buckligen) findet man zuweilen auch aufwärts stehende Schultern, was man mit waagrecht oder aufwärts bezeichnen kann. Richtige Angaben der Schulterneigung ist besonders für die Beobachtung des Menschen von der Rückseite aus, z. B. auf der Straße, von Wichtigkeit.

Die Schulterbreite kann als klein, mittel und groß bezeichnet werden. Sie ist beim Manne bedeutend größer als beim Weibe.

2. Die Hände.

Die Beschreibung der Hand ist in Bertillons Signalementslehre ganz unberücksichtigt geblieben. Doch zeigt auch sie Merkmale von hohem signaletischem Wert, so daß auch ihr einige beschreibende Bemerkungen zu widmen sind, da sie ja auch zu den sichtbaren Bestandteilen des Körpers gehören und daher wertvolle Hinweise auf die Identität einer gesuchten Person bieten kann.

Die Hand läßt sich einmal nach ihrer Gesamtgestalt, sodann nach der Beschaffenheit und namentlich dem Größenverhältnis der Finger beschreiben. Wir unterscheiden die derbe oder schwerfällige Hand: sie ist kurz, gedrungen und plump, sowohl der Handteller, als auch die Finger selbst. Die entgegengesetzte Form ist die schmale, zarte Hand. Die dritte Hauptform vereinigt beide erwähnte Formen, so daß wir die große, feste oder starke Hand damit meinen. Die vierte Hauptform zeigt eine kleine, schwache Hand, die eine weiche rundliche Gestalt aufweist. Alle diese Formen können nur aus dem Verhältnis der Größe der Hand zum Körper bestimmt oder abgeschätzt werden.

Die Finger: Der Zeigefinger ist entweder kürzer als der Ringfinger oder mindestens gleich lang; das Verhältnis dieser beiden Fingerlängen ist keineswegs immer gleich bei beiden Händen; insofern bildet ein auffallender Unterschied in diesem Längenverhältnis eine wertvolle Signalementsangabe. Ebenso wenn der Ausnahmefall beobachtet wird, daß der Zeigefinger länger als der Ringfinger ist (vgl. die Abbildungen 62).[1]

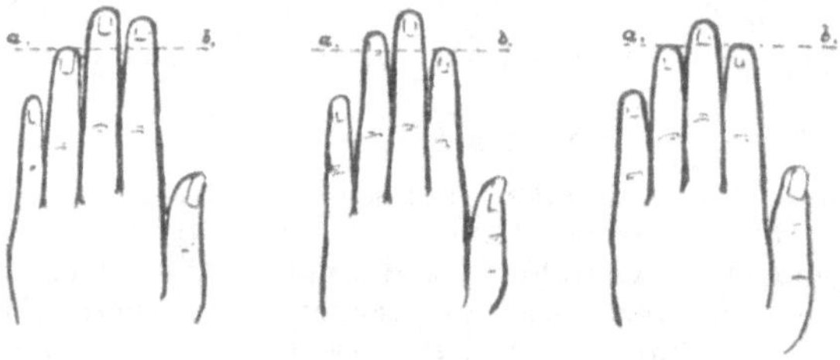

Abb. 62.

Die Form der Finger kann auch wichtige Merkmale zeigen. Sie kann sein: gleichmäßig stark, spitz zulaufend, Finger mit stark hervorspringenden Knöcheln, kurzes, stark verbreitertes Nagelglied. (Nach Burger, Geheimnis der Menschenform, Berlin 1920.) Eine Besonderheit der Hand ist die sogenannte Schwimmhautbildung zwischen den einzelnen Fingern, aber nur wenn auffallend ausgeprägt.

Schließlich ist auch die Form der Nägel kurz zu beschreiben. Der Nagel bildet eine natürliche Schutzdecke für die Tastorgane. Der Form nach unterscheidet man die breiten „Plattnägel" und die etwas hochgewölbten zugespitzten „Kuppennägel". Lange schmale Nägel mit starker Querwölbung werden von den Anthropologen als Degenerationszeichen angesprochen.

Die Art der Betätigung der Hand übt einen Einfluß auf die Form der Nagelbildung aus, so daß sie oft wertvolle Hinweise auf den Beruf geben kann. Angestrengte Handarbeit erzeugt breite und flache Nägel, weshalb z. B. Frauen, die ihre Hand schonen und sorgsam pflegen, meistens schmale und gewölbte Fingernägel besitzen. (Nach Buschan.)[2]

---

[1]) Die verschiedene Länge der Finger bietet auch bei der Beurteilung von Tatortfingerspuren wichtige Hinweise.

[2]) Gefärbte Fingernägel sind bei der Beschreibung zu erwähnen.

Natürliche Mißbildungen der Hand oder Finger (z. B. wenn mehrere Finger zusammengewachsen sind), sowie Verstümmelungen oder Verkrüppelungen, wie fehlende Finger, fehlende Fingerglieder, blutunterlaufene Fingernägel, sind selbstverständlich der Form und Lage nach genau zu beschreiben.

3. Der Körperumfang.

Die Leibesfülle wird im Verhältnis zur Körperlänge beurteilt und als klein, mittel, groß bezeichnet. Diese Beschreibung ist nur von untergeordneter Bedeutung, weil der Körperumfang, wie das Gesamtgewicht des Menschen[1]) oft starken Schwankungen unterworfen ist, je nach dem Ernährungszustande, der nicht immer der Willkür des Menschen entspricht. Nur auffällige Merkmale werden aufgezeichnet.

4. Die Körperhaltung.

Die Körperhaltung wird beurteilt:

a) Nach der Kopfhaltung; wir können in zutreffenden Fällen vermerken: vorgeneigter oder zurückgeneigter Kopf, nach rechts oder nach links geneigter Kopf; als Besonderheit ist hier noch zu erwähnen: Vorstrecken des Halses bei zurückgeneigtem Kopf.

b) Nach dem Grade der Rückenkrümmung, welche senkrecht nach der Krümmung der Wirbelsäule und waagrecht nach der Lage der Schultern zu beurteilen ist; die Schulternlage kann sein: eingefallen oder gewölbt (vorspringend).

c) Gewohnte Haltung der Arme und Hände, z. B. auf den Hüften, in den Hosentaschen, im Ärmelausschnitt der Weste, über Brust oder Rücken gekreuzt.

Eine steife oder nachlässige Haltung werden wir bei entsprechendem Vorkommen vermerken, vielleicht auch eine gekrümmte oder gebeugte Haltung, erst recht, wenn Hilfe eines Stockes nötig ist.

5. Die Bewegungsarten,

insbesondere die mimischen Ausdrucksbewegungen.

Die Körperbewegungen beurteilen wir: 1. nach dem Gang, 2. nach dem Gebärdenspiel, 3. nach dem Mienenspiel oder den mimischen Ausdrucksbewegungen.

Zu 1. Der Gang kann sein: sehr langsam oder schleichend, sehr schnell oder rasch, leicht, schwerfällig, hüpfend, bedächtig oder gesetzt, steif, wiegend, schlendernd oder schlotterig, watschelnd, hinkend, mit kleinen oder großen Schritten. Ein hinkender Gang ist mehr oder weniger immer auffallend und muß daher stets angegeben wer-

[1]) Wird in amerikanischen Steckbriefen meistens auch vermerkt.

den; notwendig ist es auch zu sagen, ob das linke oder rechte Bein steif oder verkürzt ist oder nachgezogen wird, z. B. hinkt mit dem linken Bein.

Die normale Schrittweite schwankt zwischen 50—100 cm; als Mittelentfernung können beim langsamen Spazierschritt 65 bis 70 cm angenommen werden, 70—80 cm beim geschäftigen Schritt, 80—90 cm beim beschleunigten Schritt. Der deutsche Infanterieschritt beträgt 80 cm. Mit zunehmendem Alter nimmt die Schrittlänge ab.

Der hinkende Schritt entsteht einmal durch anormale Gehwerkzeuge, sodann durch Verletzung eines Beines oder Fußes. Das gesunde Bein macht den größeren Schritt, das anormale (d. h. verkürzte oder schwache) oder das verletzte macht den kleineren Schritt, weil es geschont wird. Der normal Gehende setzt seinen Fuß genau auf, so daß Richtungs- und Ganglinie zusammenfallen. Wird die Richtungslinie von den Absätzen des Gehenden nicht getroffen, sondern bleibt der rechte Fuß rechts seitwärts, der linke Fuß links seitwärts von der Richtungslinie, so wird die Ganglinie zu einer gebrochenen Linie und der Gang wird breitspurig, gespreizt, watschelig. So gehen z. B. die Seeleute, die sich diesen Gang auf dem schwankenden Schiff angewöhnen, ferner alte und dicke Menschen, auch Schwangere und Leute mit Bruchschäden, Bein- oder Fußleiden usw. Wenn der rechte Fuß über die Richtungslinie nach links und der linke Fuß über die Richtungslinie nach rechts tritt, entsteht ebenfalls eine gebrochene Ganglinie, die sich aber von der vorerwähnten dadurch unterscheidet, daß bei dieser die einzelne Fußspur außerhalb des Winkels der gebrochenen Linie, bei jener aber innerhalb des Winkels steht. Diese Gangart bezeichnet man als „überschlagend"; man trifft sie, außer bei Betrunkenen, bei bummeligen, phlegmatischen, plumpen Leuten, die beim Gehen nach links und rechts pendeln, aber auch bei Frauen, denen man einen „graziösen" oder gezierten Gang nachrühmt.

Die durch die Längsachse der Fußsohle gegen die Richtungslinie gezogene Gerade ist die „Fußlinie"; der Winkel, den die Richtungs- und Fußlinie miteinander bilden, heißt „Fußwinkel", im gewöhnlichen Sprachgebrauch als das „Auswärts- oder Einwärtsgehen" eines Menschen bezeichnet. Nur starke Abweichungen vom normalen Fußwinkel sind für die Personenbeschreibung von Bedeutung, z. B. das starke „Auswärtsgehen" der Plattfüßigen.

(Nach H. Groß, Handbuch für Untersuchungsrichter[1]), Bd. II, 13. Abschnitt „Über Fußspuren", wo noch weitere, aber

---

[1]) Im gleichen Verlag von J. Schweitzer erschienen.

nicht hierher gehörige Ausführungen über dieses wichtige Beweismittel gemacht werden.)

Neuere „Untersuchungen über das Gangbild" hat G. Wagner in der Deutschen Ztschr. f. d. gesamte gerichtliche Medizin (1936, Band 26, S. 331—340) veröffentlicht.

Daß der Gang auch durch krummen Wuchs der Beine, insbesondere sog. X- und O-Beine beeinflußt wird, ist selbstverständlich; in diesem Falle genügt aber die entsprechende Bezeichnung der Form der Beine.

Zu 2. Das **Gebärdenspiel** besteht in den mehr oder weniger willkürlichen Bewegungen der Arme, Hände oder des Kopfes, mit denen wir den mündlichen Gedankenausdruck zu begleiten pflegen. Jedes Volk, jeder Stand und Beruf hat gewissermaßen sein eigentümliches Gebärdenspiel. Soweit es auffallend ist, kann bei der Beschreibung eines Menschen darauf hingewiesen werden, z. B. lebhafte Bewegungen mit den Händen beim Sprechen.

Zu 3. **Die mimischen Ausdrucksbewegungen.** Der Mimik muß eine viel größere Bedeutung für die Signalementslehre beigelegt werden, als es bisher geschehen ist. Ich folge hier den ausgezeichneten Lehrsätzen von Dr. Theodor Piderit in seinem Werke „Mimik und Physiognomik" (3. Auflage, Detmold 1919).

Da jede Vorstellung dem Geiste gegenständlich erscheint, so beziehen sich die durch Vorstellungserregungen veranlaßten mimischen Muskelbewegungen auf imaginäre, also in der Einbildung beruhende Gegenstände. Die durch angenehme oder unangenehme Vorstellungen verursachten mimischen Muskelbewegungen beziehen sich auf harmonische (angenehme) oder unharmonische (unangenehme) Sinneseindrücke. Eine Vorstellung wirkt um so nachdrücklicher, je ausgeprägter der angenehme oder unangenehme Charakter derselben ist, oder je plötzlicher sie auftritt.

Wir gehen gleich zu den wichtigsten mimischen Ausdrucksbewegungen über und beschreiben sie, soweit sie für die Signalementslehre Bedeutung haben; das Wesentliche dabei ist aber, daß es sich um eingewurzelte Gewohnheiten handeln muß, wenn sie für den zu beschreibenden Menschen charakteristisch sein sollen.

a) Der Blick.

Bei der Untersuchung der verschiedenen Arten des Blickes ist einmal die Beweglichkeit, sodann die Richtung des Blickes zu berücksichtigen. Charakteristisch durch die größere oder geringere Beweglichkeit ist der träge, lebhafte, feste, sanfte, umherschweifende und der unstete Blick. Charakteristisch durch die besondere Richtung ist der versteckte, der pedantische und der entzückte Blick.

Je träger die Geistestätigkeit des Menschen ist, desto *träger* und matter wird auch die Bewegung der Augapfelmuskeln, d. h. der Blick sein und ebenso umgekehrt: je wechselnder und verschiedenartiger die Eindrücke sind, welche der Geist empfängt, und je intensiver er dadurch erregt wird, desto rascher wird die Bewegung der Augapfelmuskeln, desto *lebhafter* der Blick sein. Je mehr die Aufmerksamkeit durch Gegenstände oder Vorstellungen gefesselt wird, desto gespannter sind die Augapfelmuskeln und desto beobachtender und *fester* wird der *Blick*, wie er Menschen, die Energie im Denken und Handeln besitzen, eigen ist.

Beim *trägen Blick* sind die Augenlider gewöhnlich gesenkt, beim lebhaften und festen Blick aber gehoben. Ist die Bewegung der Augapfelmuskeln eine ruhige und behagliche, so sprechen wir vom *sanften* Blick, der Teilnahme ohne Leidenschaft ausdrückt.

Umschweifend ist der Blick im Zustande der Zerstreutheit, so daß der Blick schwankend und zerstreut, ohne die Aufmerksamkeit zu fesseln, umhergleitet. Er ist Menschen von mangelhafter Ausdauer und Leichtsinn eigen.

Der *unstete Blick* ist manchen Menschen im Zustande der Verlegenheit, der Scham und der Furcht eigen; unwillkürlich irrt sein Blick umher, als suche er Hilfe oder Gelegenheit, der peinlichen Situation zu entrinnen. Auch das Schuldbewußtsein verrät sich oft durch einen unsteten Blick, da ein solcher Mensch fürchtet, erkannt und durchschaut zu werden.

Der *versteckte Blick* zeigt sich bei Menschen, die unbemerkt beobachten wollen, die aufmerksam sind, aber gleichgültig scheinen möchten; sie geben dem Körper eine gleichgültige Haltung, senken den Kopf, wenden ihren aufmerksamen Blick schräg aufwärts nach dem beobachteten Gegenstande, den sie mit heimlichem Interesse betrachten. Mißtrauischen Menschen ist dieser Blick ganz besonders eigen.

Beim *pedantischen Blick* wird der ganze Körper straff, der Kopf steif gehalten, der nicht willig der Richtung der Augen folgt, sondern sich nur unvollständig und gleichsam mit Widerwillen dem Gegenstande zuwendet. Er ist Menschen eigen, welche ängstlich an ihren Eigenheiten, Ansichten und Gewohnheiten festhalten und sich nur mit Widerwillen zum Neuen wenden, also den Pedantischen.

Der *entzückte Blick* ist nach oben und in die Ferne gerichtet; er ist schwärmerisch veranlagten Menschen eigen und ist der mimische Ausdruck der Andacht, Inbrunst und Überspanntheit. Bei dieser Blickart wird das Weiße des Auges unten mehr oder weniger sichtbar sein.

Das rasche Augenblinzeln ist als Gewohnheit bei Menschen zu beobachten, die ihre Aufmerksamkeit steigern.

Der Glanz der Augen hängt einmal von der größeren oder geringeren Menge der Tränenfeuchtigkeit ab, sodann von der größeren oder geringeren Spannung der Augapfelkapsel und schließlich von der Farbe der Iris. Im jugendlichen Alter treffen wir das strahlende oder glänzende, im späteren Alter aber das matte, glanzlose Auge an. Durch Krankheitszustände kann der Glanz der Augen aber nicht allein vermindert, sondern auch erhöht werden und zwar hauptsächlich durch die fieberhaften Zustände infolge verstärkten Blutandrangs zu den Augen. Je dunkler die Umgebung des Auges ist, um so stärker ist ihr Glanz; deshalb erscheinen dunkelumränderte Augen vielen Menschen reizvoll und anziehend.

Auch der Einfluß des Seelenlebens kann den Glanz der Augen verändern und dementsprechend ein mattes oder ein strahlendes, leuchtendes oder funkelndes Auge in Erscheinung treten lassen.

Infolge der großen Beweglichkeit der Irismuskeln und der außerordentlichen Erregbarkeit ihrer Nerven ist die Größe der Pupille veränderlich, durch jeden Wechsel von starkem Schatten und Licht beeinflußt. Je mehr sie sich aber erweitert, je mehr die Iris zurückweicht und an ihre Stelle die tiefschwarze Pupille tritt, desto dunkler und glänzender erscheinen die Augen. So kann es vorkommen, daß selbst sehr hellfarbige Augen zeitweise, namentlich in der Dämmerung, den Eindruck von dunkelfarbigen machen.

b) Die Mimik des Mundes.

Der Geschmack- und Gehörsinn beeinflußt die Bewegungen der Mundmuskeln und verleiht dem Mund zuweilen einen recht charakteristischen Ausdruck.

Man kann hier unterscheiden:

Den bitteren Zug. Der rote Saum der Oberlippe wird in der Mitte seiner seitlichen Hälften aufwärts gezogen, und zwischen den beiden Punkten wird die Spitze der Oberlippe nach oben umgestülpt, so daß die Profillinie der Oberlippe dadurch einwärts geknickt erscheint. Zugleich werden auch die Nasenflügel in die Höhe gezogen, wodurch die beiden Nasenmundfalten tief markiert werden. Den bitteren Zug findet man bei Menschen von verbitterter Gemütsart. Bittere Stimmungen können entweder durch außergewöhnlich unangenehme Verhältnisse oder durch eine außergewöhnlich große Empfindlichkeit veranlaßt werden. Man findet den bitteren Zug zuweilen auch bei Menschen mit sehr empfindlichen Augen, bei Kurzsichtigen und bei Menschen, deren Augen durch Staub, Wind, schneidende

Kälte und grelles Licht zu leiden haben, z. B. bei Fuhrleuten, Matrosen, Fischern, Feldarbeitern, Maschinenheizern usw.

Der süßliche Zug: Er ist daran zu erkennen, daß die Lippen fest an die Zähne gepreßt sind, wobei die roten Lippenränder plattgedrückt und im Profil geradlinig erscheinen, während in der waagrecht gezogenen Nasenmundfalte ein dem Lächeln ähnlicher Ausdruck zum Vorschein kommt. Dieser Zug ist der mimische Ausdruck außergewöhnlich angenehmer Stimmungen und Gefühle, welche der Sprachgebrauch als „süß" bezeichnet; er ist weniger bei Männern, um so mehr aber bei Frauen anzutreffen.

Der prüfende Zug: Die Lippen strecken sich rüsselartig vor; dieser Zug findet sich bei Menschen, die prüfend den Wert oder Unwert irgendeines Gegenstandes oder Denkobjektes untersuchen, ist oft auch der Ausdruck einer Selbstzufriedenheit, Anmaßung und Wichtigtuerei.

Der verbissene Zug: Die Lippen werden zusammengepreßt und die roten Lippenränder einwärts gezogen; zugleich erscheint die Mitte der Unterlippe aufwärts gedrückt, und unter ihr liegen zwei charakteristische Falten, welche in der Mitte der Unterlippe beginnen und von hier auf beiden Seiten nach unten und außen verlaufen. Dieser Ausdruck wird am häufigsten bei Menschen beobachtet, deren Beschäftigung es mit sich bringt, oft und andauernd gesteigerte und schwierige körperliche Anstrengungen zu machen, z. B. bei Schmieden ebensogut wie bei Stickerinnen, bei Holzhackern ebensogut wie bei Bildhauern. Aber auch bei dem hartnäckigen, trotzigen, eigensinnigen und verstockten Menschen findet man den bittern Zug um den Mund.

Der verachtende Zug: An den Augen gibt er sich durch hochgezogene Augenbrauen, waagrechte Stirnfalten und gesenkte Augenlider zu erkennen. Am Munde ist er daran erkenntlich, daß die Mitte der Unterlippe aufwärts gedrückt erscheint und unter ihrem nach außen etwas umgeschlagenen roten Saum eine bogenförmige, konvex nach oben gerichtete Falte hervortritt. Man findet diesen Zug bei anmaßenden, hochmütigen Menschen.

Den offenstehenden Mund findet man gewöhnlich bei Schwerhörigen, die im Verkehr gezwungen sind, fortwährend aufmerksam zu horchen. Aber auch bei schwachsinnigen Menschen findet man gewöhnlich dieses Merkmal. Bei Greisen ist das Offenstehen des Mundes gewöhnlich ein Zeichen allgemeiner Muskelschwäche. Es können aber auch Krankheitszustände der Nase, z. B. Stockschnupfen, einen Menschen nötigen, durch den offenstehenden Mund zu atmen. Solche Gesichter machen leicht den Eindruck geistiger Beschränktheit.

Schließlich gibt es noch Menschen, bei denen die Zähne so lang und die Lippen so kurz sind, daß der Mund nur unvollständig geschlossen werden kann und deshalb gewöhnlich offenstehen muß, ohne daß jene geringwertige Gewohnheit die Ursache ist.

Der lächelnde Mund macht sich durch die Aufwärtsrichtung der Mundwinkel bemerkbar. Ob ein Mensch häufig lacht oder lächelt, hängt nicht sowohl von äußeren Umständen, als vielmehr von seiner individuellen angeborenen Veranlagung ab, die ihn leichter als andere zu heiteren Stimmungen oder komischen Vorstellungen anregt.

c) Krankhafte Ausdrucksbewegungen.

Hierher gehören: Nervöses Zucken der Augen oder des Mundes, sogenannte „Tics" (krampfhafte Zuckungen der Gesichtsmuskeln); ferner Veitstanz, eine Nervenkrankheit mit willkürlichen krankhaften Bewegungen des Rumpfes, Kopfes, Gesichts, und vor allem der Gliedmaßen, auch vorwiegend auf einer Körperhälfte; Zittern der Alkoholiker und mancher Kriegs- und Unfallbeschädigten.

6. Stimme und Sprache.

Die Sprachlaute bilden sich aus Klängen und Geräuschen, welche in der Mund- und Nasenhöhle unter gleichzeitigem Anklingen der gespannten Stimmbänder entstehen. Wenn die Stimmbänder nicht mitschwingen, so entsteht die Flüstersprache, bei welcher sich die Geräusche nur im Mund und Rachen bilden. Die Bewegungen des Mundes und der Lippen sind daher bei der Flüstersprache besonders ausgeprägt und markiert. Die einzelnen Wörter der Sprache setzen sich aus Vokalen und Konsonanten zusammen. Die Vokale sind die im Stimmorgan entstehenden Töne, denen sich je nach der Gestalt, welche die Mundhöhle bei der Tongebung annimmt, bestimmte Obertöne zugesellen und welche so die charakteristische Klangfarbe der Stimme bedingen. Die Konsonanten sind Geräusche, die an bestimmten Stellen der Rachen-, Mund- und Nasenhöhle hervorgebracht werden; von ihnen machen sich die Lippenlaute äußerlich am deutlichsten erkennbar. (Nach Krukenberg.)

Die Klangfarbe der Stimme ist eine der am meisten individuellen Eigenschaften des Menschen, aber die Beschreibung dieser Klangfarbe, die uns die Erkennung bekannter Personen nach der Stimme so leicht macht, ist die schwierigste unter allen individuellen Merkmalen. Wir können daher nur allgemein gültige Beschreibungen geben und auf Sprachfehler oder -mängel aufmerksam machen, die für die Signalementslehre Bedeutung haben können.

So unterscheidet man die hohe und die tiefe Stimme, wenn sie von der uns als normal scheinenden Klangfarbe erheblich abzuweichen scheint; ferner die Fistelstimme, die weibliche Stimme beim Manne und die männliche Stimme beim Weibe. Je kürzer die Stimmbänder von Natur sind, desto mehr erhöht sich der Ton. Auf diesem Grunde beruht schon der Unterschied zwischen den Tönen des männlichen Kehlkopfes einerseits und denjenigen der Frauen und Kinder andererseits. Der Kehlkopf des Mannes ist weit größer, die Knorpel dicker und fester, die Stimmbänder starrer als beim Weibe. Daher rührt auch die größere Unbeholfenheit in der schnellen Hervorbringung der Töne beim männlichen Geschlecht, der tiefere Klang und die eigentümliche Farbe der hervorgebrachten Töne.

Die hauptsächlichsten Sprachfehler und -besonderheiten sind folgende:

a) Das Lispeln oder Säuseln: alle Zischlaute werden sehr weich ausgesprochen.

b) Das Anstoßen: hierbei werden namentlich l und r unrein ausgesprochen, die Sprache hört sich an, wie wenn der Sprecher einen heißen Bissen im Munde habe.

c) Das Stottern: ein allgemein bekannter Sprachfehler, bei dem das Aussprechen gewisser Buchstaben im Anlaut und Auslaut Schwierigkeiten bereitet.

d) Das Meckern, dem Meckern der Ziege ähnliche Töne.

e) Das Schnarren: hierbei wird das r schnarrend ausgesprochen, worauf bekanntlich bei Schauspielern und Sängern großer Wert gelegt wird.

Für die Beschreibung ist manchmal auch der Dialekt und der fremdländische Akzent von Wichtigkeit. Ihn richtig zu erkennen, setzt allerdings ein gutes Gehör und eine gewisse Erfahrung in der Beurteilung von Sprachverschiedenheiten voraus. Es ist oft leichter, den fremdländischen Akzent herauszuhören, als die zahlreichen Mundarten zu bestimmen, weil jede Nation in die Sprechart einer fremden Sprache die Regeln, Satzfügungen und Wortbildungen der eigenen Muttersprache zu übertragen pflegt, abgesehen von der Eigenart der Aussprache gewisser Silben und Buchstaben.

Von den deutschsprachlichen Dialekten, die sich scharf voneinander trennen lassen, seien nur folgende hier erwähnt: der ostpreußische, der sächsische, der westfälische, der hannoversche (und Hamburger), der mecklenburgische (plattdeutsche), der schwäbische, der oberbayerische, der rheinpfälzische, der Rheinländer (insbesondere der Kölner), der österreichische und der deutschschweizerische Dialekt.

7. Kleidung und Beruf.

Die Beschreibung der Kleidung und der Wäsche ist bei unbekannten Toten, deren Identität erst festgestellt werden soll, von großer Wichtigkeit. Bei flüchtigen Verbrechern spielt sie dagegen eine weniger wichtige Rolle, weil sie (in der Freiheit) zu leicht gewechselt und vor allem erneuert werden kann. Doch darf in allen wichtigeren Fällen jedenfalls auch die Beschreibung der Kleidung nicht vernachlässigt werden, weil in der Art sich zu kleiden oft eine Eigenart des Menschen liegt.

Die Zeugen, die einen gesuchten flüchtigen Verbrecher beschreiben sollen, können dies oft hinsichtlich der Kleidung viel genauer, als hinsichtlich der körperlichen Merkmale. Es genügt, die allgemein gebräuchlichen Beschreibungen der Kleidungs- und Wäschestücke zu geben, dann auch anzugeben, ob die Kleidung rein, schmutzig, fein (elegant und schick) ist, ob sie vielleicht im Rockaufhänger, im Hut, auf den Knöpfen und Schuhen Fabrikmarken und Namen aufweisen, welche Unterwäsche, welche Kragen, Halsbinden, Schmucksachen und sonstige Gebrauchsartikel der Gesuchte bei sich zu tragen pflegt, ob und welche Monogramme auf Wäschestücken und Taschentüchern oder im Hut bekannt sind. Auch wird aus der ganzen Haltung und Kleidung zuweilen ein gewisser Schluß auf die Herkunft des Menschen nach seinem Beruf berechtigt sein, man wird leicht den Landbewohner vom Stadtbewohner unterscheiden können, den gewesenen Seemann, Soldaten usw.

Professor Dr. Hans Groß stellt in seinem ,,Handbuch für Untersuchungsrichter" die den Beruf einer Person andeutenden Kennzeichen zusammen, von denen die wichtigsten hier genannt seien.

Schneider und Schuster bekommen durch das vorgebeugte Sitzen einen charakteristisch gekrümmten Rücken, Frisöre eine Schulter höher als die andere, da bei der Arbeit der eine Arm niedrig und ruhig, der andere dauernd hoch gehalten wird.

Bei Gravören und Ziselören ist die Haut zwischen Daumen und Zeigefinger durch den Druck des Gravierstichels verdickt.

Die Schuster erhalten am äußeren Oberschenkel eine Hornhaut durch den Knieriemen und am inneren Daumen durch den Hammer.

Schreiber und Zeichner bekommen am rechten Mittelfinger durch das Andrücken der Schreibgeräte Schwielen.

Näherinnen haben am linken Zeigefinger eine zerstochene Haut.

Glas- und Lotrohrbläser besitzen entwickelte Backenmuskeln, oft auch Hängebacken, was auch bei vielen Berufsmusikern, die Blasinstrumente spielen, zu beobachten ist.

Falls solche Berufskennzeichen vorhanden sind, müssen sie nach Möglichkeit in das Signalement aufgenommen werden[1]).

8. Der Geruch.

Der Geruch, den jeder Mensch ausströmt, ist gewöhnlich von untergeordneter Bedeutung. Die Vernachlässigung dieses Erkennungshilfsmittels liegt vor allem daran, daß die meisten für schwache Gerüche unempfindlich sind, da sie abgestumpfte Geruchsnerven haben, oder daß ihr Geruchssinn in keiner Weise gepflegt und geübt wird, feinere Geruchsunterschiede zu erkennen. Dabei vergegenwärtige man sich einmal das fein unterscheidende Geruchsvermögen des Polizeihundes, um zu begreifen, daß der menschliche Geruch sehr wohl scharf unterscheidbar ist.

Physiologisches. An allen freien Oberflächen des Körpers geht unter normalen Umständen eine beständige Ausscheidung gasförmiger oder flüssiger Bestandteile vor sich. Namentlich ist dieser Ausscheidungsprozeß auf der äußeren Haut, auf der inneren Oberfläche der Schleimhäute in dauernder Tätigkeit begriffen. Die Absonderungsprodukte dieser Organe werden gewöhnlich von den Schleimhäuten des Mundes, der Lunge, des Darmkanals usw. nach außen geschafft. Außer diesen Absonderungsorganen findet sich aber noch im Körper eine große Menge besonderer, zu dem Zwecke der Absonderung bestimmter Organe, die Drüsen, längliche sackartige Gebilde, deren Öffnung sich auf der Hautoberfläche befindet und die Absonderung besorgt. Die Menge der Hautausdünstung und besonders die Schweißbildung ist individuell durchaus verschieden; die einen schwitzen beim geringsten Anlaß, die anderen aber nur selten und sehr schwer. Außerdem wird die Schweißbildung durch die Menge der genossenen Getränke bedingt, wie auch die Temperatur und Trockenheit der Luft den entschiedensten Einfluß auf die Menge des durch die Hautausdünstung entleerten Wassers haben, die wieder in Beziehung zur Urinmenge steht. Je größer die Hitze und je trockener die Luft, desto mehr Wasser verlieren wir durch Ausdünstung und Schweiß. Die meisten Schweißdrüsen finden sich an der Fußsohle und in der Hohlhand, wo man auf einer kleinen Fläche von 3×3 cm schon über 2700 Schweißdrüsenöffnungen oder Poren gezählt hat.

---

[1]) Weitere Berufsmerkmale an Händen und Zähnen sind in Polzers Handbuch für den praktischen Kriminaldienst (München 1922), S. 58ff., und in „Groß' Archiv f. Kriminologie" Bd. 6, S. 11, Bd. 48 aufgezählt. Es handelt sich meistens um Abnutzung der Schneidezähne bei Glasbläsern, Schneidern und Näherinnen, auch bei Pfeifenrauchern, sowie um chemische Zersetzungen der Zähne, insbesondere bei Arbeitern in chemischen Betrieben, auch in Zuckerbäckereien.

In gewöhnlichen Zuständen ist die Hautaussonderung nur eine Verdunstung; die Stoffe gehen in Gasform davon. Daß diese Absonderung oder Ausdünstung eine beständige ist, kann man jederzeit durch einen einfachen Versuch feststellen: Steckt man die Hand oder den Arm in einen gut abgeschlossenen Glaszylinder, so wird, ohne daß Schweiß sichtbar ist, die Innenwand des Zylinders bald beschlagen, an seinen Wänden werden sich allmählich Tropfen einer klaren, salzig schmeckenden Flüssigkeit ansammeln, die viel flüchtige organische Stoffe enthält[1]).

Unter dem Geruchssinn hat man die Fähigkeit zu verstehen, mittels des im Gehirn entspringenden, in den Riechzellen der Nase verbreiteten Riechnervs gewisse gasförmige Beimischungen der Luft zu empfinden.

Wir haben an einer anderen Stelle schon erwähnt, daß der Geruch der Neger für Europäernasen auffällig wahrnehmbar ist. Ähnlich verhält es sich mit dem Zigeunergeruch[2]), der charakteristisch als ein Gemisch von „Fettgeruch mit Mäuseduft" bezeichnet wurde. Kleidungsstücke, Wäsche, besonders Wollstoffe, aber auch Haare saugen den Geruch der Umgebung, besonders aber Parfüm- und Ölgerüche, gierig auf und halten ihn verhältnismäßig lange fest. So erklärt man sich auch den sog. Penngeruch der Bettler und Landstreicher, von denen wir jetzt aber so gut wie befreit sind. Der Ölgeruch der Haare und Kleider der in ölgetränkten Maschinenräumen, z. B. Buchdruckereien, beschäftigten Arbeiter und Arbeiterinnen ist für jeden deutlich wahrnehmbar. Wenn sich solche Menschen länger in einem Raume, z. B. zum Zwecke des Diebstahls, aufgehalten haben, so ist dieser spezifische Geruch für feiner empfindliche Nasen zweifellos deutlich erkennbar, um so mehr, als sich die Diebe am Tatorte anstrengen mußten und viel Schweißdunst verbreitet haben, der sich den stark aufsaugefähigen Gegenständen des Raumes mitgeteilt hat, z. B. Betten, stoffüberzogenen Möbelstücken u. dgl.

Ganz ähnlich verhält es sich auch mit parfümierten Menschen, deren Anwesenheit an einem bestimmten Ort man ja unschwer feststellen kann, wenn man für Parfümgeruch ein genügend unterscheidendes Erkenntnisvermögen besitzt. Bekanntlich werden aber die verschiedenen Parfümdüfte im gewöhnlichen Leben oft ebenso verkannt, wie z. B. die Farben in der Natur. Nur wer sich eingehender damit befaßt, wird sein Unterscheidungsvermögen üben und wird das richtig als einen

---

[1]) Nach Karl Vogts Physiologischen Briefen, Gießen 1854.

[2]) Vgl. auch Groß' Handbuch f. Untersuchungsrichter, 7. Aufl. (München 1922), Bd. II, S. 461.

bestimmten Parfümgeruch bezeichnen können, was er als solchen genau und zuverlässig hat kennen und unterscheiden lernen.

Für die Beschreibung wird es daher immerhin zweckmäßig sein, in zutreffenden Fällen den gewohnheitsmäßigen Gebrauch eines bestimmten Parfüms anzugeben, ferner zu erwähnen, daß der zu Beschreibende einen auffallenden Geruch dieser oder jener (näher zu umschreibenden) Art an sich habe, oder daß er leicht zu starkem Schweiß neige, oder daß er stark nach Zigaretten rieche oder einen unangenehmen Mundgeruch verbreite usw.

Aber nie vergesse man, daß der Geruch der trügerischste aller menschlichen Sinne ist[1]).

9. Sonstige Gewohnheiten.

Es wird jeweils zweckmäßig sein, auch hervorstechende Gewohnheiten des zu Beschreibenden zu ermitteln und anzugeben, z. B. daß er viel raucht (ob Zigaretten, Zigarren, Pfeife), ob er Tabak kaut oder schnupft, ob er (vom Zigarettendrehen u.-rauchen) gelbe Finger hat, ob er seine Nägel abnagt, ob er Augenglas (insbesondere auch Monokel) trägt, ohne es vielleicht nötig zu haben. Menschen, die halblaute Selbstgespräche mit sich zu führen pflegen, werden auch hierher gehören, kurz, alle solche Gewohnheiten und Neigungen, die bei den übrigen Abschnitten der Signalementslehre nicht unterzubringen sind, aber doch kennzeichnend genug sind, um sie zu erwähnen.

10. Besondere Kennzeichen.

Hier handelt es sich um jene wichtigen Merkmale, die einen bereits ausführlich beschriebenen Menschen sofort von tausend anderen ähnlich beschriebenen Menschen unterscheiden lassen, also um Narben, Warzen, Leberflecke, Muttermale, Tätowierungen, die nach ihrer Gestalt und Lage natürlich in den meisten Fällen einzigartige sein werden. Diese Merkmale werden nach ihrer Natur, ihrer Gestalt, ihrer Größe oder Ausdehnung und ihrer Richtung oder Neigung beschrieben.

a) Narben und Male[2]): Eine Narbe kann z. B. von einem Stich, Schnitt, Schuß, einer Verbrennung oder einem Geschwür herrühren; ist die Entstehungsursache ungewiß, wird einfach „Narbe" vermerkt. Wesentlich ist hierbei, daß die in die Beschreibung aufzunehmende Narbe nicht eine oberflächliche und

[1]) Über den „Geruch" bringt auch mein Lehrbuch „Kriminaltaktik und Kriminaltechnik" (4. Aufl. Lübeck 1933), S. 204 f., einige Mitteilungen.

[2]) Nach Dudens Rechtschreibung ist Male und Mäler als Mehrzahl zulässig.

schnell vorübergehende sein darf, sondern von Dauer sein muß. Besteht aber darüber ein Zweifel, muß dies durch ein eingeklammertes Fragezeichen oder die weitere Bezeichnung „vergänglich" oder „vorübergehend" zum Ausdruck gebracht werden. Eine noch nicht geschlossene (verheilte) Narbe wird als offen, bzw. als frisch bezeichnet.

Die Leberflecke und Muttermale, Warzen und Tätowierungen sind als solche ja nicht leicht zu verwechseln; entscheidend für die Beschreibung ist ihre richtig angegebene Gestalt und Lage. Die Gestalt kann bei Narben sein: Linienförmig und zwar geradlinig oder krumm, zwickelförmig, winkelig, haken- oder hufeisenförmig, strahlen- oder sternförmig, gezackt. Die Form ihrer Ausdehnung kann sein: oval, rechteckig, kreisförmig, dreieckig. Bei gekrümmten Narben muß noch die Richtung der Krümmung angegeben werden, z. B. aufwärts oder abwärts gebogen, bei senkrechter Lage: nach innen oder nach außen gebogen, wobei die Betrachtungsfläche, z. B. linke Wange des zu Beschreibenden, dem Gesicht des aufnehmenden Beamten zugekehrt sein muß und eine durch die Mitte des Körpers gedachte Linie als Richtschnur dient. Die Größe oder Ausdehnung der Kennzeichen kann nach Millimetern und Zentimetern abgeschätzt und vermerkt werden, wobei die Zentimeter mit: 1; 2; 3; 4 usw., die Millimeter dagegen mit: 0,1; 0,2; 0,3; 0,4 usw. eingetragen werden und zwar ohne die sonst üblichen Abkürzungen cm, mm. Bei kreisförmigen Narben und Flecken wird die Größe des Durchmessers angegeben, bei länglichen oder länglich-viereckigen und ovalen wird der Längen- und der Querdurchmesser z. B. so vermerkt: gerade Narbe 4/0,5, d. h. von 4 cm Länge und 5 mm Breite.

Die Richtung oder Neigung dieser Merkmale wird als senkrecht, waagrecht oder schräg angegeben, wenn nötig mit näherer Angabe, wie fast senkrecht, etwas schräg. Nach innen oder nach außen schräg[1]) wird, wie oben bei der Bestimmung der Krümmung, auch hier die entsprechende Bezeichnung der Lage gewählt werden müssen. Die besonderen Kennzeichen auf den Händen und Handgelenken, nötigenfalls, z. B. bei Tätowierungen, auf den Vorderarmen werden bei gerade nach vorn gestreckten Armen gesucht und beschrieben, wobei die Daumenseite als die äußere, die Kleinfingerseite als die innere Seite anzusehen ist. Im übrigen wird der Handrücken

[1]) Bei der Seitenansicht des Kopfes, also z. B. bei Narben auf der Wange, ist die Bezeichnung: schräg nach vorn oder schräg nach hinten zu bevorzugen, dabei die oberste Stelle als Ausgangspunkt wählend.

und seine Fortsetzung gegen den Ellenbogen als *hinten*, der Handteller und seine Fortsetzung gegen die Gelenkbeuge als *vorn* bezeichnet. Bei den Fingergliedern wird das dem Fingerknöchel zunächst liegende als *erstes* Glied bezeichnet, das mittlere[1]) als *zweites* und die Fingerspitze als *drittes* Fingerglied.

Bei unzivilisierten Völkern ist das *Tätowieren* der Haut, d. h. das Einreiben von Farben in die feingestichelte Haut eine in allen Gesellschaftsklassen verbreitete Sitte. Bei kultivierten Völkern wird das Gesicht nur noch selten tätowiert, andere Körperstellen, insbesondere Hände, Arme, Brust, manchmal auch Rücken und Beine, finden sich noch öfters bei Seeleuten, Soldaten und am häufigsten bei Verbrechern. Bei uns geschieht das Tätowieren gewöhnlich mit Nadeln (Punktieren) und Farbstoff (blau oder rot); es hat aber in den letzten Jahren stark abgenommen.

Die Tätowierungen sind nach dem Gegenstande ihrer Darstellung zu beschreiben, z. B. Anker, Herz (durchstochen mit Pfeil, blutend oder geflammt), Dolch, weibliche Büste (in der Vorder- oder Seitenansicht), nackte weibliche Figur, stehend oder liegend, Tänzerin usw. Ist man über die Bedeutung einer Figur oder Inschrift im Unklaren, so versucht man von dem zu Beschreibenden selbst eine Erklärung zu erlangen. Der Text der Inschriften wird genau in der Schrift und Schreibweise wiedergegeben, in Gänsefüßchen gesetzt.

Die genaue Beschreibung der besonderen Kennzeichen würde viel Raum in den Signalementsvordrucken erfordern, deshalb werden hier die von Bertillon eingeführten *Abkürzungen* angewendet, die aus der später folgenden Tabelle ersichtlich sind. Um eine möglichst genaue Bestimmung der Lage des Kennzeichens zu erreichen, sind die nächstliegenden Ausgangspunkte oder Grenzen anzugeben. Als solche kommen in Betracht: die äußeren Augenwinkel, die Mundwinkel, die Augenbrauen, die Nasenwurzel und der Tragus. So wird beispielsweise die Lage eines Leberflecks auf der linken Backe beschrieben:

Lf bh 7 ⌉ lk Mw

d. h. *behaarter Leberfleck, 7 cm unter dem linken Mundwinkel.*

Bei der Richtung, d. h. dem Verlaufen der Narben ist senkrecht durch |, waagrecht durch —, schräg durch \ zu bezeichnen, wobei \ i = schräg nach innen, / a = schräg nach außen bedeutet. Bei auffallenden Kennzeichen wird die Bezeichnung unterstrichen, z. B. $\underline{\mathrm{n}}$ = starke, tiefe Narbe, $\underline{\mathrm{W}}$ = große Warze, während (Lf) = kleiner Leberfleck, (n) = undeutliche oder schwache Narbe bedeutet. Die Beschreibung eines jeden Merk-

[1]) Beim Daumen das Endglied.

mals wird durch Punkt abgeschlossen, vor oder nach Dezimalzahlen wird ein Strichpunkt angewendet, wenn andere Zahlen vorausgehen oder nachfolgen, z. B.: n kr u ah 5,3; 4 ʃ Hg ꭗ.

Weiteres Beispiel: n gl 4 \i, 2 ʃ lk a Ab = geradlinige Narbe, 4 cm lang, schräg nach innen, 2 cm über der linken äußeren Augenbraue.

Zu den besonderen Kennzeichen gehören die schon an anderen Stellen des Buches erwähnten körperlichen Gebrechen und Mißbildungen, soweit sie allgemein auffallen und daher auch für die Beschreibung von hohem Beweiswert sind. —

VIII. Veränderungen des Aussehens.

1. Durch Krankheit und Alter.

Die durch Krankheit und Alter auftretenden Veränderungen der menschlichen Gestalt machen sich in erster Linie in der Körper- und Gesichtsfülle bemerkbar, dann aber auch in der Hautfarbe. Krukenberg macht einige Angaben darüber, denen ich folgende Stellen entnehme. Bei zehrenden Krankheiten schwindet das Fett in den unteren Hautschichten, die Haut sinkt ein und verliert ihre Fülle und Rundung, sowie ihre frische Farbe. Die Umrisse der Knochen treten hervor, wo stärkere Fettmassen angesammelt sind, wie besonders an den Wangen, bilden sich tiefe Gruben, die äußere Haut ist gewissermaßen zu weit geworden, erscheint schlaff und welk und bildet starke Falten. Bei Blutarmut sieht die Haut blaß aus. Bei schweren Krankheiten, die den Körper allmählich zugrunde richten, nimmt die Haut eine wachsartige Farbe an; bei Bleichsucht erscheint die Haut bläulich weiß, so auch bei schweren Störungen der Blutzirkulation, namentlich an den Lippen zu erkennen. Bei Leberkrankheiten, bei welchen die Galle ins Blut übertritt, also bei Gelbsucht, kann die Haut so gelb wie eine Zitrone werden. Am deutlichsten zeigt sich diese Gelbfärbung an der dünnen Bindehaut des Augapfels. Bei Entzündungen schwillt die Haut infolge von Stauung im Bereich der Blut- und Lymphgefäße auf.

Wenn die Haut durch Verletzung einen größeren Substanzverlust erleidet, oder wenn sie durch krankhafte geschwürige Prozesse zerstört wird, so bildet sich keine normale Haut wieder, sondern es entsteht eine Narbe. Wenn die Narbe frisch ist, erscheint sie rot, später blaß und bläulich, sie zeigt nicht mehr die normale feine Zeichnung der Oberfläche, sondern ist glatt, unelastisch und trocken. Große Narben schrumpfen gewöhnlich stark zusammen und verziehen ihre Hautumgebung. Besonders auffallend wirkt eine solche Zusammenziehung in der Umgebung des Augapfels, wobei das Unterlid herabgezogen wird, so daß die rote Schleimhaut des Bindehautsackes, wie bei Triefaugen sichtbar wird.

Selbstverständlich hat auch die Ernährung eine gestaltverändernde Bedeutung, man denke an die starke Abmagerung während des Krieges; ebenso das Alter mit seinen faltenreichen Erscheinungen der Haut, dem Gewichtsverlust, Haarschwund, Zähneverlust und Farbenveränderung.

Prof. Türkel (Wien) hat in einer „Studie zum Kapitel portrait parlé"[1]) empfohlen, die pathologischen Merkmale des Menschen, wie sie allerdings nur von einem Arzt festgestellt und beschrieben werden können, als eine wichtige Ergänzung der Signalementsbeschreibung mitzuverwerten. Er nannte diesen Ergänzungsteil der Signalementslehre „Pathektoskopie" und brachte eine Aufstellung der in Frage kommenden Merkmale (den medizinischen Fachausdrücken ist die deutsche Übersetzung beigegeben, durch welche die Merkmale erst verständlich und brauchbar werden).

2. Durch künstliche Hilfsmittel zum Zwecke der Verschönerung oder Unkenntlichmachung.

Künstliche Verschönerungsversuche der Haut durch Bemalen in lebhaften Farbentönen sind bei allen Völkerschaften üblich[2]). Häufig werden dabei die charakteristischen Rassenmerkmale künstlich verstärkt. Die Rothäute bemalen sich meistens rot, die Malaien gelb, die Europäerin dagegen sucht die Reize ihres Teints durch Puder, Schminke, Lippen- und Nägelrot zu erhöhen. Bei Naturvölkern sucht man vielfach dem Gesicht durch maskenähnliche Bemalung ein Aussehen von erschreckender Wildheit zu geben (Krukenberg).

Der Verlust oder die Verkrüppelung eines Körpergliedes seit Aufnahme des letzten Signalements läßt sich in der Regel einwandfrei feststellen, so daß das „gesprochene Porträt" in der Hauptsache doch noch zutreffend ist und bleibt. Dagegen müssen wir den zum Zwecke der Täuschung der verfolgenden Behörden vorgenommenen Signalementsveränderungen in jedem Falle unsere besondere Aufmerksamkeit zuwenden. Wie zahlreiche Anzeigen in Tageszeitungen und Wochenschriften zeigen, machen manche ein Gewerbe daraus, durch kosmetische Mittel und

---

[1]) Ohne Angabe von Zeit und Ort des Erscheinens.

[2]) Ausführlich z. B. dargestellt in Ploß-Bartels, Das Weib in der Natur- und Völkerkunde, Leipzig 1905, Band I, S. 134 ff. Dort werden auch die „Schmucknarben" dargestellt. Als eine Art von „Schmucknarben" sind auch die Mensurschmisse unserer Studenten anzusehen.

Massagen die „Schönheitsfehler" jeder nur erdenklichen Art zu beseitigen. So verspricht man Leberflecken, Warzen, Muttermale, Falten, Narben, lästige Haare, Magerkeit, Fettleibigkeit, Nasenröte usw. zu beseitigen[1]), volle Büsten, Haare, vorteilhafte Profile usw. zu erzeugen. Inwieweit dadurch das Signalement einer Person verändert werden kann, ist in der Praxis durch Versuche noch nicht näher geprüft worden, jedenfalls aber scheinen die hier angewandten Methoden zu irreführenden Entstellungen geeignet zu sein und auch von Verbrechern nicht unbeachtet zu bleiben.

Der Berliner Spezialarzt für Plastik Dr. Fritz Koch hat sich einmal zu dieser Frage[2]) in folgender Weise geäußert:

„Die Versuche zu einer Verjüngung des Gesichtes auf dem Wege einer Operation reichen bis in graue Zeiten zurück, sie sind nicht erst ein Kind unserer Zeiten. . . . .

Die Alterserscheinungen des Gesichts beruhen auf einem Verlust der elastischen Gewebsbestandteile der Haut. Durch ‚Spannung' der erschlafften Haut, d. h. durch Verkürzung von Hautteilen suchten die Amerikaner den Verlust der Elastizität auszugleichen. Schon auf dem letzten internationalen Kongreß vor dem Kriege habe ich eine Methode bekannt gegeben, um diese Hebung der erschlafften Gesichtsteile in idealer Weise zu erreichen und durch einen mitten durch die Ohrmuschel angelegten Schnitt, um sozusagen das ganze herabgesunkene Gesicht ‚an den Ohren wieder aufzuhängen'. Durch dieses Verfahren gelingt es nicht nur, bei alternden Personen eine tatsächliche Verjüngung um mehrere Jahrzehnte zu erreichen, es ist auch für die Erhaltung der Form der Kiefer und der Zähne bis ins höchste Alter von sehr wesentlicher Bedeutung. Das Verfahren ist durchaus schmerzfrei und ohne eine sichtbare Narbe auszuführen. Der in der Ohrmuschel verborgene Schnitt entzieht sich der Beobachtung. Meistens genügen einige Fäden, ohne daß eine umfangreichere Naht überhaupt erforderlich wäre.

Von Bedeutung halte ich noch den Hinweis auf die leider so oft noch ausgeübten Einspritzungen von Paraffin, um Runzeln und Falten zum Verschwinden zu bringen. Trotzdem die Schädlichkeit dieses Mittels allmählich wohl bekannt geworden ist, werden heute noch, besonders von Nichtärzten und unberufenen Händen, erhebliche Schädigungen verursacht. Auch hier sind die Amerikaner Schrittmacher, indem sie durch Gesetzesvorschrift die Verabfolgung von Paraffineinspritzungen zum Zwecke

---

[1]) Vgl. auch die Schrift von Dr. med. Fritz Koch, Häßliche Nasen und ihre Verbesserung, Berlin 1907, die über die kunstgerechten „Nasenkorrekturen" unterrichtet.

[2]) Im „Berliner Westen" vom 29. Oktober 1921.

der Verjüngung des Gesichtes, besonders durch Laien, verbieten werden. In der Tat sind solche Einspritzungen auch völlig überflüssig, weil die medizinische Wissenschaft in dem Ersatz der verlorenen Elastizität der Gesichtsteile durch den lebendigen Muskel ein Mittel besitzt, das zur Beseitigung von Falten und Runzeln durch kein anderes zu übertreffen wäre."

Ungefähr zur gleichen Zeit hat in der „Umschau" Dr. med. Joseph über eine solche Methode berichtet. Er hat seit ungefähr zehn Jahren zahlreiche Operationen ausgeführt, durch die ältere Personen von Hängewangen und den damit verbundenen Hautfalten befreit worden sind. Diese Wangen werden von vielen Frauen im Alter zwischen 40 und 50 Jahren als eine lästige Erscheinung betrachtet, da sie meistens dem Gesicht ein greisenhaft altes Aussehen geben. Der obengenannte Arzt wendet dagegen ein operatives Verfahren an, das diese Alterserscheinung vollständig beseitigt. Er nimmt auf schmerzlosem Wege, nach örtlicher Betäubung der betreffenden Stelle, vor dem Ohr auf beiden Seiten des Gesichts einen Hautstreifen heraus, zieht den unteren Narbenrand bis zu dem oberen in die Höhe und vernäht dann die Operationswunde. Die Hängewange verschwindet auf diese Weise vollständig und das Gesicht erhält, verglichen mit dem Zustande vor der Operation, ein überraschend jugendliches Aussehen. Das Vernähen der Wunde geschieht mit Hilfe sterilisierter Roßhaare, wodurch die Narbe nach der Verheilung fast unsichtbar wird [1]).

In Amerika gibt es viele Ärzte, die solche Operationen für teures Geld vornehmen; z. B. wird ein durch gestörte Nerven und Muskeln gebildetes Hautzäpfchen aus dem Gesicht herausgeschnitten und die Wunde sorgfältig vernäht; die Nerven und Muskeln haben sich wieder zusammengeschlossen und sind neu gespannt. Hängende Backen, Doppelkinn und der scharfe Zug um die Mundwinkel werden durch straffere Spannung verwischt und verschwinden. Bleichen Frauen werden die Wangen rötlich tätowiert, wodurch ein frischer rosiger Teint vorgetäuscht wird. Andere lassen sich die Augenbrauen und Lidränder tätowieren, die nur aus allernächster Nähe von natürlichen zu unterscheiden sind. Durch Öleinspritzungen unter die Haut wurden Falten und Runzeln schnell beseitigt und ein jugendliches Aussehen hervorgerufen. Ebenso werden Tränensäcke und Falten um die Augen beseitigt, ein kleiner Schnitt spannt die Muskeln neu an, die

[1]) Ein englischer Stabsarzt (Dr. Gillies) hat die durch Schußwunden und Verbrennungen stark entstellten Gesichter der Soldaten künstlich erneuert; von 10000 Fällen mußten nur 15 Fälle als unheilbar aufgegeben werden. Aber auch die deutsche chirurgische Kunst ist hervorragend und mustergültig, wie der nachstehende Bericht des Prof. Axhausen (Berlin) zeigt.

Epidermis (oberste Hautschicht) wird abgenommen und so die dunkle Färbung der Haut unter den Augen beseitigt. Mit Säuren oder durch einen geschickten Schnitt wird das „Grübchen" geformt. An Nasenkorrekturen und -Umformungen wird Unglaubliches geleistet; dagegen wagen sich die Ärzte an eine Umformung der Lippen[1]) nur selten, da sie besonders schwierig ist und nicht immer nach Wunsch ausfällt. Ebenso werden nur selten die Ohren korrigiert, während die Entfernung von Fettknoten, die sich gerne in der durch die Ohrleiste und Falte (Gegenleiste) gebildeten Vertiefung unter der Haut ansetzen, nur eine einfache Operation erfordert.

Die große Bedeutung des Ersatzes fehlender Glieder für die Signalementslehre verlangt es, etwas näher auf diesen Punkt einzugehen. Dr. G. Axhausen, Prof. der Chirurgie an der Universität Berlin, hat über die Fortschritte auf diesem Gebiete vor einigen Jahren berichtet[2]); aus seinem Bericht entnehme ich folgende Stellen:

Erst das neuzeitliche aseptische Wundverfahren ermöglichte die großen Fortschritte auf dem Gebiete der bildnerischen oder plastischen Chirurgie. Ist z. B. die kostbare Haut der Finger verloren gegangen, so kann sie durch das Verfahren der Lappenplastik durch Lappen von Brust oder Bauch ersetzt werden. Ist die männliche Oberlippe durch Verletzung oder Geschwürsbildung verloren gegangen, so kann auf dem Wege der Lappenplastik von der behaarten Kopfhaut sogar für den Ersatz des Bartes Sorge getragen werden, ebenso, wie auch die Wimpern zu ersetzen sind. Bei jenen unglücklichen Kriegsverletzten, bei denen Kinn und Unterkiefer fortgerissen war, gelang es, die entsetzliche Entstellung durch Lappenplastik von Hals und Brust vollständig zu beseitigen. In der neugebildeten Unterkieferkinnhaut fand der gut funktionierende, zahntragende künstliche Unterkiefer Platz.

Beim operativen Nasenersatz sind durch die Lappenplastik die größten Erfolge zu erzielen. Nicht nur Teile der Nase, sondern ganze Nasen können jetzt auf diesem Wege neu gebildet werden. Nach Beschaffung des ausreichenden Hautmaterials, besonders vom Arm, beginnt die kunstvolle Umformung zur Erzeugung der normalen Nasenform. Den Abschluß bildet die Einfügung geeignet geformter Knochen oder Elfen-

---

[1]) Versuche, die Papillarlinien der Fingerhaut durch chirurgische Eingriffe zu entfernen, wurden zwar auch schon gemacht, aber niemand wird dazu Lust haben, wenn er dafür sein Tastgefühl einbüßen und Narben von hohem signaletischem Wert schaffen soll. Vgl. dazu auch meine Ausführungen „Zur Frage der Fälschung von Fingerabdrücken" in den Krim. Monatsheften 1927, S. 141f.

[2]) Berl. T. B. Nr. 394 vom 20. August 1924.

beinstückchen zur Herstellung des festen Nasengerüstes, das der Nase Halt und Beständigkeit verleiht.

Durch Einfügung eines Knochenstückes in den Brustlappen kann die künstliche Verlängerung eines Daumenstumpfes vorgenommen werden. Mehrfach ist sogar schon der Ersatz des gesamten Daumens durch die im ganzen verpflanzte Großzehe gelungen, selbst mit Erhaltung der aktiven Beweglichkeit.[1])

Das Verfahren der freien Gewebsüberpflanzung ist nur bei den Geweben möglich, welche die Fähigkeit des „Überlebens" besitzen, d. h. deren Zellen sich auch nach vollständiger Trennung vom Körper unter Benutzung ihrer eigenen Nährstoffe so lange am Leben halten können, bis die aus dem Lager hereinsprossenden Blutgefäße die endgültige Ernährung übernehmen. Solche Gewebe sind: die menschliche Deckhaut, das Fettgewebe, die Knochenhaut und das Knochenmark. Dünne Scheiben der Oberhaut heilen bei der Übertragung auf Wundflächen anstandslos an; doch sind die Narben dünn und verletzlich. Eine gediegnere Decke gibt die freie Überpflanzung von Hautstücken ganzer Dicke, die allerdings nicht ebenso sicher gelingt. So können z. B. die großen, entstellenden, blutroten oder auch schwarzen und haarigen Muttermale des Gesichts mit Erfolg durch frei überpflanzte Haut ersetzt werden.

Auch ganze Gelenke samt ihren Bändern sind schon mit Erfolg überpflanzt worden; dieses Verfahren ist noch durch die „Gelenkumbildung" überholt worden.

Wenn eingefallene Hautstellen an sichtbaren Teilen des Körpers zu heben oder eingesunkene Narben zu unterfüttern sind, wird auch von dem Verfahren der freien Überpflanzung des Fettgewebes Gebrauch gemacht.

Überpflanztes Fettgewebe und überpflanzte bindegewebige Muskelhüllen (Faszien) werden der Neubeschaffung der Gelenke dienstbar gemacht. Die plastische Chirurgie trennt die verwachsenen Gelenkenden, gibt ihnen mit Meißel, Raspel und Feile annähernd die normale Gestalt wieder und verhindert durch Zwischenlagerung frei überpflanzter Fett- oder Faszienlappen als Knorpelersatz die Wiederverwachsung der Knochen. Unter entsprechender Nachbehandlung entsteht ein brauchbares neues Gelenk.

Soweit der lehrreiche Bericht des Prof. Axhausen.

Solche Operationen haben neben kosmetischen, auch wertvolle Heilerfolge zu verzeichnen, werden sicher aber auch gelegentlich in den Dienst der Verbrecher gestellt werden, wie wir jedenfalls von der gefährlichen amerikanischen Gangsterbande

[1]) Darüber wurde auch beim Chirurgenkongreß in Berlin (Anfang April 1937) Näheres berichtet, sehr wichtig für die Daktyloskopie.

„Dillinger" (i. J. 1934) erfahren haben. Ferner wurden mit gutem Erfolg künstliche Geschwülste erzeugt, um Rekruten vom Militärdienst zu befreien. Diese Operationen bestanden in der Einspritzung von Paraffin, das warm unter die Haut eingeführt wurde und bei Körpertemperatur zu einer festen Masse erstarrte. So gut sich damit Höhlen ausfüllen lassen, lassen sich damit auch künstliche Geschwülste erzeugen, die wirklichen Geschwülsten täuschend ähnlich sind. In einem Falle war ein tuberkulöses Lymphom sehr täuschend nachgemacht; in einem andern dagegen war das benützte Präparat von zu niedrigem Schmelzpunkt. Infolgedessen ließ sich die Geschwulst unter der Haut noch kneten. Ein andermal war das Paraffin an einer Stelle eingespritzt worden, wo Geschwülste dieser Art niemals vorzukommen pflegen. Immerhin ist die Täuschung bei sehr geschickter Anbringung möglich und wird unter die mancherlei den Militärärzten bekannten Täuschungsmanöver einzureihen sein. Für einen bewanderten Chirurgen sind übrigens die falschen Geschwülste von den echten ziemlich leicht zu unterscheiden.

Gelegentlich kamen früher auch Selbstverstümmelungen vor, um sich dem Militär- oder Kriegsdienst zu entziehen.

Nach einem von dem Wiener Arzt Dr. J. Paschkis erfundenen Tätowierungsverfahren können auffallende Merkmale der Haut, wie Muttermale, Leberflecken, selbst Narben und Warzen entfernt werden, wie Groß in seinem Handbuch für Untersuchungsrichter im 7. Abschnitt des ersten Bandes über „Gaunerpraktiken" angibt. Dort werden noch weitere wertvolle Fingerzeige für die Erkennung der Verstellungskünste flüchtiger Verbrecher gegeben und betont, daß der Neuling im Verbrechen zuerst die Tat begeht und dann sich unkenntlich macht, während der gewiegte Verbrecher sich zuerst unkenntlich macht und dann das Verbrechen begeht.

Beliebt ist die Unkenntlichmachung durch falsche Bart- und Kopfhaare (Perücken), farbige Augengläser[1]), Kleiderwechsel (insbesondere auch Tragen einer Gesichtsmaske oder von Trikots beim Hotelraub und dgl.), durch Färben der Haare, des Teints[2]), der Zähne (schwarz gefärbte Zähne erscheinen als Zahnlücken!), Veränderung des Nasenrückens durch Wachs- und Kautschukmassen usw.

Aber auch die Stimme, Gang, Haltung, Körpergröße, Gesten werden verstellt, und selbst auffallende Kennzeichen, wie Hinken,

---

[1]) Selbst Färbung der Iris durch Gebrauch von pupillenerweiternden Giften, namentlich Atropin, ist schon versucht worden.

[2]) Durch Fettschminken wird ein brünetter, unreiner Teint rosig gefärbt; brünetter Teint wird mit einer Lösung von hypermangansaurem Kali oder mit Jodtinktur erzeugt.

steifer oder fehlender Arm, verkrüppelte Hand, Narben, Warzen und Muttermale werden vorgetäuscht[1]).

Selbstverständlich können solche Korrekturen und Verstellungspraktiken die bekanntgegebene Beschreibung eines gesuchten Verbrechers verwirren und weniger beweiskräftig machen. Es sind auch schon Fälle bekannt geworden, in denen der gesuchte Verbrecher nach Bekanntgabe seines Signalements in Ausschreibungen wesentliche Merkmale, die hier hervorgehoben waren, zu beseitigen oder abzuschwächen versucht hat. So hatte ein flüchtiger Bankdefraudant versucht, sich seine vier Goldkronen von einem Zahnarzt entfernen zu lassen, der aber auf das Verlangen nicht einging, weil es ihm von vornherein bedenklich erschien.

In Frankreich ist die Herstellung von Verkrüppelungen ein weitverbreiteter Bettlertrick. Das Rezept für den „Einarm" ist folgendes: Ein künstlicher Armstumpf wird mit zwei Schnallen an der Schulter befestigt, der richtige Arm eng an den Leib geschnürt und eine weite Bluse darübergezogen, worauf sogleich das rührende Bild dasteht mit dem Aushängeschild: „Unglücklicher Arbeiter, Vater von fünf Kindern, dessen Arm vor fünf Jahren von einem Maschinenrad zermalmt worden ist". Ein Bild des Jammers bot der spanische Gichtbrüchige: Eine lange Bluse reicht ihm bis zu den Füßen, die Beine sind gekrümmt und eingezogen, die Arme hängen schlaff und starr herab; die Augen halb geschlossen, den Mund mit einem schweren Stöhnen geöffnet, so lehnt das „Einbein" auf seinen beiden Krücken, ein bejammernswerter Anblick. Der Krüppel ohne Beine wird leicht dadurch hergestellt, daß die Beine in einem kleinen Wagen verschränkt zusammengelegt und mit einem Tuch verhüllt werden. Der von Schwären bedeckte „arme Lazarus" sitzt auf der Erde, die Beine mit weißen Tüchern verbunden, die schmutzig und feucht sind, wie von Eiter und Blut durchtränkt. Dabei sind die Beine unter dem Verband natürlich ganz gesund.

Ein kränkliches Aussehen wird durch künstlich erzeugte Blässe, langsamen und gebeugten Gang, Hüsteln, Nervenzucken usw. simuliert[2]).

Als besonderer Verkleidungstrick ist hier noch die „künst-

---

[1]) Beliebt ist auch die Ausführung von Straftaten, namentlich von diebischen und betrügerischen, in bestimmter Maske (Berufskleidung, wie Briefträger, Depeschenbote, Gepäckträger, Revisoren usw.). Daher ist es in manchen Fällen zweckmäßig, wenn sich der Kriminalbeamte dem Verbrecher mit gleichen Schlichen zu nähern sucht.

[2]) Über Simulation von Krankheiten und Leiden vgl. Prof. Groß Hdbch. f. UR. 7. Aufl. (München 1922), I. Bd. S. 398ff.

liche Diebeshand" zu erwähnen, ein — namentlich in Amerika — beliebtes Täuschungsmittel der Warenhausdiebinnen[1]).

Leicht kann es vorkommen, daß solche gefälschte oder simulierte Kennzeichen eines Täters in dessen Steckbrief übernommen werden. Sie richtig einzuschätzen und beim Zusammentreffen mit einem so entstellten Menschen nicht getäuscht zu werden, setzt, wie auch Groß mit Recht hervorhebt, eine Schulung in der Signalementslehre voraus.

Die Tätowierungen haben vom Gesichtspunkte der Identifizierung den Nachteil, daß sie leicht durch andere Tätowierungen überdeckt oder selbst ganz ausgelöscht werden können. War bei der Tätowierung ein leicht vergänglicher Farbstoff angewendet oder das Einstechen des Farbstoffes nur oberflächlich gemacht, dann können die Abbildungen von selbst verschwinden; sie können aber auch durch Wegätzen mit Säuren zum Verschwinden gebracht werden[2]).

Sind die Tätowierungen von selbst verschwunden, so lassen sich mit einer guten Lupe meistens noch die punktartigen Narben feststellen, die auch beim Einreiben mit Ruß oder Tinte oft wieder zum Vorschein gebracht werden können.

Daß eine Tätowierung mit einer anderen nachträglich überdeckt worden ist, erkennt man gewöhnlich an der dunkleren Farbe und an den dickeren und zuweilen überflüssigen Linien. Oft ist auch die erste Inschrift zum Teil noch lesbar. Ist die erste Tätowierung nicht mehr zu erkennen, so kann man bei der Beschreibung sagen: „Sehr dunkle Tätowierung, wahrscheinlich eine Überdeckung, darstellend . . ." Das gewaltsame Auslöschen (Wegätzen) einer Tätowierung hinterläßt regelmäßig an der betreffenden Hautstelle eine Narbe, die mit der beseitigten Zeichnung in ihrer Ausdehnung noch ziemlich übereinstimmt und einer alten Brandnarbe ähnlich sieht.

Für die Beschreibung sind solche Narben, wenn ihr Ursprung sicher erkannt wird, als „Tätowierungsnarben" aufzuführen oder als „Ätznarbe", „Brandnarbe", „wahrscheinlich beseitigte Tätowierung" zu bezeichnen, selbstverständlich unter Benennung etwa noch vorhandener erkennbarer Inschriften oder Bildteile.

Über Vorkommen von Tätowierungen, Bedeutung und Bildvariationen gibt die kriminalistische Literatur des In- und Auslandes ausreichend Aufklärung. Man vergleiche auch die Ausführungen und Zitate bei Groß a. a. O. und Handwörterbuch der Kriminologie (Berlin 1935), S. 778 ff.

Wenn wir an diese zahlreichen Entstellungsmöglichkeiten

---

[1]) Aber auch Taschendiebe haben schon ähnliche Tricks angewendet.

[2]) Groß gibt in seinem Handbuch für UR. I. Bd. S. 343 f. einige Methoden hierzu an.

denken, müssen wir erst recht an der Zuverlässigkeit der von Zeugen gegebenen Beschreibungen[1]) zweifeln. Man hat diese also nur mit großer Vorsicht und Überlegung entgegenzunehmen und sich dabei zu vergegenwärtigen, was am Signalement schwer oder gar nicht zu verändern ist, wie: sehr kleine Gestalt, Ohrformen, Farbe der Augen usw. Man muß also primäre und sekundäre Merkmale sehr wohl unterscheiden lernen. In zweifelhaften Fällen von Simulation werden Fachleute wie Ärzte, Zahnärzte, Bandagisten, Orthopäden und Frisöre manche Aufklärung geben können.

---

[1]) Es sind auch schon Fälle vorgekommen, in denen am Tatort zurückgebliebene Komplizen — zwecks Irreführung — absichtlich falsche Personenbeschreibungen gegeben hatten, nachdem der Täter, von Zeugen gesehen, geflohen war.

Zweiter Teil.

Die Handhabung des Signalements in der Praxis.

A. Die Herstellung des Signalements im Dienst.

Zur Zeit der Anwendung der Anthropometrie hatte das Signalement (das portrait parlé) eine andere Bedeutung als heute. Jedenfalls war die Beschreibung der Person ein ganz wesentlicher Bestandteil der Bertillonschen Meßkarte. Gleichwohl hat die Signalementslehre ihre Bedeutung für die Ausbildung des Fahndungs- und Erkennungsdienstbeamten auch heute noch nicht verloren, denn dieser muß die auffallenden Merkmale richtig erkennen, benennen und nötigenfalls auch aufzeichnen können. So vor allem die besonderen Kennzeichen, da diese ihren Wert für die Wiedererkennung eines Menschen, der z. B. flüchtig ist und steckbrieflich verfolgt wird, niemals verlieren können. Denn zur Wiedererkennung eines Verbrechers in der Freiheit können wiederum seine Fingerabdrücke nichts nützen. Da kommt es hauptsächlich auf eine genaue Beschreibung der Gestalt und der einzelnen Merkmale der Bestandteile des Kopfes an. Aber auch zur erfolgreichen Anwendung der Vergleichung von Bildnissen unter einander oder mit Personen, wie sie im Erkennungsdienst fast täglich erfordert wird, sind die Kenntnisse der Signalementslehre unentbehrlich.

Daß auch das Innenministerium großen Wert auf die Ausbildung der Polizei- und Gendarmeriebeamten legt, zeigt sein Runderlaß vom 5. Mai 1930, dessen Wortlaut (i. Abschn. C dieses 2. Teils) folgt.

Da das Fingerabdruckverfahren in Verbindung mit dem Personenbildnis heute das hauptsächlichste Hilfsmittel des modernen Erkennungsdienstes darstellt, braucht die Beschreibung insoweit nicht mehr ausführlich zu sein, als die Vorder- und Seitenansicht des daktyloskopierten und photographierten Menschen die einzelnen Merkmale der Bestandteile des Kopfes genügend erkennen lassen. Soweit das nicht der Fall ist, tritt die Beschreibung, namentlich aber der besonderen Kennzeichen ergänzend hinzu: bei den Fingerabdruckbogen, die für die Reichszentrale in Berlin bestimmt sind, wird diese Beschreibung auf der Rückseite des Bogens verlangt und ist in den mit Vordruck versehenen Raum aufzunehmen.

Die Vordrucke der Personenbeschreibung der früheren Meßkarten enthielten die von Bertillon international eingeführten Abkürzungen, wie auch die Eintragungen nur in abgekürzter Form erfolgten. Das war schon wegen der größtmöglichen Raumersparnis nötig. Später ist man aber wieder davon abgekommen, einmal, weil die Meßkarten aus der dienstlichen Verwendung gezogen wurden (in Berlin im Jahre 1914), sodann, weil die zahlreichen in der Signalementslehre nicht ausgebildeten Beamten diese Abkürzungen nicht verstanden und diese daher ein gewisses Hindernis bildeten. Nur die Beschreibung der „besonderen Kennzeichen" wurde noch in Abkürzungen ausgeführt, um Raum zu ersparen, d. h. auf einen kleinen Raum möglichst viele derartige Kennzeichen (z. B. die Beschreibung von Tätowierungen oder Narben) notieren zu können. Manche Abkürzungen in Zeichenform haben sich im internationalen Polizeiverkehr eingebürgert und behalten somit erst recht ihre Allgemeinbedeutung, selbst wenn sie da und dort zeitweise vernachlässigt werden sollten.

Bei der Beschreibung wird zunächst die Augenklasse, d. h. die Farbe der Augen, festgestellt, sodann die Gesichtsfarbe und die Beschreibung der Kopf- und Barthaare angeschlossen. Hierauf geht man zu der eigentlichen Gestaltsbeschreibung über und beginnt mit der Stirn, dann folgt die Beschreibung der Augen und ihrer Umgebung, die Beschreibung der Nase, des rechten Ohrs; dann kommen die Lippen, der Mund, das Kinn, der Hals, die Schultern, Arme, Hände, Beine, Gang, Körperumfang, schließlich die besonderen Kennzeichen in der Rubrik „Bemerkungen", wo auch Auffälliges von den Gewohnheiten oder der Kleidung des Menschen zu vermerken wäre.

a) Verzeichnis der Abkürzungen, nach Merkmalen geordnet.

Die Stirn (= *S*).

Augenbogen	*Abg*	senkrecht, vertikal	*vert* oder |
Neigung	*ng*	vorstehend, vorspringend	*vs*
Höhe	*Hh*	Sinus, Stirnbogen	*Sin*
Breite	*Br*	Stirnhöcker	*Sh*
schräg	\		

Die Nase (= *N*).

Nasenwurzel	*Nw*	Wurzeltiefe	*Wzt*
Nasenflügel	*Nf*	Rücken	*rk*
Nasenloch	*Nl*	Grundlinie (od. Basis)	*gdl* od. *bas*
Nasenscheidewand	*Nsch*	Vorsprung	*Vs*

eingebogen	(
geradlinig	*gl*
gebogen	)
winklig gebogen	⌉
wellig, wellenförmig	*wl*
aufwärts	*afw*
abwärts	*abw*
waagrecht, horizontal	*hor* od. —
höckerig	*hög*

Das Ohr (= *Or*).

Leiste	*Lst*
Anfangsteil	*A*
Obere Ohrleiste	*O*
Hintere Ohrleiste	*H*
Öffnung	*Oe*
offen	*of*
geschlossen	*gs*
Ohrläppchen	*Ol*
Umriß	*umr*
zwickelförmig	V
rechtwinklig	∟
halbgetrennt	*ht*
freihängend	*fh*
behaart	*bh*
durchlocht	*drchl*
durchrissen	*drchr*
viereckig	□
Anwuchs (Ansatz)	*anw (ans)*
verschmolzen	*vsm*
isoliert	*is*
durchfurcht, gefurcht	*df*
eben	*eb*
flach	*fl*
Tragus	*trag*
Antitragus	*atrag*
Profil	*pf*
ausgehöhlt	*ah*
gerade	*ge*
vorspringend	*vs*
Gegenleiste	*Glst*
vorgewölbt	*vg*
oval	*ov*
rund	*rd*
Abstehen des Ohres	*abst (Or)*
weit	*wt*
unten oder oben eng anliegend	*u* oder *o anlig*
Ohrmuschel	*Om*
Falte	*Fl*
Darwinscher Knoten	*DK*
,, Vorsprung	*DVs*
Darwinsche Erweiterung	*DErw*

Das Auge (= *A*).

Augapfel	*Aa*
tiefliegend	*tflgd*
nach innen oder außen schielend	*i* oder *a schil*
Iris	*Ir*
Abweichende Färbung	
der rechten Iris	*Ir r aw*
der linken Iris	*Ir lk aw*
Augenlid[1]	*Al*
unbehaart	*ubh*
Augenschlitz, -öffnung	*Oe*
Gestalt d. Oberlides	*gst. o. Al.*
Pigmentfarben:	
pigmentlos oder blau	*(I)*[2]
gelb, gelblich	*gb (II)*
rotgelb	*rtgb (III)*
nußbraun	*nbn (IV)*
kastanienbraun	*kbn (V)*
schwarzbraun	*szbn (VI)*
dunkel	*dl*
hell	*hl*
Augenzwischenraum	*Azwr*
Augenwinkel	*Aw*
Augenhöhle	*Ah*

---

1) *Al bdk, ubdk* = Augenlid bedeckt, unbedeckt.
2) Zahl der Augenklasse.

Augenbrauen (= *Ab*).

niedrig	*nd*	eng beisammen	*eg*
hoch	*hh*	zusammengewachsen	*zgw*
schräg aufwärts	/ *afw*	weit getrennt	*wt*
„ abwärts	\ *abw*	stark behaart	*bh*
bürstenförmig	*bürst*	sehr dünn	$\underline{\overline{dn}}$
pinselförmig	*pins*		

Die Lippen[1]) (= *Lp*).

Oberlippe	*Olp*	dünn	*dn*
Unterlippe	*Ulp*	dick	*dk*
Hasenscharte	*Hsch*	herabhängend	*hgd*
Furche, durchfurcht	*df*	aufgeworfen	*afgw*
schmal	*sm*		

Der Mund (= *M*).

offen	*of*	abwärts gebogen	*Mw* ⌣
zusammengekniffen	*zgk*	Oberzähne unbedeckt	*Oz ubdk*
Mundwinkel	*Mw*	Oberzähne vorstehend	*Oz vs*
aufwärts gebogen	*Mw* ʃ	Unterzähne	*Uz*

Das Kinn (= *K*).

flach	*fl*	Doppelkinn	*Dpk*
vorgewölbt	*vg*	spitz	*sp*
zurückweichend	*zkw* oder /	abgeplattet	*pl*
vorspringend	*vs*	Querfalte	*df* —
Grübchen	*Grb*	Senkrechte Furche	*df* |

Der Kopf (= *Kpf*).

Prognathisch	*pro*	kreiselförmig	*kreisl*
orthognathisch	*ort*	rautenförmig	*raut*
zurückweichend	*zkw* od. /	biconcav	*bic*
halbmondförmig	*hmdf*,)	Spitzkopf	*sp*
rund	*rd* oder ○	Tartarenkopf	*tart*
viereckig	□	schiffskielförmig	*kil*
rechteckig	*rek*	flacher Hinterkopf	*fHk*
pyramidenförmig	*pyram*	vorgewölbter „	*vgHk*

Das Gesicht (= *G*).

Pigment	*Pigm*	krank	*kk*
Blutmenge	*Bltm*	blaß	*bl*

[1]) Wenn die Besonderheiten der Lippen, des Mundes und Kinnes wegen eines vorhandenen Bartes nicht festgestellt werden können, wird dies vermerkt: „durch Bart verdeckt“.

gebräunt . . . . *gbrä*
picklig . . . . *pik*
Pockennarben . . . . . *Pk*
Sommersprossen . . . . *Ssp*
Backenknochen weitgetrennt . . . . *Bk wt*
Backenknochen eng zusammen . . . . . . *Bk eg*
hohles Gesicht (eingefallene Backen)[1] . . *hol*

Kinnladen (Kiefer) weit getrennt . . . *Kl (Kif) wt*
Kinnladen (Kiefer) eng zusammen . . . . . *Kl eg*
Unterkiefer . . . . *Ukf*
Gesichtsprofil . . . . . *Gpf*
Stirn-Nasenprofil . . . *s/n*
Nasen-Mundprofil . . . *n/m*
Schläfe . . . . *Schl*
Jochbein . . . . *Jochb*

Haare und Bart.

blond . . . . *b*
braun . . . . *bn*
schwarz . . . . *sz*
rot . . . . *rt*
grau . . . . *gu*
weiß . . . . *ws*
weich . . . . *wh*
steif . . . . *sf*
struppig . . . . *st*
glatt . . . . *ga*
wellig . . . . *wl*
gepflegt . . . . *gf*
Glatze . . . . *Gl*
Backenbart . . . . . . *Bb*
Kinnbart . . . . *Kb*

Knebelbart . . . . *Kbb*
Vollbart . . . . *Vb*
Schnurrbart . . . . . . *Sb*
Spitzbart . . . . *Spb*
Fliege (Mücke) . . . . *Fli*
Kotelettenbart . . . . . *Kot*
Ohrenbart . . . . *Orb*
Schnurrbart aufwärts *Sb afw*
Schnurrbart kurz geschn. *Sb kz*
Amerikanischer Backenbart . . . . *Am*
Österreichischer Backenbart . . . . *Öst*
Russischer Backenbart . *Rus*
Perücke . . . . *Per*

Der Hals (= *Hs*).

kurz . . . . *kz*
lang . . . . *l*

Kehlkopf vorspringend . *Kk vs*
Kropf . . . . *Krf*

Besondere Kennzeichen:

Narbe (= *n*), **Muttermal** (= *Mm*), **Leberfleck** (= *Lf*), **Warze** (= *W*).

Form:

geradlinig . . . . *gl*
wellig . . . . *wl*
kreisrund . . . . . . *rd* od. ○
oval . . . . *ov*
kreuzförmig . . . . . . ×
dreieckig . . . . △
viereckig . . . . □
winkelig . . . . ∢

sternförmig . . . . . . *stf*
unförmig . . . . *uf*
gezackt . . . . *gz*
konkav nach oben . . *cav* ʃ[2])
,, ,, unten . . ,, ɩ
,, ,, innen . . ,, *i*
,, ,, außen *cav a* (od. ε)
,, ,, vorn . . *cav* ∝
,, ,, hinten . . ,, ɔ○

[1]) Unsymmetrisches G = *us*.
[2]) Oder besser gebogen (statt konkav), abgekürzt: *gbo*.

b) Alphabetisches Verzeichnis der Abkürzungen.

Abkürzung	Bedeutung	Abkürzung	Bedeutung
A	Auge und Anfangsteil	*Br*	Breite
	(beim Ohr)	*br*	breit
a	außen, äußere, auswärts[1]	*bu*	blau
Aa	Augapfel	*bwg*	beweglich
Ab	Augenbrauen	*bürst*	bürstenförmig
abst	Abstand, Abstehen		
abw	abwärts	***cav***	concav
afgw	aufgeworfen	*cm*	Centimeter
afw	aufwärts		
Abg	Augenbogen	***D***	Daumen
Ah	Augenhöhle	*df*	durchfurcht, gefurcht
ah	ausgehöhlt	*dg*	durchgehend
Al	Augenlid	*DK*	Darwinscher Knoten[2]
Am	amerikan. Backenbart	*dk*	dick
amp	amputiert	*dl*	dunkel
anlig	anliegend	*dn*	dünn
ans	Ansatz	*Dpk*	Doppelkinn
anw	Anwuchs	*drchl*	durchlocht
Ar	Arm	*drchr*	durchrissen
atrag	Antitragus, untere Ohr-		
	klappe	***eb***	eben
Aus	Ausschnitt	*Eb*	Ellenbogen
aw	abweichend	*eg*	eng, eng zu-, beisammen
Aw	Augenwinkel	*Eg*	Ellenbogengelenk
Azwr	Augenzwischenraum		
		F	Finger
b	blond	*fl*	flach
bas	Basis	*fal*	herabfallend
Bb	Backenbart	*fh*	freihängend, golfförmig
bdk	bedeckt	*Fl*	Falte
bes	Besonderheiten	*Fli*	Fliege (Mücke beim Bart)
bh	behaart	*Flk*	Flecken
bharg	Behaarung	*Fs*	Fuß
bic	biconcav		
bl	blaß	***G***	Gesicht
Bk	Backenknochen	*g*	ganz (und Gelenk)
Bltm	Blutmenge	*ga*	glatt
Bn	Brandnarbe	*gb*	gelb, gelblich
bn	braun	*gbo*	gebogen

[1]) Auch ε bezeichnet.
[2]) DVs (DErw) = Darwinscher Vorsprung (D. Erweiterung).

Abkürzung	Bedeutung	Abkürzung	Bedeutung
gbr	gebrochen	*Kb*	Kinnbart
gbrä	gebräunt	*Kbb*	Knebelbart
gd	Glied	*kbn*	kastanienbraun
gdl	Grundlinie	*Kf*	Kleinfinger
ge	gerade	*Kif*	Kiefer
gst	Gestalt	*kil*	kielförmig
gf	gepflegt	*Kot*	Kotelettenbart
Gl	Glatze	*Kk*	Kehlkopf
gl	geradlinig	*kk*	krank
glkt	gelockt	*Kl*	Kinnlade
Glst	Gegenleiste, Antihelix	*Kn*	Knöchel
gn	grün	*Kpf*	Kopf
Gr	Größe	*kr*	krumm
gr	groß	*kreisl*	kreiselförmig
Grb	Grübchen	*Krf*	Kropf
gs	geschlossen	*ks*	kraus, gekräuselt
gt	getrennt	*kz*	kurz
gtlt	geteilt		
gu	grau	***L***	Länge
gz	gezackt, gezähnt	*l*	lang
		Lf	Leberfleck
H	Hand (und hintere Ohrleiste = Helix)	*lgd*	liegend
		lk	links, linke
Hbkr	Halbkreis	*Lp*	Lippe
Hg	Handgelenk	*Lst*	Leiste, Ohrsaum, Helix
hgd	hängend		
hh	hoch, *Hh* = Höhe	***M***	Mund
Hk	Hinterkopf	*m*	mittel, mitten
hkf	hakenförmig	*Mf*	Mittelfinger
hl	hell u. halblang	*Mm*	Muttermal
hmdf	halbmondförmig	*mm*	Millimeter
hög	höckerig	*mr*	mehrere
hor	horizontal (waagrecht)	$\underline{mr}$	zahlreich
Hs	Hals	*Mw*	Mundwinkel
Hsch	Hasenscharte		
ht	halbgetrennt	***N***	Nase
		n	Narbe
i	innen, innere, einwärts	*nbn*	nußbraun
Ir	Iris	*nd*	niedrig
Jochb	Jochbein	*Nf*	Nasenflügel
		ng	Neigung
K	Kinn	*Nl*	Nasenloch
k	klein	*n/m*	Nasen-Mundprofil

Abkürzung	Bedeutung	Abkürzung	Bedeutung
Nsch	Nasenscheidewand	*Sch*	Schulter
Nw	Nasenwurzel	*schf*	schieferfarbig, schieferblau
O	Obere Ohrleiste	*schil*	schielend
o	oben, obere	*Schl*	Schläfe
Ofl	Oberfläche	*sf*	steif
Oz	Oberzähne	*Sh*	Stirnhöcker
Oe	Öffnung	*Sin*	Sinus, Stirnbogen
Öst	österreich. Backenbart	*sm*	schmal
of	offen	*s/n*	Stirn-Nasenprofil
Ol	Ohrläppchen	*Sp*	Spitze
Olp	Oberlippe	*Spb*	Spitzbart
Om	Ohrmuschel	*sp*	spitz, Spitzkopf
Or	Ohr	*Ssp*	Sommersprossen
Orb	Ohrenbart	*str*	struppig
ort	orthognathisch	*stf*	stern-, strahlenförmig
ov	oval	*sz*	schwarz
Per	Perücke	*tat*	tätowiert, Tätowierung
pf	Profil	*tart*	Tartarenkopf
pik	picklig	*tf*	tief
pins	pinselförmig	*trag*	Tragus
Pk	Pockennarben, Pocken		
pl	platt, abgeplattet	**u**	unten, untere
pro	prognathisch	*Uar*	Unterarm
Pt	Punkt	*ubdk*	unbedeckt
pyram	pyramidenförmig	*ubh*	unbehaart
		uf	unförmig
r	rechts, rechte	*ug*	umgebogen
raut	rautenförmig	*Ukf*	Unterkiefer
rd	rund, kreisrund	*Ulp*	Unterlippe
rek	rechteckig	*umb*	Umbiegung
Rf	Ringfinger	*umr*	Umriß
richt	Richtung	*us*	unsymmetrisch
rk	Rücken	*Uz*	Unterzähne
rklf	zurücklaufend		
rt	rot	**v**	voll
Rus	russischer Backenbart	*Vb*	Vollbart
		vb	verbunden
S	Stirne	*vert*	vertikal
s	stark	*vex*	convex
Sb	Schnurrbart	*vg*	vorgewölbt, vorgebogen
Sbg	Stirnbogen	*vk*	verkrüppelt

Abkürzung	Bedeutung	Abkürzung	Bedeutung
vr	vorragend, hervortretend	□	viereckig
Vs	Vorsprung	○	kreisrund
vs	vorspringend, vorstehend	∪	bogenförmig (beim Ol)
vsm	verschmolzen	∩	,, (b. d. Ab)
		(	eingebogen
W	Warze	)	gebogen, halbmondförm.
wl	wellig, wellenförmig	˥	winklig gebogen
ws	weiß	+ ×	kreuzförmig
wt	weit, weit getrennt	|	senkrecht (vertikal)
Wzt	Wurzeltiefe	||	parallel
		—	waagrecht (horizontal)
Zf	Zeigefinger	⌠	über, oberhalb
zgk	zusammengekniffen	⌡	unter, unterhalb
zgw	zusammengewachsen	ε	außen, auswärts
zgz	zusammengezogen	╲	schräg
zkw	zurückweichend	╱	zurückweich., einwärts
zw	zwischen	V	zwickelförmig
∟	rechtwinklig	∝	vorn, vor, vorwärts
∢	winklig	ɸ	hinten, hinter, rückwärts
△	dreieckig	ø	fehlt, fehlend

B. Die Anwendung des Signalements in der Praxis.

1. Das Ausfüllen der Vordrucke der Personenbeschreibung.

Bei den für die Personenbeschreibung zu verwendenden Vordrucken hat man zwei Hauptgruppen zu unterscheiden: einmal die für den inneren Dienstgebrauch bestimmten, mehr oder weniger ausführlichen Vordrucke, sodann die für Anzeigen nach Angaben von Zeugen, Verwandten oder Bekannten des Gesuchten oder Vermißten zu verwendenden Vordrucke. Im ersteren Falle hat der Beamte die zu beschreibende Person vor sich, z. B. bei der Verhaftung, und kann daher eine möglichst genaue und sorgfältige Beschreibung aufzeichnen, um sie mit Erfolg in späteren Fällen zur Vergleichung und Identifizierung des seine Persönlichkeit Leugnenden heranziehen zu können. Im zweiten Falle wird es sich in der Regel um eine lückenhafte Beschreibung handeln, so daß sich hier auch keine sehr ausführlichen Vordrucke empfehlen. Nur im Falle der Beschreibung der Leiche eines unbekannten Toten ist Gelegenheit gegeben, ebenfalls eine möglichst genaue Beschreibung aufzunehmen, was sogar für die spätere Identifizierung eines Vermißten dringend erforderlich ist.

Es folgt nunmehr die Wiedergabe der bei der Reichszentrale Berlin (LKP-Amt) und den ihr unterstellten Polizeiverwaltungen eingeführten Vordrucke der Personenbeschreibung.

a) Die Beschreibung der daktyloskopierten Person.

Bei der Aufnahme der Fingerabdrücke ist auf der Rückseite des Fingerabdruckblattes (des LKP-Amts in Berlin) der nachstehende Vordruck enthalten, der beim Daktyloskopieren auszufüllen ist.

Beschreibung.

(Die zutreffenden Angaben sind zu unterstreichen.)

1. Größe: .... m .... cm
2. Gestalt: (stark, untersetzt, schlank, schwächlich).
3. Kopfform: (Kreisel-, Rauten-, Pyramidenform, doppelt eingebogen, unsymmetrisch, viereckig, oval, rechteckig, hohe Form, breite Form).
4. Schulterneigung: (schräg, waagerecht).
5. Gesicht: (Farbe, Fülle).
   ....
6. Stirn: (sehr hoch, sehr niedrig, zurückweichend, senkrecht, vorspringend).
7. Haar: (Farbe: hell-, mittel-, dunkelblond, -braun, schwarz, rot, grau, graugemischt, weiß).
8. Bart: (Farbe: hell-, mittel-, dunkelblond, -braun, schwarz, rot, grau, graugemischt, weiß).
   Form: Schnurr-, Spitz-, Vollbart.
9. Auge: (blau, grau, gelb, hell-, dunkelbraun, schwarzbraun).
10. Augenbrauen: (wenn vom Kopfhaar abweichend, gefärbt):
    ....
    Form: ....
    Fülle: ....
11. Nase: Rücken (eingebogen, geradlinig, ausgebogen, winkliggebogen, wellig).
    Besonderheiten (Vorsprung, sehr groß, sehr klein, sehr dick, sehr spitz, aufgestülpt, schief [nach rechts, links], stark sichtbare oder verdeckte Nasenscheidewand, Adler-, Trinkernase).
12. Ohren: (sehr groß, sehr klein, sehr schmal, drei-, viereckig, rund, oval, abstehend, sehr anliegend).
    Ohrläppchen: (zwickelförmig, rechtwinklig, bogenförmig, freihängend, durchlocht, durchrissen).

13. Mund: (sehr klein, sehr groß, dünne Lippen, aufgeworfene Lippen).

14. Zähne: (vollständig, lückenhaft, auffallend groß oder klein, schräg gestellt, falsches Gebiß oben oder unten, Füllungen).

15. Kinn: (stark zurückweichend oder vorspringend, spitz, breit, Doppelkinn, gespaltenes Kinn, Grübchen).

16. Hände und Füße: ....
(wenn besonders groß oder klein).

17. Gang und Haltung: ....
(wenn besonders auffallend).

18. Sprache: ....
(Mundart, fremde Sprache, stotternd, lispelnd, auffallend tiefe oder helle Stimme).

19. Besondere Kennzeichen:
(ins Auge fallende Eigenheiten: Narben, Leberflecke, Muttermale, X- oder O-Beine, Verkrüppelungen, Tätowierungen usw.).

Diese Beschreibung steht auf der Rückseite des Fingerabdruckblattes rechts, während links folgender Vordruck auszufüllen ist:

Aktenzeichen: ....

Familienname: ....

Vornamen: ....
(Rufname unterstreichen)

Geburtstag, -monat und -jahr: ....

Geburtsort: ....

Verwaltungsbezirk (Kreis): ....

Staat: ....

Familienstand, ob ledig, verheiratet, verwitwet, geschieden ....
(Vor- u. Zunamen, Wohnung der Ehegattin) ....

Letzter Wohnort, Gemeinde: ....

Staatsangehörigkeit: ....

Glaubensbekenntnis: ....
(auch früheres)

Rasse: ....

Stand (Beruf, Gewerbe): ....

Vorbestrafungen: ....

Vor- und Zuname des Vaters: ....

Wohnung: ....

Vor- und Zuname der Mutter: ....
(auch Geburtsname)

Wohnung: ....

Name und Wohnung sonstiger Auskunftspersonen: ....

(Falls Eltern verstorben oder deren Wohnung unbekannt) ....

Bemerkungen: ....

Fingerabdrücke sind am .... in ....

wegen .... genommen.

Persönlichkeit steht — nicht — einwandfrei fest, weil ....

Ermittelungen zur Feststellung sind — nicht — eingeleitet.

Eine zweite Ausfertigung des Fingerabdruckblattes[1]) ist der LKP.-Stelle in .... für die Einzelfingerabdrucksammlung mit Vordruck LKP. 12 übersandt worden.

Unterschrift: ....

Amtsbezeichnung: ....

Eigenhändige Unterschrift der Person:

....

Nach dieser Beschreibung werden dann die sogenannten Fahndungskarten ausgefüllt, eine besondere Abteilung des Verbrecheralbums in Kartenform. Diese zusammenlegbaren Karten enthalten außer der Beschreibung eine dreiteilige Abbildung des Daktyloskopierten und werden alphabetisch geordnet aufbewahrt, um sie im Bedarfsfalle an die Kriminalbeamten auszugeben, die nach dem Bild und der Beschreibung gesuchte Personen zu ermitteln haben. Für männliche und weibliche Verbrecher sind verschiedene Farben der Karten gewählt worden[2]).

---

[1]) Nur bei gewerbs- und gewohnheitsmäßigen Einbrechern, bei Räubern, Erpressern, Hotel-, Museums-, Autodieben und den Personen, die gegen die Verordnung des Reichspräsidenten vom 30. 10. 1932, betr. die widerrechtliche Benutzung von Kraftfahrzeugen verstoßen haben, sowie von allen Personen, die verdächtig sind, zu diesen Verbrechergruppen zu gehören.

[2]) Der oben wiedergegebene Vordruck der Beschreibung entspricht auch in der Hauptsache dem durch Erlaß des preußischen Ministers

b) Die Beschreibung Vermißter und unbekannter Toter.

Der Runderlaß des Reichs- u. Preuß. Min. d. I. vom 20. Sept. 1936 regelt die Neuordnung der staatlichen Kriminalpolizei und begründet — ab 1. Oktober 1936 — u. a. die „Reichszentrale für Vermißte und unbekannte Tote" beim LKP.-Amt in Berlin. Die Anzeigeaufnahme hat auf vorgeschriebenen Vordrucken zu erfolgen (LKP. 2 bzw. LKP. 3). Alle vorgedruckten Fragen sind möglichst genau und vollständig zu beantworten, wobei gute Beschreibung von Person, Leiche und Kleidung die Hauptsache ist. Die örtlichen Polizeiverwaltungen haben bei Anzeigen über Vermißte, wenn der begründete Verdacht eines Unglücksfalles oder beabsichtigten oder begangenen Selbstmordes besteht, und beim Auffinden unbekannter Toter alle zweckdienlichen Ermittlungen anzustellen[1]) und jede Aufklärung zu versuchen. Keine mit der Aufklärung von Vermißtensachen befaßte Dienststelle darf vergessen, daß Vermißte oft genug schon als Opfer eines Mörders entdeckt worden sind, so daß die Bearbeitung von Vermißtenanzeigen mit größter Umsicht und Gewissenhaftigkeit erfolgen muß. Aber auch die Verwalter der Vermißtenkarteien müßten durch kurze Vermerke über den vermutlichen Grund des Verschwindens Gelegenheit erhalten, die Vermißtenmeldungen nicht bloß vom polizeitechnischen Gesichtspunkte aus zu betrachten und zu behandeln. Sind die Ermittlungen ergebnislos geblieben, so ist spätestens nach 1 Woche (auf Vordruck LKP. 3) an die zuständige LKP.-Stelle Meldung zu erstatten; nachträgliche Ermittlungsergebnisse (auf LKP. 6 = Vordruck) an LKP.-Stelle. Besonderer Wert ist auf genaue Angabe des Zeitpunktes zu legen, seit wann der Vermißte verschwunden, oder wann der unbekannte Tote aufgefunden, d. h. wann vermutlich der Tod eingetreten ist, da die Merkkarten nach dieser Zeitfolge geordnet werden. Soweit möglich, sind Lichtbilder der Vermißten oder der Toten, ferner Stoffproben der Bekleidung und Fingerabdrücke der Toten mit einzusenden. Die Sammelstelle dient nur als Auskunftsstelle. Die Angaben der eingehenden Anzeigen werden bei ihr auf Kartenblätter nach besonderen Merkmalen aufgetragen, die neue Karte wird mit den in der Kartensammlung vereinigten, zur Feststellung der Persönlichkeit des Vermißten, bzw. des Toten bereits vorhandenen Karten verglichen

des Innern vom Februar 1906 bei den preußischen Polizeiverwaltungen eingeführten Vordruck für die bei Straf- oder Vermißtenanzeigen aufzunehmende Personenbeschreibung.

[1]) Bei Berufsorganisationen, in Bekannten- und Verwandtenkreisen, in Asylen, Herbergen, Fremdenheimen, Krankenhäusern, beim Wohlfahrts- und Jugendamt, in bestimmten Gast- und Versammlungslokalen usw. zurückgelassene Sachen sind genau durchzusehen und auf Anhaltspunkte zu prüfen.

und der Sammlung einverleibt, falls sich dies bei Identifizierung vermißt gemeldeter Personen mit den bereits in der Sammlung enthaltenen Totenkarten nicht erübrigt.

Bei erfolgter Identifizierung oder anderweitiger Erledigung erhält die anzeigende Polizeibehörde Nachricht. Sämtliche Fahndungsersuchen sind zu widerrufen, bei gleichzeitiger Meldung an die LKP.-Stelle[1]).

Zur Anzeige über die Auffindung eines unbekannten männlichen oder weiblichen Toten ist ein Vordruck zu verwenden, der folgende Beschreibung vorsieht:

Nachricht

a) über eine vermißte $\frac{\text{männliche}}{\text{weibliche}}$ Person

b) über eine aufgefundene Leiche $\frac{\text{männlichen}}{\text{weiblichen}}$ Geschlechts

Das Nichtzutreffende ist zu durchstreichen!

Kurzer Tatbestand:

zu a) Vermißt in .... seit dem ....
(Ort, Kreis, Provinz) (Tag, Monat, Jahr)

Vor- und Zuname (bei Frauen auch Geburtsname)

....

Beruf: .... Geb. am .... zu .... Kreis ....

Letzter Aufenthalt: ....

Mutmaßlicher Grund des Verschwindens: ....

....

Name der Eltern oder Angehörigen: ....
bez. des Ehegatten

zu b) Aufgefunden in .... am ...., ...Uhr

Vermutliche Todesursache: ....

Vorgefundene Verletzungen: ....

Vermutlicher Eintritt des Todes: ....

Anscheinendes Alter: ....

Welchem Beruf vermutlich angehörend ....

Bemerkung: Photographiert? ....

Daktyloskopiert? ....

[1]) Näheres im Heft Nr. 32 „Landeskriminalpolizei" (Verlag Kameradschaft in Berlin, W 35) und in Holters-Fleischer, Die LKP.-Vorschriften (3. Aufl. Berlin 1935). Infolge der Vereinheitlichung der staatl. Kriminalpolizei in ganz Deutschland sind auch gleiche Vorschriften und Vordrucke zu erwarten.

Personenbeschreibung:

(Die zutreffenden Angaben sind zu unterstreichen!)

Anscheinendes Alter: ....

Größe (in cm): ....

Gestalt: (stark, untersetzt, schlank, schwächlich, Buckel, breitschultrig, rechte, linke Schulter höher).

Kopfform: (Kreisel-, Rauten-, Pyramidenform, doppelt eingebogen, unsymmetrisch, viereckig, oval, rechteckig, hohe Form, breite Form).

Kopfhaar:

Farbe: (hell-, mittel-, dunkelblond, braun, schwarz, rot, grau, graugemischt, weiß).

Wuchs (dicht, dünn, glatt, wellig, gelockt, kraus, struppig).

Form (lang, kurz, Scheitel rechts, links, in der Mitte, ungescheitelt, hintenübergekämmt, bürstenförmig hochstehend).

Besonderheiten (sehr dicht, sehr dünn, struppig, völlige Kahlheit, Stirnglatze, Wirbelglatze, durchgehende Glatze, Perücke, Haarbüschel von verschiedener Farbe, auffällige Haarkrankheit. — Bubikopf, Herrenschnitt, Pagenkopf, Haarschopf, Tituskopf, Zopf [natürlich, lose — eingeflochten]).

Bart:

Farbe (hell-, mittel-, dunkelblond, braun, schwarz, rot, grau, graugemischt, weiß).

Form und Fülle (glatt rasiert, Milchbart, lang oder kurzgeschnittener Schnurrbart, spitzer oder unbeschnittener Vollbart, Backenbart mit ausrasiertem Kinn, Kinnbart, Ohrbärtchen, Fliege, Krausbart mit rasierter Oberlippe).

Gesicht:

Farbe (auffallend bleich, gebräunt, gelb, rot, sommersprossig, picklig, Pockennarben).

Form (rund, oval, eckig, vorstehende Backenknochen, ungleiches, schiefes Gesicht).

Fülle (sehr voll, eingefallen, Wangengrübchen, auffallende Falten [wo?]).

Stirn: (sehr hoch, sehr niedrig, zurückweichend, senkrecht, vorspringend).

Augen:

Farbe (blau, grau, gelb, hellbraun, dunkelbraun, schwarzbraun).

Besonderheiten (verschiedenfarbig, Glotzaugen, tiefliegend, schielend, herabhängendes Oberlid, Tränensäcke, rechtes, linkes Auge fehlend, blind, Glasauge, nervöses Zwinkern,

Brille[1]), Kneifer, Einglas [links oder rechts] kurzsichtig, weitsichtig).

Augenbrauen:

Farbe (wenn vom Kopfhaar abweichend, gefärbt).

Form und Fülle (schräg nach oben, unten, waagerecht, bogenförmig, geradlinig, wellenförmig, zusammengewachsen, schief nach einwärts oder auswärts, buschig, spärlich).

Nase:

Rücken (eingebogen, geradlinig, ausgebogen, winklig gebogen, wellig).

Besonderheiten (Vorsprung, sehr groß, sehr klein, sehr dick, sehr spitz, aufgestülpt, schief [nach rechts oder links], stark sichtbare oder verdeckte Nasenscheidewand, Adlernase, Trinkernase).

Ohren: (sehr groß, sehr klein, sehr schmal, dreieckig, viereckig, rund, oval, abstehend).

Besonderheiten des Ohrläppchens (zwickelförmig, rechtwinklig, bogenförmig, ganz angewachsen, durchlocht, durchrissen, fehlend).

Mund: (sehr klein, sehr groß, breite, schmale, sehr wulstige Lippen, stark vorstehende Ober-, Unterlippe, schiefer Mund, Hasenscharte).

Zähne: (auffallend weiß, gelb, schwärzlich, vollständig, lückenhaft, auffallend groß oder klein, schräg gestellt, vorstehende Schneidezähne, Füllungen, Kronen, künstliches Gebiß).

Kinn: (stark zurückweichend oder vorspringend, senkrecht, spitz, breit, Doppelkinn, gespaltenes Kinn, Grübchen).

Arme: (sehr lang, sehr kurz, sehr behaart, Fehlen des rechten oder linken Armes, Steifheit, Verkrüppelung).

Hände: (sehr groß, sehr klein, sehr behaart, gepflegt, abgearbeitet, Fehlen der rechten oder linken Hand, Steifheit, Verkrüppelung oder Fehlen einzelner [welcher]? Finger oder Fingerglieder.

Beine: (sehr lang, sehr kurz, Fehlen des linken oder rechten Beines, X- oder O-Beine, Verkrüppelungen).

Füße: (sehr groß, sehr klein, auffällige Plattfüße, Fehlen des linken oder rechten Fußes, einzelner [welcher?] Zehen, Verkrüppelung).

Gang und Haltung des Vermißten (wenn besonders auffallend):

---

[1]) Man achte auch auf dadurch entstehende Druckspuren an der Nasenwurzel.

Sprache des Vermißten: (Mundart, fremde Sprache, stotternd, lispelnd, auffallend tiefe oder hohe Stimme, stumm).

Tätowierungen: (Was stellen sie dar?)
(Die Glieder, an denen sich solche befinden, besonders aufführen; beschreiben nach Lage, Länge, Breite, Farbe und dem dargestellten Bilde).

Weitere besondere Kennzeichen: (Form und Lage genau angeben?)
(Warzen, Narben, Leberflecke, Muttermale, sichtbare Krankheiten und andere ins Auge fallende Einzelheiten).

Bekleidung: (Nähere Angaben über Form, Stoffart und Farbe).

(männliche)	(weibliche)
Kopfbedeckung:	Kopfbedeckung: ....
Überzieher:	Mantel: ....
Rock:	Jackett: ....
Jackett:	Jackenkleid: ....
Weste:	Kleid: ....
Oberbeinkleid:	Rock: ....
Unterbeinkleid:	Bluse: ....
Wäsche:	Unterrock: ....
Wäschezeichen:	Unterwäsche: ....
Kragen:	Wäschezeichen: ....
Krawatte:	Strümpfe: ....
Strümpfe:	Strumpfbänder: ....
Stiefel oder sonstige Fußbekleidung:	Schuhe oder sonstige Fußbekleidung: ....
Firmenbezeichnung in den Kleidern:	Firmenbezeichnung in den Kleidern: ....
Ist Kleidung neu, abgetragen usw.?	Ist Kleidung neu, abgetragen usw.? ....

Mitgeführte Schmucksachen und Gebrauchsgegenstände: ....

Unterschrift: ....

Amtsbezeichnung: ....

Karteikarte der Vermißtensammlung

(Vordruck LKP. Nr. 5, gelb, Größe 148 × 210 mm)

Besondere Kennzeichen: Tätowierungen:	Wäschezeichen:	Tag des Verschwindens[1] / der Erstattung der Anzeige:

Vor- und Zuname:[2]		Geboren am:[3] in:	
Stand oder Gewerbe:[2]	Wohnung:[2]		
Größe:	Nase:	Kopfbedeckung:	Überzieher oder Mantel:
Gestalt:	Ohren:	Rock:	Jackett:
Kopfform:	Mund:	Jackett:	Jackenkleid:
Haar- Farbe: Haar- Fülle:	Zähne:	Weste:	Kleid:
Bart- Farbe: Bart- Form	Kinn:	Oberbeinkleid:	Rock: Bluse:
Gesichts- Farbe: Gesichts- Form:	Hände und Füße:	Unterbeinkleid:	Unterrock:
Stirn:	Beine:	Wäsche:	Unterwäsche:
Augen:	Gang und Haltung:	Kragen: Krawatte:	Strümpfe: Strumpfbänder:
Augenbrauen { Farbe: Augenbrauen { Form:	Sprache:	Stiefel oder sonstige Fußbekleidung:	
Behörde: Aktenzeichen:	KPBl.	Firmenbezeichnung in den Kleidern:	
		Mitgeführte Schmucksachen und Gebrauchsgegenstände:	

[1] Bei der Karte für unbekannte Tote — Farbe hellblau — enthält der Vordruck hier: „Tag der Auffindung".
[2] Karte für unbekannte Tote: Vermutlicher Stand oder Gewerbe: . . . Ungefähres Alter: . . . .
[3] Karte für unbekannte Tote: „Aufgefundene Leiche": Fundort: . . . Verunglückte Person: . . . Unterbringungsort: . . .

Beim Auffinden von Leichenteilen versucht der Gerichtsarzt, aus der Beschaffenheit und Größe der Knochen Schlüsse auf Geschlecht, Alter und Körpergröße zu ziehen. Ein Beispiel der ihm zur Verfügung stehenden Hilfsmittel zeigt die nachfolgende Aufstellung der Durchschnittsmaße der Skelettknochen, wie sie in Vierordts anatomischen Daten und Tabellen enthalten sind[1]):

	Männer cm	Weiber cm
Ganze Skeletthöhe	162—172	151—162
Höhe des Kopfes (Hinterseite)	14	13
Senkrechte Länge der Wirbelsäule	70	68
Länge des Brustbeins	18—20	16—17
Länge des Schlüsselbeins	14,2	13,6
Länge des Schulterblatts	16	14
Breite des Schulterblatts (oben)	12	10
Länge des Oberarms	32	30
Länge der Elle	26	23
Länge der Speiche	24	22
Länge der Hand	20	18
Höhe des Hüftbeins	22	19
Länge des Oberschenkels	55	43
Länge der Kniescheibe	4	4
Länge des Schienbeins	39	34
Länge des Wadenbeins	37	33
Länge des Fußes	24	22
Höhe des Fußes	7	6

c) Die Beschreibung von Gegenständen.

Die bei einem unbekannten Toten vorgefundenen Kleidungs- und Wäschestücke, sowie Gebrauchsgegenstände sind für die Wiedererkennung von besonderer Wichtigkeit, besonders wenn Körper- und Gesichtsteile starke Veränderungen (Verwesungsspuren) oder unkenntlichmachende Verletzungen aufweisen. Nun wissen wir alle, daß gerade die Beschreibung von Textilstoffen und Gebrauchsgegenständen manchmal großen Schwierigkeiten begegnen, wenn wir den Fachausdruck dafür nicht kennen, oder wenn wir ihn nur dem Namen nach kennen, ihn aber nicht mit einer bestimmten Sache in Verbindung bringen können. Daher hat, wie ich weiß, schon vor vielen Jahren die Münchner Polizeidirektion eine Mustersammlung von Wertgegen-

[1]) A. a. O. finden sich noch weitere derartige Tabellen abgedruckt, die aber nur für den Gerichtsarzt von Wert sind. — Aus „Gerichtsärztl. und polizeiärztl. Technik" von Prof. Dr. Th. Lochte, Wiesbaden 1914, S. 83ff.

ständen in Abbildungen und Bezeichnungen zusammengestellt und sie beim Polizeiunterricht mit gutem Erfolg benutzt. Insofern ist auch die in Vogels „Personenbeschreibung" (S. 108 bis 129) veröffentlichte Darstellung von Bekleidungsgegenständen (nach Bild und Bezeichnung) beachtenswert. Es sind: Hutformen, Stoffarten und -muster, Männer- und Frauenkleidung. Sie gehören aber nicht in ein Lehrbuch, weil sie der ständig wechselnden Mode unterliegen und daher sich nach Form und Namen zu oft ändern. Solche Mustersammlungen gehören vielmehr in die Lehrmittelsammlung[1]) jeder Polizeiverwaltung, die auf eine gediegene Ausbildung ihrer Beamten in der Signalementslehre Wert legt. Die eben erwähnte Darstellung ist übrigens noch recht lückenhaft, weil sie z. B. keine Sammlung und Bezeichnung von Pelzarten[1]) enthält.

Selbstverständlich sind die Stoffmuster und ihre Bezeichnung jederzeit wertvoll für den Unterricht, z. B. muß der Polizeibeamte wissen, wie solche Muster aussehen, die fachmännisch bezeichnet werden: Cord oder Rips, grob oder fein geköpert (mit Streifen oder feinkariert), Zickzack-Köper (mit Streifen oder in Fischgräten oder mit Kettstreifen), Kettstrichmuster, Fischgrat (gestreift), „Pfeffer- und Salz"-Muster usw.

Ganz ähnlich verhält es sich auch bei der Beschreibung von Schmucksachen, die ebenfalls stark der Mode unterworfen sind. Hier möchte ich nur z. B. darauf hinweisen, daß im Oktober 1935 gemeldet wurde, daß jetzt in Deutschland die Benennungen für Edelsteine, Korallen usw. vereinheitlicht worden sind. Die zwischen den beteiligten Wirtschaftskreisen zustandegekommene Vereinbarung hat genaue Begriffsbestimmungen für in der Natur entstandene Steine, für künstliche Steine und für Nachbildungen festgelegt.

Wir wollen es offen aussprechen, daß der Beschreibung von Sachen jeder Art, also nicht nur, soweit sie mit Vermißten oder mit gesuchten Verbrechern, sondern auch mit ihrer geraubten Beute und mit dem von ihnen gebrauchten Werkzeug in Verbindung gebracht wird, viel mehr Bedeutung beim Polizeiunterricht beigelegt werden muß, als bisher. Eine genaue Beschreibung kann, wie auch bei den körperlichen Merkmalen des Menschen, nur dann erfolgen, wenn man den Gegenstand seinem Namen und Merkmalen nach selbst genau kennt. Sicher ist, daß dann auch mit mehr Erfolg beim Fahndungsdienst zu rechnen wäre.

Wie beispielsweise die Taschenuhr als Fahndungs- oder Wiedererkennungsmittel (zwecks Feststellung der Persönlichkeit des unbekannten, weil toten Trägers) mit weit mehr Erfolg als

[1]) Solche Stoff- und Pelzprobensammlungen lassen sich leicht aus Abfällen von einschlägigen Händlern herstellen; im übrigen Bildtafeln aus Katalogen.

bisher herangezogen werden kann und muß, sehen wir aus einer entsprechenden Anregung des Münchener Kriminaloberinspektors H. Feistle[1]). Er unterscheidet, wie das auch meiner Merkmaleneinteilung entspricht, primäre und sekundäre Merkmale. Form und Art der Uhr sind allgemeine, unwesentliche oder sekundäre Merkmale, weil sie im Uhrenhandel sehr häufig auftreten.

Primäre sind dagegen die folgenden besonderen Kennzeichen:

a) Stempel- und Punzierungszeichen,
b) Firmen- und Schutzmarken,
c) Werk- und Gehäuse-Nr.
d) Monogramm, Widmung, Wappen[2]),
e) Abbildungen, besondere Ausstattungen und Beschädigungen,
f) Verkaufs- und Reparaturzeichen und -nummern.

Diese Zeichen finden sich auf der Innenseite oder Außenseite des Innendeckels und im Glasreifen und sind vielfach so fein ausgeprägt, daß sie mit bloßem Auge gar nicht wahrgenommen werden.

Zu a. Stempel- und Punzierungszeichen sind in Deutschland[3]) durch das Ges. vom 16. 6. 1884, betr. Feingehalt der Gold- und Silberwaren, geregelt. Nach der Bekanntmachung des Reichskanzlers vom 7. 1. 1886 und Ausf.-Bestimm. des Bundesrats muß das Stempelzeichen enthalten:

1. Die Reichskrone. — 2. Das Sonnenzeichen (Kreis mit Punkt) für Gold oder Mondsichelzeichen für Silber. — 3. Die Angabe des Feingehalts in Tausendteilen. — 4. Die Firma oder die gesetzliche Schutzmarke des Geschäfts, für das die Stempelung bewirkt ist.

Die Krone muß bei Goldgeräten in dem Sonnenzeichen, bei Silbergeräten rechts neben dem Mondsichelzeichen sich befinden.

Zu b. Die Firmen- und Schutzmarken bestehen aus Buchstaben-, Wort- und Bildmarken[4]).

Zu c. Auf Grund der Werknummer läßt sich gegebenenfalls bei der Herstellerfirma der Eigentümer der Uhr ermitteln. Die Fabrikanten tragen die Werknummern in ihre Geschäftsbücher ein und sind daher in der Lage, festzustellen, wann einem bestimmten Uhrmacher eine Uhr geliefert worden ist, der wiederum an Hand seiner Ein- und Verkaufsbücher nachweisen kann,

---

[1]) S. Krim. Mon. H. 1936 S. 34.

[2]) Auskunft über Wappen gibt die Siebenmachersche Wappensammlung, oder man wendet sich an den Heraldischen Verein in Berlin.

[3]) Vgl. Dr. T. A. Bauer, Die Feingehalts- und Punzierungsvorschriften der wichtigsten Staaten der Erde. (Verlag Wilh. Diebener, Leipzig.)

[4]) Der Uhrmacherkalender (Verlag Diebener, Leipzig) gibt z. T. darüber Auskunft.

an wen er eine bestimmte Uhr verkauft hat. Die Werknummern sind meistens im Innern des Werkes versteckt angebracht. Die Gehäusenummern sind aus dem dem Käufer ausgehändigten Garantieschein zu ersehen. Man kann sie aber auch bei dem Verkäufer feststellen oder demjenigen Uhrmacher, bei dem die

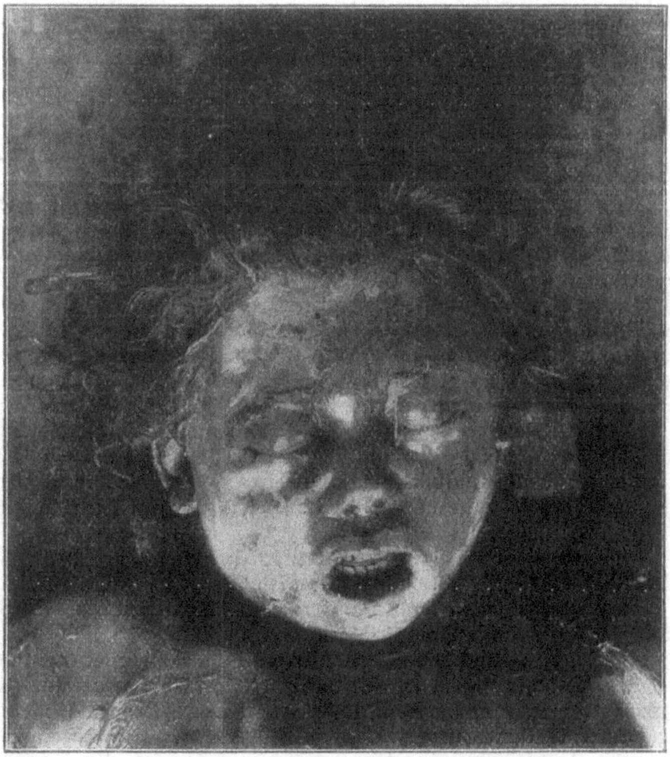

Abb. 63.

Uhr einmal zur Reparatur war, wenn nämlich der Name des Käufers oder Auftraggebers und die Zeit angegeben werden kann.

2. Die Leichentoilette.

In wichtigen Fällen, zu denen selbstverständlich alle Kapitalverbrechen zu zählen sind, spielt die Feststellung unkenntlich gewordener oder gemachter Leichen eine besondere Rolle. Ohne die Persönlichkeit eines Ermordeten festgestellt zu haben, wird es kaum gelingen, das Verbrechen aufzuklären. Daher hat man in der Praxis die sogenannte Leichentoilette eingeführt, die eine Rekonstruktion der vom Täter unkenntlich gemachten (oder z. B. durch langes Liegen im Wasser unkenntlich gewordenen)

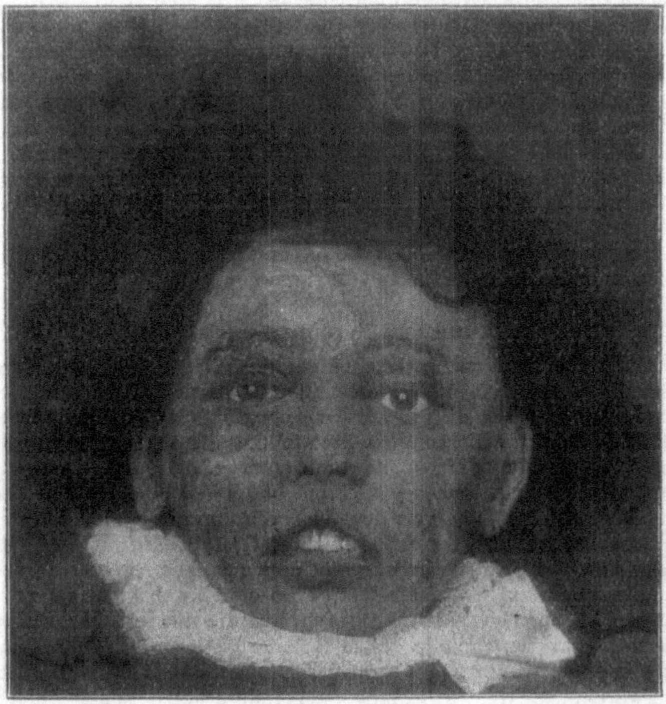

Abb. 64.

Leiche bzw. des Kopfes durch medizinisch-technische und kosmetische Hilfsmittel bezweckt. Die hier beigegebene Abb. 64 zeigt eine gut gelungene Rekonstruktion des Kopfes einer unkenntlich gewordenen Wasserleiche eines im Jahre 1910 in Berlin ermordeten, etwa 20jährigen unbekannten Mädchens (vgl. Abbildung 63). Ich verweise ferner auf den weiteren Berliner Mordfall Heider, der in Niceforo-Lindenau, Die Kriminalpolizei und ihre Hilfswissenschaften (Berlin 1909), Seite 365ff. eingehend und mit Abbildungen versehen dargestellt ist. Dort kann man auch über die bei der Leichentoilette angewendeten Verfahren nähere Aufschlüsse erhalten[1]).

Die Rekonstruktion oder künstliche Wiederbelebung einer entstellten oder unkenntlich gewordenen Leiche bezweckt die Erleichterung der Wiedererkennung durch Zeugen oder Bekannte und Verwandte des Toten, wobei die Kleidungsstücke des Toten, sofern solche überhaupt vorgefunden wurden, eine nicht unwesentliche Bedeutung haben. In weniger aussichtsreichen Fällen kann das rekonstruierte Bild in Bekanntmachungen veröffentlicht werden. Ist schon das Wiedererkennen flüchtig gewordener und festgenommener Täter durch Zeugen und Geschädigte oft sehr schwer und unsicher, so ist dies bei Leichen fast der Regelfall. Selbst Angehörige sind oft nicht in der Lage, ihr totes Familienmitglied bei einiger Entstellung mit Bestimmtheit wiederzuerkennen. Mit um so größerer Vorsicht muß der Beamte bei solchen Wiedererkennungen vorgehen und sie glaubhaft machen lassen, weil nicht nur unbewußte Irrtümer, sondern auch bewußte Täuschungen in der Praxis vorgekommen sind.

3. Die Feststellung von Personen nach dem Lichtbild.

Hier hat man zu unterscheiden: das Wiedererkennen einer abgebildeten Person nach deren Bildnis durch Zeugen und Geschädigte, wie es täglich durch Einsichtnahme in das Verbrecheralbum versucht wird, und die Feststellung der Personenidentität durch Vergleichung eines Bildes mit einer (z. B. festgenommenen) Person oder eines Bildes mit einem anderen Bilde. Im ersteren Falle beruht die Fähigkeit der Wiedererkennung einmal auf der Eindrucksfähigkeit der menschlichen Gestalt, sodann auf der Fähigkeit richtiger Wahrnehmung und geistiger Auffassung des Wiedererkennungszeugen selbst. Dies sind zwei wichtige, psychologisch zu bewertende Faktoren, auf die nur hingewiesen zu werden braucht, um die ganze Schwierigkeit des Problems im allgemeinen, wie auch im besonderen zu erfassen. Durchschnittlich werden, wie die im Anhang mitgeteilten statistischen Zahlen der Erkennungsdienstzentrale in Berlin zeigen, jährlich 20—25% Personen durch Einsichtnahme in das Verbrecheralbum erkannt; daß dabei manche irrtümliche Wiedererkennungen unterlaufen, ist so selbstverständlich, daß dies nicht weiter bewiesen zu werden

---

[1]) Vgl. auch einige Wiedergaben in Heindl, System und Praxis der Daktyloskopie, Berlin 1922, S. 156ff., wo auch drei Abbildungen dazu gebracht werden; ferner vgl. Prof. B. Kenyeres Buch „Sachliche Beweise bei der Klärung von Todesfällen" (Berlin 1935, S. 201, 204f.). In diesem Falle ist das Wiener Moulageverfahren angewendet worden, das zwar eine technisch gute, aber recht unähnlich ausgefallene Kopfrekonstruktion zuwege brachte.

braucht. Doch gewöhnlich entstehen daraus keine schlimmen Folgen, sobald der Irrtum durch ein glaubhaftes Alibi des Wiedererkannten oder durch Gegenüberstellung nachgewiesen werden kann.

Wichtiger ist der zweite Fall der Identifizierung durch Vergleichen von Person mit Bild oder von zwei Bildern (angeblich oder vermutlich) derselben Person. Hierbei kann nur der in der Signalementslehre ausgebildete und durch dauernde praktische Übung im Dienst geschulte Beamte des Erkennungsdienstes einigermaßen zuverlässige Identifizierungen liefern. Er muß, wie z. B. der Schriftsachverständige, die primären und sekundären Erkennungsmerkmale, auf die es ankommt, kennen und sie richtig abzuschätzen wissen, um zu einem positiven oder negativen Ergebnis zu gelangen. Selbstverständlich hängt der Erfolg der Identifizierung ganz wesentlich von der Güte des Vergleichungsmaterials ab. Er wird regelmäßig eintreten können, wenn amtliche Abbildungen der Vorder- und Seitenansicht zur Vergleichung vorliegen. Aber ebensooft wird der Erfolg auch versagt sein, wenn minderwertige, unklare oder nur nach der Vorderansicht aufgenommene Abbildungen vorgelegt werden und amtlich aufgenommene Bildnisse nicht zu beschaffen sind. Wenn der Zeuge auch die Seitenansicht eines ihm bekannten Menschen oft nicht mit Sicherheit wiedererkennt, weil er ja nur gewohnt ist, den Menschen von vorn zu sehen und wiederzuerkennen, kann der Beamte gerade auf die Seitenansicht des Abgebildeten nicht verzichten, wie sich aus dem ersten Teil der Signalementslehre klar ergibt.

Über das Vergleichen von Person und Bild oder von zwei Bildern auf ihre Identität ist daher nichts mehr weiter zu sagen, als daß es das Studium der Signalementslehre voraussetzt; alles andere sind laienhafte, daher nicht maßgebende Versuche.

4. Das Wiedererkennen von Personen nach dem Gedächtnis[1]) und aus der Ferne.

Die bestimmenden Erkennungsmerkmale eines Menschen wirken auf den Beobachter meistens nur in ihrer Gesamtheit, insbesondere, wenn sich beide schon lange und genau kennen, sogenanntes automatisches Wiedererkennen. Bei flüchtigem Kennenlernen dagegen ist oft ein auffallendes Merkmal der Gestalt oder Physiognomie für das Wiedererkennen ausschlaggebend, bewahrt aber keineswegs vor Verwechselungen. Nur der in der Signalementslehre ausgebildete Polizeibeamte kann auch eine ihm völlig fremde Person nach ihrer genauen Beschreibung

---

[1]) Vgl. hierzu auch das spätere Kapitel „Der Unterricht in der Signalementslehre".

wiedererkennen, wenn er sich deren Merkmale im Gedächtnis eingeprägt hat und mit ihr beim Nachspüren zusammentrifft. Man hat daher das portrait parlé treffend mit „Gedächtnisbild" übersetzt, weil dem Beamten die Möglichkeit gegeben wird, sich ein bestimmtes Signalement dem Gedächtnis einzuprägen und sich die gesuchte Person vorstellen zu können. Wenn er ein gutes Physiognomiengedächtnis hat, wird er sich sogar mehr als ein Signalement gesuchter Personen merken und jederzeit sich vergegenwärtigen können, solange seine Nachforschungen in Schwebe sind. Diese Fähigkeit wird im Gegensatz zu dem ungeschulten Zeugen lediglich durch seine analytische Betrachtungs- und Einprägungsweise erzielt, er rekognosziert also nicht nach dem Gesamteindruck, wie der Zeuge einen ihm bekannten Menschen, sondern nach den wichtigsten Einzelmerkmalen, die er seinem Gedächtnis eingeprägt hat. Darin liegt der ganze Vorteil des systematisch und wissenschaftlich geförderten Wiedererkennungsvermögens eines geschulten Beamten[1]).

Bei der Wiedererkennung sind aber auch Entfernung und Beleuchtung zwei wesentliche Faktoren. Dr. Vincent unterscheidet drei Gruppen der Wiedererkennungsmöglichkeit, und zwar:

Erste Gruppe: Jene Personen, die wir ganz genau kennen, sehr oft sehen, und mit denen wir in häufigem Verkehr stehen und deren Gesamteindruck uns sehr vertraut ist. Wenn die Erkennungsmerkmale, wie hoher Wuchs, eigenartige Bewegungen, auffällige Kleidung usw., sehr markant sind, so können solche Personen bei Tageslicht in einer Entfernung bis zu 100 m erkannt werden. Die Wiedererkennung selbst gut bekannter Menschen in einer Entfernung von 100—150 m und darüber ist schon sehr schwierig. Sind die Erkennungsmerkmale aber wenig markant, so schwankt die Grenze der Wiedererkennungsmöglichkeit zwischen 40 und 80 m, im Durchschnitt beträgt sie 60 m.

Zweite Gruppe: Die Personen, die wir weniger gut kennen, seltener sehen, deren Gesamteindruck uns nur wenig bekannt ist, können wir nur in einer Entfernung von 25 m bis 30 m unterscheiden.

Dritte Gruppe: Personen, die man nur einmal sah, sind schwer wiederzuerkennen. In diesem Falle muß man die Gesichtszüge gut unterscheiden können, was nur in einer Entfernung von ungefähr 15 m möglich ist. Der Gesamteindruck kann hier nicht mehr maßgebend sein.

---

[1]) Es ist klar, daß die Auswahl besonders physiognomiebegabter Beamten durch entsprechend eingerichtete psychotechnische Prüfungen und ihre Ausbildung in der Signalementslehre zum Zwecke der Verwendung bei der Streif- oder Fahndungsmannschaft jeder Polizeibehörde große Vorteile bringen könnte.

Die Art der Beleuchtung der Person oder des beobachteten Gegenstandes ist bei der Frage der Wiedererkennung auch von Bedeutung. So wird das direkte Sonnenlicht eine viel deutlichere Ansicht von weit entfernten Personen oder Gegenständen geben, wenn man, von gleichmäßig zerstreutem Tageslicht umgeben, beobachtet. Im umgekehrten Falle wird der im grellen Licht stehende Beobachter die im zerstreuten Licht befindliche Person oder Sache weniger genau sehen.

Bei Mondschein kann eine Person nur in sehr geringer Entfernung erkannt werden; auch hängt dies noch viel von dem Zu- und Abnehmen des Mondes ab. Im ersten Viertel kann die Erkennungsgrenze je nach den Umständen 2 m bis 6 m betragen, bei Vollmond 7 m bis 10 m. Es ist aber schwer, eine uns wohlbekannte Person bei klarstem Mondschein in einer Entfernung von 15 m oder 16 m zu erkennen[1]).

Ebenso von Wichtigkeit ist die Schnelligkeit der Fortbewegung des Wiederzuerkennenden oder des Zeugen, der z. B. auf einem schnell fahrenden Fahrzeug selbst beobachtet oder in dieser Bewegung beobachtet wird. Solche Fragen können nur Sachverständige, z. B. Augenärzte, nach vorheriger Prüfung der Beobachtungsumstände annähernd richtig beantworten.

Die Sehschärfe eines Menschen wird von Augenärzten durch sog. Sehprobentafeln festgestellt, auf denen sich Buchstaben und Zahlen verschiedener, aber bestimmter Größe befinden, die in empirisch genau festgelegten Meterentfernungen von normalsichtigen Augen erkannt werden müssen. Weit- und kurzsichtige Augen müssen erst durch entsprechende Augengläser korrigiert werden. Von dieser physischen Beobachtungsfähigkeit ist, wie bereits erwähnt, die psychische zu unterscheiden, nämlich die Fähigkeit der geistigen Wahrnehmung und Auffassung, die aber erst geschult werden muß.

Nach einer amerikanischen Quelle zitiert Professor Groß folgende Angaben darüber, was normale Augen auf bestimmte Entfernungen wahrnehmen können:

Das Weiße im Auge eines Menschen sieht man auf 27—28 m, die Augen selbst bis auf 72—73 m. Bis 91 m unterscheidet man die verschiedenen Körperteile, die kleinsten Bewegungen und die Details der Kleider. Bei 182 m werden die Züge der Körpergestalt unbestimmt, die man bei 364 m gar nicht mehr unterscheidet, dagegen nur noch die Bewegungen der Glieder. Bei 546 m unterscheidet man keine Details mehr und bei 728 m auch nicht mehr die Bewegungen des Einzelnen.

---

[1]) Bei Verkehrsunfällen zur Nachtzeit spielt die Blendung durch Autoscheinwerfer, die das Auge eine kurze Zeit leistungsunfähig macht, eine besondere Rolle.

5. Die Gegenüberstellung.

Die Psychologie der Aussage hat uns gelehrt, auch in das Verfahren der Gegenüberstellung von Zeugen mit Beschuldigten oder von Mitbeschuldigten mehr Ordnung zu bringen und sie nicht einfach in das Belieben des Polizei- oder Gerichtsbeamten zu stellen. Man kann zwei Gründe der Gegenüberstellung unterscheiden: Einmal zur Aufklärung von Widersprüchen, wie sie auch unter zwei oder mehreren Zeugen öfters notwendig wird, sodann zwecks Wiedererkennung eines Täters. Uns interessiert hier nur der letztere Fall. Die hiefür geltenden, in der Praxis entstandenen und daher wohl zu beachtenden Regeln sind die folgenden:

a) Es sind möglichst die gleichen Umstände herbeizuführen und zu beachten, unter denen ein Zeuge, vor allem auch der Geschädigte, den Täter gesehen oder gesprochen hat, also Anpassung der Kleidung, Vorführung der Haltung und des Ganges, Betrachtenlassen in der Nähe oder Entfernung, von vorn, von der Seite oder gar von hinten, bei ganz oder teilweise verdecktem Gesicht, Anhören der Sprechart, wenn die Sprache des Täters von wesentlicher Bedeutung für die Wiedererkennung ist [1]). Bedeutungsvoll sind allemal auch noch weitere Nebenumstände, wie Witterungs- und Beleuchtungsverhältnisse, Bewegungsschnelligkeit, Wahrnehmungs- und Merkfähigkeit des Zeugen. Nötigenfalls sollen Kontrollversuche gemacht werden.

b) Der Zeuge muß — bei der ersten Gegenüberstellung — den Täter aus einer Anzahl Menschen heraussuchen, sog. „Wahlgegenüberstellung", um nicht durch gewisse Nebenumstände, wie z. B. schon durch die Anwesenheit eines Verdächtigen in Diensträumen der Polizei oder des Gerichts oder durch beschuldigende Bemerkungen eines mitanwesenden Beamten, allein schon beeinflußt zu werden. Der Zeuge soll daher vor der Gegenüberstellung über alle Einzelheiten seiner Wahrnehmungen, vor allem auch hinsichtlich seiner geltend gemachten Wiedererkennungsmerkmale protokollarisch vernommen werden, um etwaige Abweichungen von seinen Angaben nach Gegenüberstellung erkennen und zur Grundlage weiterer Erörterungen machen zu können. Solche protokollarisch festzuhaltenden Umstände müssen sich auch auf Fragen erstrecken, ob der Zeuge den Täter einmal oder mehrmals, flüchtig oder näher und längere

---

[1]) In einem erst kürzlich bei einem Berliner Gericht vorgekommenen Falle wurden die von den Wiedererkennungszeugen angegebenen Erkennungsmerkmale der Diebin nachgeprüft; dabei wurden einige Zeugen unsicher, weil ihre Haartracht nicht den Mittelscheitel aufwies. Die Angeklagte mußte darauf ihren festen Haarknoten lockern und den Kopf senken. Dabei löste sich das Haar, teilte sich gleichmäßig nach beiden Seiten, so daß der verdeckte Mittelscheitel wieder zum Vorschein kam.

Zeit beobachtet hat, ob der Zeuge am Verfahren interessiert ist, z. B. infolge bestandenen Liebesverhältnisses, einer ausgesetzten Belohnung, ob er überhaupt glaubwürdig ist oder nicht.

c) Im Notfalle, d. h. bei großen Entfernungen, die Reisen des Zeugen oder Überführungen des Beschuldigten nötig machen, kann dem Zeugen auch eine — amtlich aufgenommene — Photographie zur Wiedererkennung vorgelegt werden. Dabei ist aber nie zu vergessen und zu übersehen, daß das Wiedererkennen nach dem Bildnis sehr erschwert und daher unzuverlässig ist. Daher ist dieses Indiz einer solchen behelfsmäßigen Wiedererkennung in keinem Falle zur Überführung eines beschuldigten Menschen ausreichend. Das Bildnis eines Menschen weist nur einen kleinen Ausschnitt der zur sicheren Identifizierung notwendigen Merkmale auf und stellt eine lückenhafte Prämisse dar, die logischerweise zu einer sicheren Schlußfolgerung der Gleichheit von Täter und Bildnis nicht ausreicht.

d) In manchen Fällen muß die Gegenüberstellung im geheimen erfolgen, d. h. der Beschuldigte oder der als Täter in Verdacht gezogene Mensch soll nicht wissen, daß und von wem er zwecks Wiedererkennen betrachtet wird. Unter irgendeinem Vorwand kann daher z. B. der Zeuge den Raum betreten oder durchschreiten oder sonstwie verdeckt und vom Täter unbeobachtet seine Wahrnehmungen machen und dann kundgeben. Aber auch hier sollen die Grundsätze der Wahlgegenüberstellung nicht übersehen werden.

e) Alle Maßnahmen, die in Verbindung mit Gegenüberstellungen zu bringen sind, müssen vom Gesichtspunkt der Gefahren der Suggestion geprüft und angewendet werden. Folglich muß die Gegenüberstellung möglichst lautlos vor sich gehen, weil es sich ja um eine verantwortliche Selbstprüfung und Erinnerung des Wiedererkennungszeugen handelt. Streng zu vermeiden sind alle Äußerungen, aus denen der Zeuge Schlüsse auf eine Identität des vorgestellten Beschuldigten mit dem Täter ziehen könnte und die den Zeugen zu einem mutigeren Auftreten veranlassen und ihm über gewisse Zweifel hinweghelfen würden. Zu prüfen ist auch, ob der Zeuge durch Veröffentlichungen in der Tagespresse und auf Anschlagsäulen oder durch andere Wiedererkennungszeugen beeinflußt sein kann. Zweckmäßig ist es, den Zeugen vor der Gegenüberstellung zu ermahnen, daß er sich über das Ergebnis dieser Gegenüberstellung nicht in Gegenwart des Beschuldigten äußert.

f) Mit ganz besonderer Vorsicht ist die Gegenüberstellung vorzunehmen, wenn es sich um Kinder und jugendliche Zeugen handelt, die ja bekanntlich leicht ein Opfer der Suggestion werden. Es empfiehlt sich, in solchen Fällen die Gegenüberstellung vorzubereiten, d. h. den Plan des Vorgehens wohl zu überlegen und mit erfahrenen Beamten zu besprechen. Denn hier können keine allgemein gültigen Ratschläge gegeben werden, weil jeder Fall anders liegt und anders behandelt werden muß.

g) Schließlich muß noch darauf aufmerksam gemacht werden, daß bei Gegenüberstellungen jede geheime Verständigung zwischen Zeugen und Beschuldigten oder unter Mitbeschuldigten verhindert werden muß. Davor hat schon Hans Groß in seinem Handbuch für Untersuchungsrichter (7. Aufl. München 1922, Bd. I, S. 366) gewarnt, als er über die Bedeutung der sog. „Jadzinken", d. h. die Verständigung durch Zeichen, gesprochen hat. Ebenso ist streng darauf zu achten, daß der Beschuldigte keine ausfälligen oder bedrohlichen Redensarten führt, durch die er den Zeugen einzuschüchtern versucht.

Wem die Aufgabe zufällt, Gegenüberstellungen durchzuführen, vor allem erstmalige, muß sich stets vergegenwärtigen, wie leicht Irrtümer bei Wiedererkennungen und damit verbunden großes Unrecht eintreten können. Die Verantwortung ist jedenfalls sehr groß. In der Kriminalgeschichte sind mehrfach Fälle solcher falschen Wiedererkennungen und darauf folgende Fehlurteile geschildert worden, die zum ernsten Studium Veranlassung geben sollten. Ich verweise nur auf die in Groß' Archiv für Kriminologie (Band 88, S. 1 ff. und Band 80, S. 119 ff.) dargestellten Fälle.

6. Die Sammlung und Ordnung der Personenbildnisse.

Das Lichtbild soll, wie wir an anderer Stelle hervorgehoben haben, zu einem großen Teil die Beschreibung ergänzen, so daß das Bild in Verbindung mit den Fingerabdrücken ein vollständiges Signalement eines Menschen darstellt. Es wird für zweckmäßig gehalten, daß das Bild auf der Rückseite des Fingerabdruckbogens aufgeklebt wird. Aber damit ist die Anwendung der Personenphotographie noch keineswegs erschöpft. Wir sammeln die Verbrecherporträts, nach Kategorien und Namen geordnet, um sie im Bedarfsfalle sofort zur Hand zu haben, nämlich einmal, um sie den Zeugen und geschädigten Personen zur Wiedererkennung flüchtiger oder bisher der Persönlichkeit nach unbekannter Verbrecher vorzulegen, sodann aber auch, um sie den Fahndungsbeamten für ihre Ermittlungen aushändigen zu können. Aus dieser Zweckbestimmung ergibt sich von selbst eine Zweiteilung des unter der Gesamtbezeichnung „Verbrecheralbum" längst bei allen größeren Polizeibehörden (zuerst aber bei der Berliner Kriminalpolizei im Jahre 1876) eingeführten und bewährten Hilfsmittels.

Es gibt zwei Grundformen der Sammelmethode der Photographien: einmal in Buchform, nach Verbrechergruppen geordnet, sodann in Karteiform, neben den Gruppen auch noch nach bestimmten Merkmalen geordnet.

Beim Berliner Erkennungsdienst hat man sich bis jetzt noch nicht von der alten Buchform trennen können. Man hat verschiedene Einwände gegen dieses System zu erheben versucht, ohne aber ein neues System schaffen zu können, gegen das nicht ganz ähnliche Einwände zu erheben wären. Wie erwähnt, liegt der ganze Erfolg der Wiedererkennung eines Menschen nach dem Bilde durch Zeugen in der genügenden Eindrucksfähigkeit des abgebildeten Menschen, zweitens in der Wiedererkennungsfähigkeit des Zeugen selbst. Beide wichtige Faktoren können durch kein Klassifizierungssystem ersetzt werden. Nur kann sich der Beamte, der dem Publikum die etwa in Betracht kommenden Bilder vorzuzeigen hat, den Kreis der anscheinend in Betracht kommenden Personen einigermaßen abgrenzen. Andere stehen aber auf dem Standpunkt, daß der zur Wiedererkennung erschienene Zeuge ohne jede Beeinflussung und Störung die in der betreffenden Verbrechergruppe oder in verwandten Verbrecherarten zu suchende Person herausfindet. Ist sie in der Sammlung vorhanden, und hat der Zeuge ein gutes Physiognomiengedächtnis, so wird es ihm in vielen Fällen auch gelingen, den Täter herauszufinden, während andernfalls auch ein Ausfragen des Zeugen über die der Merkmaleneinteilung zugrunde liegenden Einzelheiten nichts nützen kann.

Nur in einem Falle hätte die nach Merkmalen eingeteilte Lichtbildersammlung einigen Nutzen, wenn nämlich diese von geschulten Polizeibeamten zur Vergleichung mit Bildern oder gerade verhafteten Personen herangezogen werden soll, ein einigermaßen schwieriges und wenig dankbares Gebiet der Betätigung.

Man hat schon versucht, z. B. die steckbrieflich gesuchten Personen, deren Bildnis in den Fahndungsblättern veröffentlicht wurde, zu einem signaletischen Steckbriefregister zu gestalten, um mit einigem Erfolg bei Verhaftungen Vergleichungen vornehmen zu können. Die Mängel, die dieser Einrichtung anhaften, sind aber diese: einmal muß sie auf schwere Verbrecher beschränkt werden, weil sonst die Übersicht ungemein leidet. Zweitens muß die Aufbewahrung in dieser Bildersammlung zeitlich stark beschränkt werden, und drittens müßten unsere Steckbriefe in den Fahndungsblättern den Erfordernissen eines modernen Fahndungsdienstes entsprechen, was sie aber in den seltensten Fällen, oder überhaupt nicht tun[1]). Viertens werden viele Schwerverbrecher gesucht, von denen kein Bild veröffentlicht wird oder deren Bilder zur Vergleichung ungeeignet sind. Aus diesen hier bemerkten Gründen wird es sich in den seltensten

[1]) Die amerikanischen Steckbriefe z. B. enthalten Beschreibungen nach dem Portrait parlé und die Formeln der Fingerabdrücke, was selbstverständlich zu ihrer Brauchbarkeit wesentlich beiträgt; ebenso periodische Beilagen zum Stockholmer Polizeianzeiger.

Fällen begründen lassen, eine derartige Steckbriefbildersammlung einzurichten.

Bertillon hatte früher einmal ein nach dem Portrait parlé geordnetes Album gesuchter oder ausgewiesener Verbrecher angelegt. (Es wurde in der ersten Auflage des Werkes eingehend besprochen.) Heindl hat dieses Verfahren in seinen Grundgedanken für gut befunden und ein vereinfachtes Verfahren, das er „Kriminalphotothek" bezeichnete, vorgeschlagen, das auch bei einigen Polizeiverwaltungen eingeführt wurde[1]).

Der Berliner Erkennungsdienst hat sich, wie bereits erwähnt, nicht entschließen können, seine Photographiensammlungen in Buchform aufzugeben und durch Systeme zweifelhafter Güte zu ersetzen. Das in Form von „Fahndungskarten" besonders eingerichtete Verbrecheralbum ist an andererStelle besprochen worden.

Bei der Lichtbildaufnahme des Verbrechers ist[2]) besonders zu beachten, 1. daß dieser so im Lichtbild aufgenommen wird, wie er bei der Verübung der Straftat bekleidet gewesen ist, bzw., wenn er in ganzer Gestalt photographiert wird, mit den Gegenständen, die er getragen hat. Dabei soll die Körperhaltung ganz ungezwungen sein und möglichst nicht korrigiert werden. Trägt er Überkleidung, so ist bei der Aufnahme im dreiteiligen Brustbild nur ein Bild mit Überkleidung aufzunehmen, in der Regel im Links-Halbprofil. Werden Augengläser getragen, so soll der Verbrecher auf einem Bilde der dreiteiligen Aufnahme kein Augenglas tragen. Im Rechts-Profilbild ist auf die völlige Freihaltung des Ohres, insbesondere bei Frauen, größte Sorgfalt zu verwenden; 2. daß er möglichst kurz nach seiner Einlieferung im Lichtbild aufgenommen wird. Diese Maßnahme ist insbesondere bei Frauen, wenn sie zur Haft kommen, erforderlich, weil eine in Unordnung geratene Frisur und Haartracht den Gesichtsausdruck nachteilig beeinflussen.

C. Der Unterricht in der Signalementslehre.

Hier sei zunächst der (im Vorwort erwähnte) Runderlaß des Innenministeriums in Berlin vom 5. Mai 1930[3]) wiedergeben, betr. Ausbildung in der Signalementslehre.

---

[1]) Die nähere Beschreibung dieses Systems findet man in Heindl, System und Praxis der Daktyloskopie, Berlin 1922, S. 453ff. und in Groß' Archiv f. Kriminologie, Bd. 33 S. 135ff. Das Sächs. Landeskriminalamt hat seit dem Jahre 1910 nach diesen Vorschlägen eine nach sichtbaren Kennzeichen geordnete Lichtbildersammlung eingerichtet. Das Berliner Verbrecheralbum habe ich in meinem Lehrbuch „Kriminaltaktik und Kriminaltechnik" (4. Aufl., Lübeck 1933, S. 301ff.) näher beschrieben und verweise darauf.

[2]) Nach einer Dienstanweisung des Sächs. Landeskriminalamtes.

[3]) MBliV. S. 437.

Es ist wiederholt aufgefallen, daß es den Polizeibeamten an Übung mangelt, eine Person nach ihren äußeren Merkmalen kurz und treffend zu beschreiben und ferner, sich nach einer solchen Beschreibung ein Bild zu machen, das sie zum Erkennen dieser Person befähigt. Die Beherrschung dieser Fähigkeit ist nicht nur dringend notwendig für alle im Fahndungsdienste im weitesten Sinne tätigen Beamten, sondern auch für diejenigen Beamten, denen es obliegt, Personenbeschreibungen für Pässe und andere Ausweispapiere auszustellen.[1])

Vielfach treffen die Personenbeschreibungen infolge einer unzulänglichen Wahl des Ausdrucks, welcher die äußeren Merkmale kennzeichnen soll, auf eine so große Anzahl von Personen zu, daß sie praktisch wertlos sind. Besondere Kennzeichen, deren Vorhandensein in den Personalbeschreibungen meist verneint wird, sind bei einiger Aufmerksamkeit fast an jedem Menschen wahrzunehmen, werden übrigens, wenn es sich um die Ausstellung von Ausweispapieren[1]) handelt, im eigenen Interesse des Antragstellers auf Befragen meist bereitwillig angegeben.

Ich ordne daher an, daß bei der Ausbildung und bei der Fortbildung der Kriminalpolizei-, Schutzpolizei- und Landjäger-Beamten erhöhter Wert auf Schulung der Fähigkeit im Aufnehmen und Geben des Signalements (portrait parlé) gelegt wird. Zu den Unterrichts- und Übungsstunden sind auch im Verwaltungsdienst tätige Beamte, denen die Aufnahme von Personalbeschreibungen auf Ausweispapieren obliegt, abzuordnen.

Beim Unterricht in der Signalementslehre sind zwei Hauptaufgaben getrennt zu behandeln: 1. die Unterweisung in der Beschreibung selbst; 2. die Übungen, die sich in solche im Personenbeschreiben (schriftlich und mündlich), im Identifizieren und Wiedererkennen (an Hand von Aufzeichnungen und aus dem Gedächtnis) unterscheiden. Die Anforderungen an Kenntnisse und Erinnerungsvermögen müssen immer mehr gesteigert, die Aufgaben variationsreich gestaltet werden.

Die erste Aufgabe kann an der Hand des vorliegenden Lehrbuches, I. Teil, durchgeführt werden. Die Übungen zerfallen in folgende Einzelaufgaben:

a) Die Anwendung des Erlernten durch gegenseitige Beschreibung der anwesenden Schüler auf besonderen Vordrucken.

b) Gegenseitiges Austauschen der so entstandenen Beschreibungen und Identifizierung der dazugehörigen Person auf Grund dieser (ohne Namensbezeichnung hergestellten) Beschreibungen.

---

[1]) Daran sind aber die mangelhaften Vordrucke selbst schuld!

c) Vergleichung und Identifizierung von Beschreibungen (auch in abgekürzter Form) mit den dazugehörigen Bildern persönlich unbekannter Personen; beide Gruppen werden in besonderen Kästen getrennt aufbewahrt und weisen ebenfalls keine Namensbezeichnungen auf.

d) Vergleichung von Bildern verschiedener Personen, darunter auch „ähnlicher Menschen", sowie von Bildern derselben Person, einmal in der Seiten-, einmal in der Vorderansicht, auch in verschiedenen Lebensaltern (oder maskiert) aufgenommen.

e) Vergleichung von Personen mit Bildern.

f) Beschreibung unbekannter Personen, die nach längerem oder kürzerem Aufenthalt in der Nähe der Schüler (z. B. während einer Pause) verschwinden und nur dem Lehrer bekannt sind.

g) Vergleichung und Identifizierung von Bildteilen, entweder Zusammensetzen zerschnittener Porträts oder Übung im Wiedererkennen von Personenbildnissen auf Grund einzelner Kopfteile.

Diese letzterwähnte Übung soll vor allem die analytische Betrachtungsweise des Beamten schulen, indem er nach mehr oder weniger wichtigen Bestandteilen des Gesichtes (z. B. bekannter Persönlichkeiten des öffentlichen Lebens) die dazu gehörige Person wiedererkennen lernt. Keine Übung kann vorhandene physiognomische Fähigkeiten mehr wecken, als gerade diese, und mit Sicherheit wird man diejenigen herausfinden können, die sich in erster Linie zum praktischen Fahndungsbeamten eignen. Daher stellt die Durchführung dieser Aufgabe eine psychotechnische Eignungsprüfung im eigentlichen Sinne dar.

Zur wissenschaftlichen Begründung dieser Übung seien hier noch folgende Bemerkungen angefügt[1]):

Gleiche oder ähnliche Sinneseindrücke, die wir in einem früheren Zeitpunkte einmal hatten, lassen in der Sehrinde des Hirns ganz individuelle Gedächtnisspuren oder „Residuen" zurück. So kommt es, daß wir Personen, die uns bekannt sind, oder denen wir einmal begegnet sind, wiedererkennen, weil die zurückgelassenen Gedächtnisspuren uns die für das Erkennen ausschlaggebende Erinnerung wiedergeben, selbst wenn nur ein Teil des Ganzen unser Auge trifft und dieser Reiz schon das fertige Bild zurückruft. Fehlen uns aber die Gedächtnisspuren, weil wir den uns Vorgestellten noch nicht kennen, so wird das Erinnerungsbild um so mehr verblassen, je weniger wir uns mit ihm beschäftigen und je länger wir ihn nicht wiedersehen; er läßt keine Gedächtnisspuren in der Sehrinde zurück.

---

[1]) Nach Dr. H. Henning, Das Wiedererkennen menschlicher Gesichter in kriminologischer Hinsicht. Vgl. Groß' Archiv, Band 72, Seite 235ff.

Wir können an den Bildern uns bekannter Personen in der Weise Versuche anstellen, um das Minimum der auf die Gedächtnisspuren ansprechenden Merkmale festzustellen, wenn wir mit Hilfe von zwei breitflächigen Schenkeln eines rechten Winkels aus steifem Papier, wie in untenstehender Abbildung gezeigt, das Bildnis verdecken und jeden beliebigen Gesichtsausschnitt durch eine mehr oder weniger große Öffnung beider rechtwinkeligen Papierteile herstellen, bis wir imstande sind, mit Sicherheit die im Bilde dargestellte Person nach einem Teilausschnitt wiederzuerkennen. Verschiebt und vergrößert man den Ausschnitt und probiert Teile des Bildes durch, so können wir die ausschlaggebenden Reizpunkte des Gestalteindruckes von indifferenten Punkten wohl unterscheiden. So können wir diese Schwellenwerte der Gleichheit, der Ähnlichkeit und der Verschiedenheit feststellen und eine systematische Analyse der für jede Wiedererkennung eines Menschen maßgebenden Physiognomie betreiben.

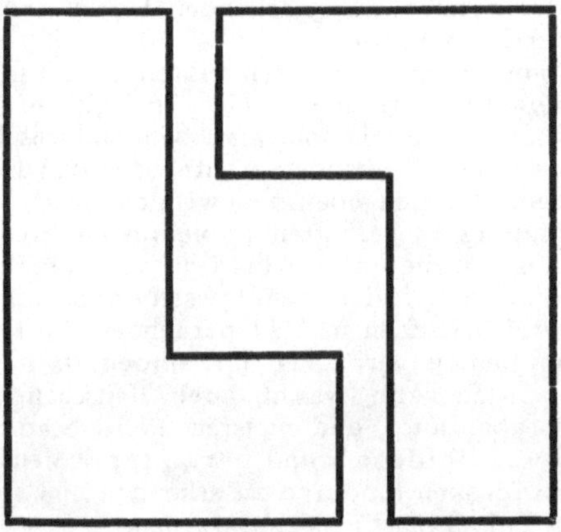

Abb. 65.

Bei diesen Versuchen werden wir die Richtigkeit folgender Regeln erkennen: Fällt ein Hauptpunkt oder -merkmal in den Ausschnitt hinein, so wird das Gesicht schon in geringerem Ausschnitt erkannt, als wenn nur Nebenpunkte in dem Ausschnitt auftreten. Hauptpunkte sind nicht die einzelnen Bestandteile des Kopfes, wie Auge, Nase, Mund usw., sondern die Anwuchspunkte und die unmittelbare Umgebung dieser Teile sind es. Das Auge z. B. kann nicht als solches erkannt werden, sondern es ist die Art, wie es in seiner Umgebung eingebettet liegt; so ist es auch mit dem Mund, der Nase usw.

Fallen zwei Hauptpunkte in den Ausschnitt hinein, so wird das Gesicht schon bei geringerer Weiteröffnung des Ausschnittes erkannt, als wenn nur ein Hauptpunkt aufgedeckt wurde.

Außer den allgemeinen, für sämtliche Menschen gültigen Hauptpunkten, ich bezeichne sie als sekundäre Merkmale, hat jeder einzelne seine besonderen Kennzeichen, die ich als primäre Merkmale bezeichne, und die man bei dem Ausschnittverfahren aufsuchen muß. Als solche besondere Kennzeichen gelten Merkmale, die nur bei diesem Menschen, nicht aber bei anderen nach entsprechender Erweiterung des Ausschnittes zur Erkennung führt.

Übungen mit diesem Verfahren führen zu einem rationellen Vergleichen von Physiognomien, sei es im Bild, oder sei es am lebenden Menschen. Die Versuche am lebenden Menschen müßten mit Hilfe eines ihn verdeckenden zweiteiligen Wandschirmes angestellt werden, der sich ebenso anwenden ließe, wie die vorseitig in Abbildung 65 gezeigten Papierausschnitte.

Aber auch schon die unter a bis f oben erwähnten Übungen haben in Verbindung mit den Kenntnissen der Signalementslehre einen hohen erzieherischen und anspornenden Wert und dürfen im Unterricht niemals vernachlässigt werden, da nur durch sie das erreicht werden kann, was anderen Menschen im gewöhnlichen Leben, aber auch den meisten Polizeibeamten abgeht, nämlich auch verkleidete[1]) und veränderte Menschen durch ihre gewählten Masken hindurch zu erkennen und sog. Spitzenleistungen im Fahndungsdienst zu erzielen.

D. Abschätzen von Alter, Größe und Entfernungen.

Wer sich einem einzelnen Menschen nähert, um ihn zu erkennen, oder einer Menschengruppe, um aus ihr einen beschriebenen Menschen herauszusuchen, muß sich zuerst über das Vorhandensein einiger allgemeinen äußeren Kennzeichen vergewissern, wie Alter, Größe, Körperfülle u. dgl. Das erfordert ein möglichst richtiges Abschätzen nach dem bloßen Aussehen, weshalb im Signalementsunterricht auch Übungen im Abschätzen von Alter und Größe durchzuführen sind. Auch diese sind geeignet, das Auge des Beamten zu schulen. Die gewöhnlichen Lebenserfahrungen sind für Altersschätzungen zwar wertvoll, reichen aber noch nicht aus, um einigermaßen zuverlässig abschätzen zu können, weil die Merkmale der körperlichen Ent-

---

[1]) Vgl. dazu Hans Groß' Hdb. f. UR. (München 1922), Bd. I, S. 383ff.

wicklung und der Alterserscheinungen selbstverständlich hier von ausschlaggebender Bedeutung, aber auch sehr variationsreich und schwankend sind.

Am besten ist es, von sicheren Grundlagen auszugehen. Zunächst wird das Alter der Schüler (oder anderer ihnen vorgestellten Personen) im einzelnen (durch Zettelnotiz) abgeschätzt; die Resultate sind dann miteinander zu vergleichen und die vorkommenden Fehler näher zu besprechen.

Vom Standpunkt des Arztes und Naturforschers lassen sich die folgenden Merkmale für das Alter eines Menschen erkennen, wie sie Dr. Kurt Stattmüller in der „Umschau" (1923) beschrieben hat:

„In frühester Jugend ist ein wertvolles Mittel für die Altersfeststellung die häufige Lücke zwischen Stirnbein und den beiden Scheitelbeinen, die sich bis zum Ende des ersten Lebensjahres deutlich tasten läßt und erst dann sich schließt. Wie beim Pferd das Gebiß als Altersmerkmal betrachtet wird, so kann man auch beim Menschen aus den Zähnen wertvolle Schlüsse ziehen. Jenseits der Dreißiger setzt ein allmählicher Abbau der Zähne ein; zu Beginn des vierten Jahrzehnts entstehen an den Schneidezähnen strichförmige Zahnbeinlinien, die um die Vierzig herum breiter und dunkler, mitunter ringförmig werden. Bei dem Fünfzigjährigen sind die Höcker der Backenzähne gewöhnlich schon sehr deutlich abgeschliffen, und etwas später sind die Zähne deutlich länger geworden infolge Schrumpfung des Zahnfleisches. Aber allzu großer Verlaß ist auf die Zähne als Merkzeichen für das Alter nicht, und bei so manchen trifft man in höheren Jahren — überhaupt keinen mehr an.

Dagegen ist die Fettverteilung für verschiedene Altersklassen bezeichnend. Das Wangenfett der Jugendjahre, das sich in den Pausbacken der Kinder zeigt, verschiebt sich gegen Ende der zwanziger und in den dreißiger Jahren nach der unteren Hälfte des Gesichts; dann stapelt sich das Fett häufig am Kinn, Nacken und Bauch auf.

Auch in der Haut steht manches für die Altersbeurteilung geschrieben. Um die Mitte des dritten Jahrzehnts läßt ihre Geschmeidigkeit merklich nach; an den oberen und unteren Augenlidern entwickeln sich Längsfalten, Nasenlippenfurchen, kleine Fältchen an den Schläfen, die sogenannten Krähenfüße, Stirnfalten verraten, daß die zwanziger Jahre vorüber sind. Im fünften Jahrzehnt verstärken sich die Fältchen in der Umgebung des Auges, und in den sechziger Jahren stellen sich nicht selten Falten an Hals und Nacken ein. In den folgenden Jahrzehnten nimmt die Elastizität der Haut immer mehr ab; das Gesicht wird immer runzliger. Nicht nur die Haut, sondern auch die

Farbe des Gesichtes gibt einen Anhaltspunkt. Der rosige Teint der Jugend verschwindet meistens bereits im dritten Jahrzehnt; das Wangenrot beschränkt sich nun auf die Gegend der Jochbogen, und vielfach mischt sich ein dunklerer Ton bei, der zuweilen bis in die fünfziger Jahre anhält. Bei den Sechzigern verliert die Gesichtsfarbe die rötliche Tönung, und es macht sich nun jene blaßgelbliche Färbung bemerkbar, die dem Gesicht etwas Verwelktes und Greisenhaftes verleiht.

Die Haare, die der Laie am häufigsten als Schätzungsmittel benutzt, sind ziemlich trügerisch. Manchmal sind sie überhaupt nicht mehr vorhanden, aber aus der Glatze und dem Ergrauen darf man nicht auf hohes Alter schließen, da diese Erscheinungen schon oft in den dreißiger Jahren auftreten. Charakteristisch aber ist der Altweiberbart der Frau, und die langen, borstigen Haare am äußeren Gehörgang lassen beim Mann auf über 45 Jahre schließen. Die vollkommen glatte Haut an der Hand des Kindes beginnt sich nach dem zehnten Lebensjahre zu feldern, und in den zwanziger Jahren treten an dem Handrücken blaue Streifen auf, die sich in den höheren Jahrzehnten als blaue Stränge herausheben. Das kleine, steife, scharf gemeißelte Ohr der Jugend nimmt in den Mannesjahren immer mehr an Größe zu, an Steifheit ab. Im sechsten Jahrzehnt werden Muschel und Läppchen welk und schlapp. Der Mund wird nach dem Ende des Kindesalters größer, die Lippen werden wulstiger; im dritten oder vierten Jahrzehnt zeigen sich Nasenlippenfalten, während nach den vierziger Jahren die Wulstung der Lippen wieder zurückgeht und damit auch das Lippenrot verblaßt. Das genaueste Schätzungsmittel des Alters bildet das Auge. Aus der Prüfung der Akkommodation, der Anpassungsfähigkeit der Linse, kann der Arzt bei Kenntnis der Sehschärfe und Brechungskraft bei jedem Menschen zwischen dem 30. und 60. Lebensjahr das Alter bis auf fünf Jahre bestimmen. Aber diese Zeichen am Auge sind für den Laien nicht erkennbar."

Ganz ähnlich geht man beim Abschätzen der Körpergröße vor, wobei ganz besonderer Wert darauf zu legen ist, ob die zu schätzende Person in nächster Nähe oder in mehr oder weniger großen Entfernungen und bei verschiedenen Witterungs- und Beleuchtungsverhältnissen sich bewegt.

Hier will ich einige biologische Bemerkungen über das Wachstum des Menschen bringen, die von Nutzen sein können: Die Durchschnittsgröße des Neugeborenen beträgt 50 cm, es wächst während des ersten Lebensjahres 20 cm; die Wachstumsschnelligkeit nimmt dann ganz bedeutend ab; während des zweiten Jahres Durchschnittszunahme 9 cm, während des dritten nur noch 6 cm, dann von da ab durchschnittlich nur noch 3,5 cm.

Vom 16. Jahr ab wächst der Mensch noch langsamer, im 17. Jahr wächst der männliche nur noch 3 cm und im 18. Jahr nur noch 2 cm und im 19. Jahr nur noch 1,5 cm, im 20. Jahr nur noch 1 cm. Im allgemeinen erreicht der junge Mann seine volle Körperlänge nicht vor dem 25. Lebensjahr, in den letzten Jahren wächst er aber nur noch ganz wenig, und zwar nur 0,5 cm durchschnittlich im Jahr.

Beim Knaben ist gewöhnlich vom 16. bis 17. Jahr das stärkste Wachstum zu beobachten, auch an Körperfülle. Bei den Mädchen liegt dieser Höhepunkt im 14. Jahr, das gewöhnlich schon um das 16. Jahr volle Körperlänge und um das 20. volles Gewicht erreicht. Knaben sind stärker als Mädchen von der Geburt bis zum 11. Jahr, dann sind ihnen die Mädchen bis zum 17. Jahr überlegen, von da ab ist es wieder umgekehrt. Die Männer wachsen sehr viel länger, entwickeln sich aber auch viel langsamer.

Die verschiedenen Teile des Körpers wachsen ungleich schnell. Am Ende des 3. Jahres sind die Beine doppelt so lang und am Ende des 12. dreifach so lang, nach Abschluß des Wachstums sind sie fünfmal so lang als bei der Geburt. Vor dem 10. Jahr ist der Fuß kürzer als die Länge des Kopfes, im 10. Jahr sind Fuß und Kopf gleich lang, nach dem 10. Jahr ist der Fuß länger als der Kopf. Das Haar wächst mit einer Schnelligkeit von fast 0,3 cm in einer Woche, aber die Lebensdauer ist durchschnittlich höchstens sechs Jahre, dann fällt es aus, mit und ohne Haarwuchsmittel. Die Augenwimpern wachsen beständig, aber die haben nur eine Lebensdauer von 4—5 Monaten und fallen dann aus. Nägel wachsen sehr viel schneller, als gewöhnlich angenommen wird. Die Fingernägel erneuern sich in weniger als vier Monaten.

Ohne Zweifel von großer Wichtigkeit ist die Schätzung von Alter und Größe von aufgefundenen unbekannten Toten oder gar von aufgefundenen Leichenteilen und Knochen, bei denen aber die Schätzung des Alters zwecks Ermittelung der Zeit des eingetretenen Todes ebenso wichtig ist. Für diese Schätzungen ist aber der Gerichtsarzt zuständig, der sich neben seiner Erfahrung auch noch auf gewisse statistisch festgestellte Durchschnittswerte stützen kann, wie sie in einigen Lehrbüchern der gerichtlichen Medizin veröffentlicht sind. Aber auch der beste Sachverständige kann hier nur annähernde Zahlen angeben.

Bei Leichenteilen oder verkohlten Leichen ist aber auch eine der wichtigsten Aufgaben die Feststellung des Geschlechts, die ebenfalls Sache des Gerichtsarztes ist, so daß ich hier nicht näher darauf einzugehen brauche[1]).

---

[1]) Ich verweise noch auf das von Prof. Dr. Michel in dem von Dr. Lichem herausgegebenen Lehrbuch der „Kriminalpolizei", Graz

Manchmal kommt es auch vor, daß Menschen bei der Polizei jede Auskunft über Name und Herkunft verweigern, oder daß es sich um Kinder handelt oder um Geisteskranke, die keine Auskunft geben können. Auch hier muß ja das Alter geschätzt werden, wenn die Beschreibung solcher Menschen in Fahndungsersuchen aufgenommen werden soll.

In einem lehrreichen Falle eines erfolglosen Selbstmordversuches einer vornehmen Frau in London, die nach ihrer Rettung jede Auskunft über ihre Person verweigert hatte, ließen die Ärzte des Krankenhauses, in das sie eingeliefert worden war, eine auffallend schöne und wertvolle Perlenhalskette, sowie die kostbaren Fingerringe, die ihr während des Schlafes abgenommen wurden, photographieren und mit einer Notiz in den Londoner Tageszeitungen abbilden. Sofort meldeten sich Bekannte, durch deren Aussagen die schweigsame Unbekannte identifiziert werden konnte.

Schließlich noch die Entfernungsschätzungen, die hier nur insoweit Bedeutung haben, als die Angaben von Wiedererkennungszeugen, in welcher Entfernung sie einen Menschen gesehen oder erkannt haben wollen, nachgeprüft werden sollen. Solche Übungen werden am besten im freien Gelände oder auf einem großen Hof vorgenommen. Ich verweise noch auf Hans Groß' Handb. f. UR., Bd. I, S. 183, ebenso auf das oben bereits zitierte Werk von Dr. Lichem, „Die Kriminalpolizei", besonders auf das Kapitel über „Orientierung", S. 179—188.

Auch bei diesen Übungen geht man am besten von bekannten, d. h. zuvor genauestens festgestellten Tatsachen, Abmessungen aus, um die auf Notizzettel von den Schülern aufgeschriebenen Schätzungszahlen miteinander auf ihre Richtigkeit prüfen und die gemachten Fehler erörtern zu können. Auch sind die Übungen jeweils zu variieren, d. h. die Entfernungen müssen unter verschiedenen Zeit-, Witterungs- und Beleuchtungsverhältnissen geschätzt werden.

1935, S. 543ff. veröffentlichte Kapitel „Die Identitätsbestimmung an Leichen". Vgl. auch die S. 115 oben bereits wiedergegebene Tabelle der Skelettknochen, aus deren Größe auf das Alter geschlossen werden kann.

Dritter Teil.

Personenfeststellungsverfahren.

A. Die Feststellung der Persönlichkeit bei der Geburt.

Die Rechtsfähigkeit des Menschen beginnt mit der Vollendung der Geburt. Das ist die allererste Bestimmung unseres seit 1. 1. 1900 geltenden Bürgerlichen Gesetzbuches. Die Feststellung der Persönlichkeit des neugeborenen Menschen erfolgt durch nichts anderes als durch die nackte Tatsache des Geborenwerdens von einer persönlich bestimmten oder bestimmbaren Mutter. Die Namensgebung und Eintragung in das zuständige Personenstandsregister sind die selbstverständliche Folge der Geburt und haben nur einen relativen Sicherungswert. Nun kann es aber Fälle geben, in denen die Feststellung der Persönlichkeit als Abkömmling eines bestimmten Elternpaares oder wenigstens einer bestimmten Mutter ungewiß ist und in Zweifel gezogen werden kann. Nämlich dann, wenn die Geburt nicht in der Behausung der Eltern, sondern z. B. in einer Geburtsklinik oder in einem Wöchnerinnenheim erfolgt, auch dann, wenn das Kind im frühesten Lebensalter seine Mutter verläßt, sei es durch seine Überlassung als Pflege- oder Adoptivkind an fremde Eltern oder durch Aussetzung oder gar durch Kindesraub und Kindesunterschiebung. In solchen Fällen fehlt es an zuverlässigen Erkennungs- und Feststellungsmitteln.

Nun haben die Leiter von Geburtskliniken schon längst die Gefahr einer Verwechselung durch das Pflegepersonal erkannt und durch bestimmte Markierungsverfahren eine solche Gefahr auszuschließen versucht. Das ist gut so und muß auch so sein, denn jede Einwendung gegen eine Verwechselungsgefahr wird hinfällig, wenn tatsächlich schon ein Fall einer Säuglingsverwechslung in einer Geburtsklinik festgestellt worden ist, wie uns ein Urteil des Landgerichts München-Gladbach vom 28. Juni 1932 belehrt (Akt.-Z. 2 R. 28/31).

Vielleicht war es der Sorgfalt und Gewissenhaftigkeit in deutschen Krankenhäusern zu verdanken, daß solche Fälle nicht öfter vorgekommen sind und ausgeschlossen werden können, wenn schon ein primitives Markierungsverfahren angewendet wird.

Dagegen wurden aus Amerika wiederholt Fälle von Säuglingsverwechslung oder wenigstens von Streitigkeiten bekannt, in denen eine Verwechslung von einer Seite behauptet wurde. Das hat dort zur Folge gehabt, daß zu dem bisherigen Markierungsverfahren noch ein wirklich zuverlässiges, bleibendes und unfehlbares Identifizierungshilfsmittel hinzugenommen wurde: Die Podoskopie oder die Aufnahme von Fußabdrücken der Neugeborenen in den Geburtskliniken, deren Leiter ja die volle Verantwortung für die Echtheit der bei der Geburt entstehenden Personenstandsverhältnisse zu tragen haben. Sie ist um so größer, je größer der Andrang in solchen Anstalten ist, der eine Verwechselungsgefahr steigert. Die Einrichtung und Anwendung solcher Persönlichkeitsfeststellungsmittel werden dort als eine soziale Mission betrachtet, die um so wichtiger erscheint, als vom erbbiologischen Gesichtspunkte aus die beginnende Rechtsfähigkeit an der Schicksalschwelle des neugeborenen Menschen mit allen Mitteln sichergestellt sein muß. Die amerikanischen Geburtsärzte waren weitsichtig genug, um zwischen den althergebrachten, vorübergehenden Sicherheitsmitteln eines nur für die Dauer des Krankenhausaufenthaltes bestimmten Markierungsverfahrens und einem für die ganze Lebenszeit bestimmten Wiedererkennungsmittel zu unterscheiden, wie es nur die Finger- und Fußabdrücke bieten können.

Zuerst wurde dieses Fußabdruckverfahren zusätzlich im größten Mutterschaftshospital Amerikas, im Lying-In Hospital in Chicago im Jahre 1915 eingeführt und seitdem mit 100%igem Erfolg angewendet.[1]) Es diente vielen anderen amerikanischen, sogar auch Geburtskliniken in Wien[2]) zum Vorbilde.

Der Vorgang dieses Sicherungsverfahrens in dem genannten Hospital in Chicago ist kurz folgender:

Während im Geburtsraum die notwendigen ersten Tätigkeiten ausgeführt werden, wird als eine der ersten Maßnahmen eine Metallmarke am Hals[3]) oder Handgelenk des Neugeborenen befestigt, welche die gleiche Nummer trägt, wie eine entsprechende, um den Hals der Mutter gebundene Metallmarke. Sofort nach der Waschung erhält der Neugeborene einen Klebestreifen auf den Rücken geklebt mit dem Namen der Mutter und dem Tag der Geburt. Als drittes Verfahren wird die Auf-

---

[1]) Vgl. den Bericht in „Finger Print Magazine", Chicago 1924, Nr. 12, S. 8 und 1930 Nr. 4, S. 3.

[2]) Wie mir bereits 1932 aus Wien mitgeteilt worden ist, haben dort sechs Entbindungsheime die Podoskopierung von Neugeborenen eingeführt, beginnend mit dem Jahr 1930.

[3]) Halsmarken an der Schnur sollten bei Neugeborenen grundsätzlich vermieden werden.

nahme von Fußabdrücken angewendet, an Stelle von Fingerabdrücken, die nämlich unmittelbar nach der Geburt wegen der Feinheit der Papillarlinien noch nicht aufnahmefähig sind. Die Fußabdrücke werden aufgenommen, noch ehe der Neugeborene oder die Mutter den Geburtssaal verläßt. Die Abdrücke werden auf zwei Vordrucken aufgenommen, von denen der eine im Hospital verbleibt, während der zweite Abdruck in Form eines Hospital-Geburtszeugnisses der Mutter beim Verlassen des Krankenhauses ausgehändigt wird. Neuerdings wird auch ein Fingerabdruck der Mutter auf die im Hospital verbleibende Urkunde gesetzt, was deswegen die Sicherheit erhöht, weil damit nochmals einwandfrei beurkundet wird, welcher Neugeborene zu einer bestimmten Mutter gehört.

So werden seit über zwanzig Jahren im Lying-In Hospital in Chicago die Fußabdrücke der dort geborenen Kinder gesammelt aufbewahrt, und nur selten ist diese Sammlung später einmal von den Müttern durch Nachfragen in Anspruch genommen worden, weil alle Eltern von der unfehlbaren Gewißheit der so gesicherten Kindesidentität völlig überzeugt sind und wissen, welch unschätzbarer Wert diese Beweisdokumente im Falle des Verschwindens ihres Kindes haben.

Bei der VII. Jahresversammlung der „International Association for Identification" im Jahr 1931 in Rochester (N. Y.) befaßte sich diese Gesellschaft u. a. auch mit der Frage der Identifikation von Neugeborenen. Dr. J. Castellanos (Havanna, Cuba) hatte den Hauptbericht übernommen (veröffentlicht in „Proceedings of the seventh annual convention" der gen. Gesellschaft, S. 214—220), dem ich nachstehend einige Ausführungen entnehme:

Wenn der Mensch in die soziale Umgebung hineingeboren wird und nur ein Objekt pfleglicher Behandlung ist, weil er lebt, ohne denken und handeln zu können, wird ohne sein Zutun, ohne sein Wissen und Wollen seine Persönlichkeit begründet. Er kann sich nicht wehren, wenn er geraubt, untergeschoben oder verwechselt wird und so der natürlichen Lebens- und Rechtssphäre seiner Familie entrissen und damit sein biologisches Wesen verfälscht wird. Um an der Schwelle des menschlichen Lebens einen unverrückbaren Markstein für seine Ankunft und seine Existenz zu setzen, hat man gewisse Sicherungsmittel erdacht und angewendet, um seine Persönlichkeit gewissermaßen als solche rechtlich und biologisch zu garantieren. Dieses Bedürfnis machte sich zuerst in den Entbindungsanstalten fühlbar, wo aus naheliegenden Gründen[1]) immer eine gewisse

[1]) Vor allem, weil gleich nach der Geburt das Kind von der Mutter getrennt und in ein gesondertes Säuglingszimmer verbracht wird.

Gefahr der Verwechselung eines Neugeborenen besteht und die Wiedererkennung eines Kindes durch die Mutter nicht mit Sicherheit zu erwarten ist.

Hier möchte ich auf einen lehrreichen Versuch hinweisen, der in einer staatlichen Klinik in Havanna (Cuba) vor einiger Zeit durchgeführt wurde[1]). Unter dreißig Neugeborenen (von 4—10 Tagen Alter) sollten Mütter ihre eigenen wieder herausfinden. Keine der Mütter hatte ihr Kind, außer kurz nach der Geburt, gesehen. Von 30 Müttern konnten 28 ihre Kinder sofort, aber auch die restlichen zwei ebenfalls nach einigem Zögern, wiedererkennen. Selbstverständlich war Vorsorge getroffen, daß im Falle einer Verwechslung der Irrtum sofort urkundlich nachgewiesen werden konnte.[2])

Ein anderer Fall aus Frankreich (Limoges)[3]), den ich ebenfalls hier einschalten will, belehrt uns aber, daß doch manchmal unvermeidliche Verwechselungen in der Familie selbst vorkommen können, wenn es sich um sehr ähnliche Zwillinge handelt. Das Ehepaar Pasteur hatte ein drei Monate altes Zwillingspaar Jacques und Renard. Den sich völlig gleich aussehenden Kindern hatten die Eltern Schilder um den Hals gehängt, um sie voneinander unterscheiden zu können. Doch durch irgendein Versehen waren die Schilder abhanden gekommen. Ärzte und Behörden wurden nun angerufen, um die eingetretene Verwechselungsmöglichkeit zu beseitigen und aus tatsächlichen und rechtlichen Gründen die Persönlichkeit des Jacques und des Renard festzustellen. Wenn es aber an einer urkundlichen Feststellung der Persönlichkeit der einzelnen Zwillinge schon bei der Geburt fehlt, kann dies auch nicht mehr nachträglich geschehen, vielmehr muß jetzt durch irgendein Verfahren die Persönlichkeit des einen und des anderen Zwillings in Verbindung mit einem der beiden Namen erneut und für immer festgelegt werden, ohne Rücksicht darauf, ob diese Feststellung auch mit der seinerzeitigen Markierung durch angehängtes Schild übereinstimmt oder nicht.

In vielen amerikanischen Entbindungskliniken sind, wie erwähnt, solche Verfahren schon seit langem (zuerst 1915) auspro-

---

[1]) Vgl. LokAnz. Berlin vom 25. 9. 1934.

[2]) Nach einem in Heindls Daktyloskopie (Berlin 1922, S. 22 f.) veröffentlichten Bericht sollen die chinesischen Mütter genau über die Fingerspitzenmuster ihrer Neugeborenen informiert sein, sodaß sie jederzeit in der Lage wären, ihr Kind danach wiederzuerkennen.

[3]) Berl. LokAnz. vom 2. 8. 1934.

biert und eingeführt worden, soweit es sich um daktyloskopische, bzw. podoskopische handelt[1]).

Es sind diese fünf Verfahren zur Anwendung gekommen:

1. Befestigung eines mit Aufschrift versehenen Klebestreifens auf Rücken, Brust oder Handgelenk des Kindes,
2. Bandmarken um Hals oder Handgelenk,
3. Markierung mit chemischen Mitteln,
4. Physikalische Methode der Markierung unter Anwendung der ultravioletten Bestrahlung (Einstrahlung von Namen und Zahlen mit Hilfe von Schablonen)[2]).
5. Die Finger- und Fußabdruckmethode.

Die Markierung des Neugeborenen mit befestigten Marken am Handgelenk oder Hals ist die älteste und verbreitetste Methode[3]). Wo und wann sie zuerst angewendet worden ist, läßt sich nicht mehr feststellen. Meistens wird aber die erste mit der zweiten Methode verbunden angewendet, wie z. B. in vielen Entbindungskliniken Amerikas und von Canada.

Schon im Jahre 1897 hatte der (i. J. 1934 verstorbene) Prof. Ottolenghi (Rom) die Daktyloskopie zu diesem Zwecke vorgeschlagen; die Versuche blieben aber ergebnislos, weil die Papillarlinien der Neugeborenen, wenigstens in der ersten Zeit, zur Abdrucknahme ungeeignet sind und jedenfalls keine brauchbaren Abdrücke ergeben.

Im Jahre 1915 wurden in Buenos Aires zum gleichen Zwecke daktyloskopische Versuche gemacht. Auch dort ergab sich, daß erst in der dritten Lebenswoche des Kindes in günstigen Fällen, d. h. vor allem bei günstigem Ernährungszustande, einigermaßen brauchbare Fingerabdrücke zu erzielen sind. Im gleichen Jahre wurden, zum ersten Male, im Maternity Hospital in Chicago[4])

---

[1]) Die Bezeichnung „Podoskopie" habe ich eingeführt (nach dem griechischen Wort pous (Genitiv: podos) = Fuß, Skopie (von skopein = schauen) gebildet, also „Fußschau".

[2]) Wird auch vereinzelt in deutschen Kliniken angewendet.

[3]) In Havanna (Cuba) ist folgendes Verfahren in Anwendung: Die Mutter erhält ein mit Nummer versehenes Halsband aus Leichtmetall mit einem damit verbundenen und versiegelten Handgelenkband (mit gleicher Nummer). Wenn das Kind geboren ist, wird das Handgelenkband vom Halsband der Mutter gelöst und am Handgelenk des Kindes angebracht und versiegelt. Das Metall ist, im Gegensatz zu Stoffbändern oder Schnur, leicht sterilisierbar.

[4]) Im Lying-In Hospital, der größten Entbindungsklinik der Welt. Vgl. auch Bert Wentworth, Personal Identification. Boston 1918, S. 359 ff., wo auch ein kurzer Rückblick auf die Entwicklung dieser Frage gegeben wird.

Fußabdrücke der Neugeborenen aufgenommen, zu Identifizierungszwecken registriert und aufbewahrt, nachdem die Fachliteratur diesen Weg gezeigt hatte. Alsbald wurde dann dieses Abdruckverfahren an mehreren amerikanischen und kubanischen Entbindungsanstalten eingeführt. Es hat sich herausgestellt, daß dieses Verfahren das einzig richtige und unersetzlich ist, während die anderen Methoden ihre besonderen Nachteile haben: Sowohl

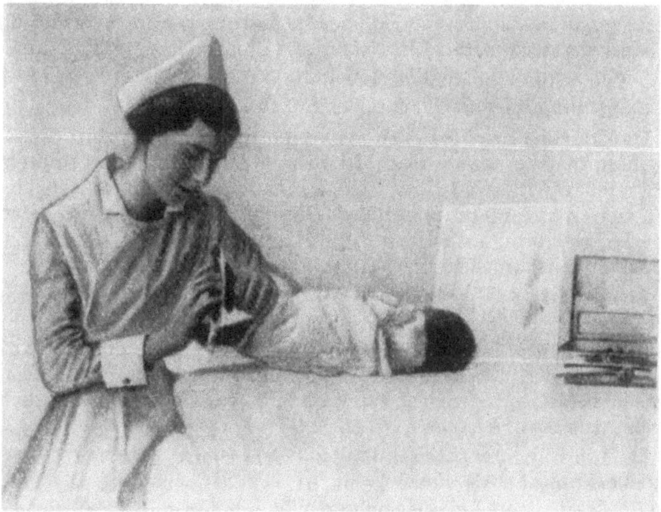

Abb. 66. Säuglingsschwester eines amerikanischen Entbindungsheimes bei der Fußabdruckabnahme.

die angewendete Markierung mit wasserunlöslicher Tinte oder mit einer 50%igen Silbernitratlösung verschwindet ebenso bald wie die mit Ultraviolettlicht erzeugte Beschriftung[1]).

Aber auch die anderen Markierungsverfahren können nur einen Notbehelf darstellen, da die dazu verwendeten Mittel verloren gehen, absichtlich beseitigt oder vertauscht werden können oder sonstwie unbrauchbar werden. Außerdem sind alle diese Markierungsmittel nur von vorübergehendem Wert, also vor

[1]) In Groß' Archiv f. Kriminologie, Band 97, S. 68, wird hierfür als chemische Schreibflüssigkeit empfohlen: Äthylalkohol (7 ccm), dest. Wasser (3 ccm), Silbernitrat (1 g), Pylollblau (0,25 g); die Schrift hält aber auch nur 2 Wochen.

allem nur für die Dauer des Aufenthaltes in der Klinik bestimmt. Wo es aber auf Identifizierungsmittel von unzerstörbarem, bleibendem Wert ankommt, kann nur die Markierung und Persönlichkeitsfeststellung nach der unter Ziffer 5 bezeichneten Methode erfolgen, sie ist unersetzlich und unübertrefflich, weil sie, richtig angewendet, jedes Bedenken, jede Einwendung einer Verwechselung für alle Zeiten ausschließt, daher Vorwürfe gegen das Krankenhauspersonal oder gar gerichtliche Klagen verhindert und auch in späteren Lebensjahren jederzeit die Nachprüfung der ersten Persönlichkeitsfeststellung im Entbindungsheim ermöglicht, ganz zu schweigen von dem unbedingten Vertrauen der Mütter selbst.

Von Verwechslungen Neugeborener hört man immer wieder in der Welt, vor allem in Amerika, aber auch wir in Deutschland haben unseren gerichtlich festgestellten Fall. (Vgl. das oben schon erwähnte Urteil des Landgerichts M.-Gladbach vom 28. 6. 1932, Fall Beuth-Donk); im Zentralblatt für Gynäkologie 1932/23 (S. 1412) wird andeutungsweise auch ein Verwechselungsfall aus einem Budapester Krankenhaus erwähnt.

Dr. Bergglas, Assistent beim städt. Entbindungsheim in Wien, berichtet (a. a. O.) über das auch dort seit 1. Januar 1930 eingeführte Verfahren der Fußabdruckabnahme mit folgenden Worten: „. . . Sofort nach der Geburt wird in Gegenwart der Mutter mittelst einer kleinen 5 cm breiten Hartgummiwalze eine ganz dünne Schicht von Buchdruckerschwärze auf die trockene Fußsohle des Kindes aufgetragen und leicht auf ein weißes, glattes, nicht glänzendes Papier abgedrückt. Günstig ist es, wenn man das auf einer harten, glatten Unterlage befindliche Papier, von der Ferse beginnend, gegen die Zehen hin unter leichtem Druck von der Fußsohle abrollt. Auf dasselbe Blatt kommt dann der Abdruck des Zeigefingers der Mutter und deren Unterschrift. Das ganze Verfahren nimmt kaum 1 Minute in Anspruch, und nur selten ist der Abdruck so wenig genau, daß noch ein zweiter hergestellt werden muß. In keinem Falle wurde bisher ein daktyloskopischer Abdruck von der Mutter verweigert, ganz im Gegenteil konnten wir immer wieder beobachten, daß die Frauen, über den Zweck des Verfahrens aufgeklärt, sehr gerne sich diesem unterziehen ließen." Bei den mehreren tausend Aufnahmen hatte sich noch keine einzige Notwendigkeit ergeben, Einwendungen durch Nachprüfung des bei der Geburt aufgenommenen Feststellungsmaterials zu entkräften.

Während dieses Feststellungsmaterial grundsätzlich bei der Geburtsgeschichte im Krankenhaus verwahrt bleibt, sind einige Kliniken in Amerika schon dazu übergegangen, der Mutter bei Verlassen des Entbindungsheimes ein Zeugnis auszuhändigen. Es enthält z. B. folgende Angaben:

Krankenhaus-Geburtszeugnis.

Es wird bescheinigt,

daß .... (Name) ....
im .... (Name des betr. Krankenhauses) ....
geboren wurde am .... (Zeit und Stunde der Geburt) ....

(Beglaubigungsvermerk nebst Unterschriften des Stationsarztes und Krankenhausvorstehers.)

Zur Familiengeschichte:

Vaters vollständiger Name:
Seine Wohnung:
Geburtsort und -zeit:
Mädchenname der Mutter:
Geburtsort und -zeit:
Ort der Eheschließung der Eltern:
Zeit der Eheschließung der Eltern:

(Hier Abdruck des rechten Fußes des Kindes.)

Man war sich in maßgebenden Kreisen in Amerika so einig über die Notwendigkeit einer solchen Persönlichkeitsfeststellung bei der Geburt, daß ein Gesetzentwurf, betr. die obligatorische Anwendung dieses Verfahrens bei allen Neugeborenen, in USA. ausgearbeitet und dem Kongreß in Washington eingereicht worden ist. (Über sein Schicksal ist mir nichts bekannt.)

Das Wiener Verfahren halte ich deswegen für das beste, weil auf einem einzigen Blatt neben zwei technischen Identifizierungsmitteln (Fuß- und Fingerabdruck) ein auch den Eltern verständliches Feststellungshilfsmittel, die Unterschrift der Mutter, steht.

Prof. Henkel (von der Univ.-Frauenklinik in Jena) nimmt zu dieser Frage ebenfalls Stellung[1]), nachdem er das Verfahren in Amerika kennengelernt und an seiner Arbeitsstätte nachgeprüft hatte. Er sagt: „... Es ist geradezu erstaunlich, wie unterschiedlich derartige Fußabdrücke werden, wenn man eine große Anzahl macht. Eine große praktische Bedeutung kommt diesen an sich vielleicht interessanten Bestrebungen nicht zu, denn jede geburtshilfliche Klinik hat heute durch die Gewichts-, Ernährungs- und Stoffwechselkurven, die geführt werden, so viele andere und vor allem sichere Anhaltspunkte, daß die Verwechslungsgefahr ausgeschlossen ist." — Die Persönlichkeitsfeststellung bei der Geburt soll aber bleibende Beweise schaffen und sichern.

---

[1]) Zentralbl. f. Gynäkologie 1928, Nr. 52, S. 548.

Als Schulbeispiel eines Kindesunterschiebungsprozesses ist aus der Berliner Kriminalgeschichte der Fall Kwilecki kurz zu erwähnen, den im Oktober 1903 das Berliner Schwurgericht zu erledigen hatte. Hauptangeklagte waren die gräflichen Eheleute Kwilecki. Die Gräfin hatte angeblich am 27. Januar 1897 in Berlin einen Knaben geboren, sie war im Jahre 1846 geboren, also bereits 51 Jahre alt. Es war eigentlich ein Kampf um das

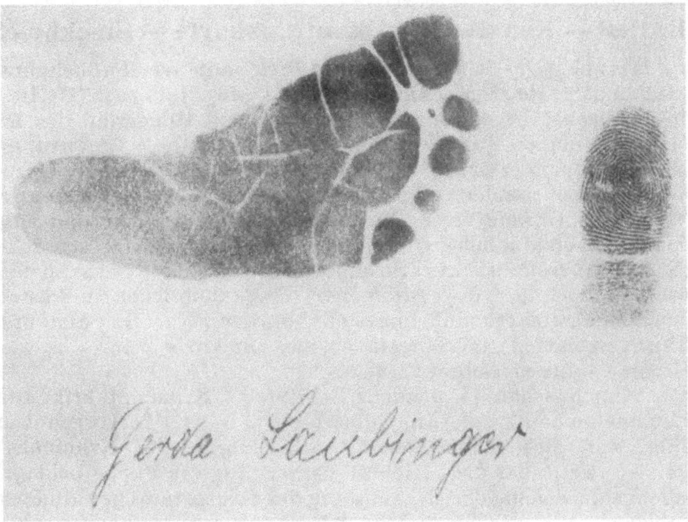

Abb. 66a. Fußabdruck des Neugeborenen, Fingerabdruck und Unterschrift seiner Mutter. (Wiener Klinik.)

Majorat, er endete mit einem Freispruch, trotzdem schwer belastende Indizien die Anklage gestützt hatten. Über die anatomischen Merkmale wurden einige Sachverständige vernommen. Zum Vergleiche herangezogen wurden: Kopfform, Form des Gesichts, der Jochbeinknochen, Gestalt und Form der Ohren, Augenbrauen, Iris, Nasenwurzel, Form der Nase, Lippen, Mundwinkel, Mundspalte, Zähne, Gaumen, Kinnbildung, Hände, Form und Länge der Finger und Nägel, Verlauf der Hautfurchen in den Handtellern, Wölbung des Fußes, endlich der Gang. Die anatomische Untersuchung der Sachverständigen hat keine Anhaltspunkte für die sichere Zusammengehörigkeit des fraglichen Knaben zu der gräflichen Familie ergeben, aber auch nicht die

Zusammengehörigkeit zu der Familie der Frau Meyer, der angeblich richtigen Mutter des umstrittenen Knaben[1]).

Ähnlich waren auch die Untersuchungen im vorerwähnten Säuglingsverwechslungsprozeß in M.-Gladbach 1932, nur daß hier auch biologische Untersuchungsmethoden zur Verfügung standen, vor allem die Blutgruppen- und Papillarlinienuntersuchung, so daß das Ergebnis dieser Untersuchungen viel genauer und zuverlässiger war und sein konnte als im Kwilecki-Prozeß.

B. Paß — Kennbuch — Identitätskarte — Steckbrief.

Das heutige Paßrecht stützt sich auf die Paßbekanntmachung des Reichsinnenministeriums vom 7. Juni 1932 (RGBl. I S. 257) nebst Ergänzungsbestimmungen im Runderlaß des Pr. Min.d.I. vom 30. Juni 1932 (MBliV. S. 685). Diese Ergänzungsbestimmungen erklären an einer Stelle ausdrücklich: „Unzulässig ist insbesondere die Anbringung von Fingerabdrücken im Paß." Die Gründe dieses Verbotes kennt man nicht und sind daher unverständlich. Durch eine im Reichsgesetzblatt 1916 (S. 609) veröffentlichte Bekanntmachung des Reichskanzlers war nämlich die Verwendung von Fingerabdrücken in Pässen den Bundesstaaten anheimgestellt worden. Nur Bayern und Sachsen hatten, allerdings auch nur auf kurze Zeit — es war Krieg! — davon Gebrauch gemacht.

Wie ich schon in meinem Lehrbuch „Kriminaltaktik und Kriminaltechnik" (4. Aufl. Lübeck 1933, S. 254) hervorgehoben habe, hat sich schon vor fast 120 Jahren der Kriminalist Schwenken über die verfehlte Einrichtung des Passes beklagt, indem er in seinem, der Bekämpfung des Gaunertums gewidmeten Lehrbuch geschrieben hatte: „Dem Gauner würde es weit schwerer fallen, durch die Verwechslung und Verunstaltung seines Namens und die unrichtige Angabe seines Geburts- und Wohnortes die Gerichte über seine persönlichen Verhältnisse zu täuschen, wenn bei Erteilung der Pässe allenthalben mit der gehörigen Vorsicht und Gewissenhaftigkeit zu Werke gegangen würde. Dies ist aber leider so wenig der Fall, daß es vielmehr noch Orte genug gibt, wo das Paßwesen mehr als eine Finanzquelle, denn als ein Mittel zur Förderung der Sicherheitspflege behandelt zu werden scheint. Nichts ist aber trauriger, als dem Zwecke einer Institution, welche für den ehrlichen Mann mit so vielen Beschwerden und Kosten verbunden ist, gerade von denjenigen Behörden, durch welche jener Zweck erreicht werden soll, entgegenzuwirken sehen."

---

[1]) Dargestellt in Band I der „Interessanten Kriminalprozesse von kulturhistorischer Bedeutung". (Berlin 1910, S. 13—45.)

Südamerikanische Staaten haben es wiederum für notwendig angesehen, daß in jeden Paß der Fingerabdruck des Inhabers gehört, was auch nach meiner Ansicht richtig ist, weil dadurch die noch immer zahlreichen Paßfälschungen in der Welt einfach unmöglich gemacht werden könnten.

Daß Beschreibung und Abbildung des Paßinhabers durchaus nicht ausreichen, den Inhaber bei Grenzkontrollen und sonst noch verlangtem Ausweis zuverlässig danach wiederzuerkennen, ist verständlich, wenn an ähnliche Menschen, die es ja genug gibt, gedacht wird. Ich brauche ja nur an die Zwillinge oder an ostasiatische Ausländer zu erinnern, deren Unterscheidungsmerkmale uns weniger geläufig sind. Vor einigen Jahren hatte Peru über eine ungewöhnlich hohe Zahl von eingewanderten Chinesen zu klagen. Es gibt in der peruanischen Hauptstadt Lima viele Chinesen, etwa 50000, so daß eines Tages die chinesische Einwanderungsquote auf ein bestimmtes Minimum beschränkt wurde. Den Hafenpolizeibeamten fiel es aber auf, daß immer noch zahlreiche Chinesen mit ordnungsmäßig visierten Pässen aus ihrer Heimat in Peru anlangten. Auf Anfrage bestätigte aber die peruanische Gesandtschaft in China, daß schon seit Monaten kaum noch einem Chinesen die Einwanderungserlaubnis nach Peru gegeben worden sei. Eine Untersuchung ergab nunmehr, daß viele der in Lima ansässigen Chinesen ihre früher einmal ordnungsmäßig visierten Pässe einfach Verwandten und Bekannten nach China gesandt, zum Teil auch verkauft hatten, um ihnen die verbotene Einreise dennoch zu ermöglichen.

Die Mangelhaftigkeit der Pässe einerseits und die Ungeübtheit, die Merkmale ausländischer Rassen zu erkennen und zu unterscheiden, machten diesen Masseneinwanderungsbetrug erst möglich. — Andererseits kann die Polizei aber auch einmal recht empfindlich sein, wenn nämlich die Photographie veraltet und offensichtlich starke Abweichungen vom Aussehen des Inhabers des Passes aufweist. Eine unangenehme Erfahrung machte z. B. eine französische Schauspielerin, die nach Italien reisen wollte. An der Grenze erklärte man ihr, daß ihr Paß nicht gültig sei, weil das Lichtbild darin nicht ihre Photographie sei, vielmehr die einer viel älteren Frau. Vergebens machte die Schauspielerin die Beamten darauf aufmerksam, daß sie sich vor kurzem einer Schönheitsoperation unterzogen habe, die ihr ganzes Gesicht verjüngt habe. Aber trotzdem wurde sie nicht über die Grenze gelassen und mußte zuvor ihren Paß mit einem neuen Lichtbild versehen lassen.

Die Klagen über die Unzulänglichkeit und Buntscheckigkeit der Pässe aller Länder sind allgemein; daher wurde beim internationalen Kongreß für Ein- und Auswanderung (Rom 1924) ein für alle Länder gültiger Paß vorgeschlagen, und zwar griff man zurück auf das von den beiden Norwegern Dr. Jon Alfred Mjön und Jon Bö seinerzeit in Vorschlag gebrachte „Kennbuch" (Livret d'identité), das ich in meinem Buche „Einführung in die Kriminalsoziologie und Verbrechensverhütung" (Jena 1935, S. 100) näher beschrieben und beurteilt habe. Neben den polizeitechnischen Identifizierungshilfsmitteln: Beschreibung, Fingerabdrücke beider Hände, Unterschrift des Inhabers sollte dieses Kennbuch auch alle ihn betreffenden wichtigsten Urkunden seines Lebens enthalten. Als Merkmale enthielt das „Kennbuch" folgende Rubriken: Körperhöhe, Kopfindex, Haarfarbe, Augenfarbe, Hautfarbe. Besondere Merkmale: Muttermale, Leberflecke, Pockennarben, Narben, Verstümmelungen usw. Außerdem Lichtbild (Vorder- und Seitenansicht) des Inhabers, seine zehn Fingerabdrücke, den Abdruck der ganzen rechten Hand, Familienstammbaum usw.[1]).

Ungefähr in die gleiche Zeit fällt das am 19. November 1924 bekanntgegebene chilenische Gesetz über die Personenfeststellung und die Einführung eines Identitätsbuches (Carnet de Idendidad). Es wird ein staatlicher Erkennungsdienst mit folgenden Aufgaben eingeführt:

1. Eintragung der Personen und ihrer körperlichen Merkmale.
2. Ausgabe des Identitätsbuches.
3. Ausstellung von Führungsattesten.
4. Führung von Personalbogen, in die gerichtlich und polizeilich gemeldete Angaben eingetragen werden.
5. Führung einer Kriminalstatistik.
6. Auskunfterteilung an Gerichts- und Verwaltungsbehörden.

Jeder Einwohner über 18 Jahre, gleichgültig ob Chilene oder Ausländer, ist verpflichtet, ein Identitätsbuch zu beantragen und es alle vier Jahre erneuern zu lassen. Für Ausländer gilt dies nur, wenn ihr Aufenthalt länger als zwei Monate dauern soll.

Das Bestreben daktyloskopischer Kreise in Amerika, die ganze Bevölkerung des Landes daktyloskopisch aufzunehmen, ist dort schon recht weit gediehen, wie die Chicagoer Fachzeitschrift

---

[1]) Ähnlich das neu geschaffene „Gesundheitsstammbuch", vom Amt für Volksgesundheit der NSDAP herausgegeben. Es soll Auskunft geben über Abstammung (Sippschaftstafel), erbliche Belastungen, biologische gute Anlagen. Das Buch soll über die drei wichtigsten Lebensabschnitte des Inhabers genaue Eintragungen enthalten: Säuglings- und Kleinkindalter, Entwicklungsalter vom 6.—18. Lebensjahr und das Erwachsenenalter. Dann werden in genauen Kurven die verschiedenen Untersuchungsergebnisse eingetragen, wie Entwicklungszustand, Ernährung, Körpergewicht und -größe, Krankheitsanlagen oder körperliche Fehler und Ergebnisse von Blutkreislauf- und Atmungsprüfungen, Zustand der Zähne. Auch psychologische Befunde, z. B. über Ausdrucksfähigkeit, Spielfreudigkeit, sollen eingetragen werden.

„Finger Print and Identification Magazine" seit Jahren zu berichten weiß. Mexiko ist das erste Land, das seit 1. Januar 1934 die Fingerabdrücke aller Einwohner aufnimmt und durch einen „Personenfeststellungsdienst" registrieren läßt (Mexiko hat 15 Millionen Einwohner).

Im nordamerikanischen Kriegsdepartement ist das Fingerabdruckverfahren sogar schon seit dem Jahre 1906 in Anwendung und durch eine Heeresverordnung vom 30. November 1923 verallgemeinert und neu geregelt worden. Schon im Weltkriege machte sich dieses Verfahren für die amerikanischen Kriegsteilnehmer nutzbar, wie auch bei späteren Unglücksfällen, besonders beim Auffinden tödlich verunglückter Marinesoldaten. Vor wenigen Jahren machte die Vereinigung der Polizeiverwalter des Staates New York bei ihrer Jahreszusammenkunft in Utica (N. Y.) einen neuen Vorstoß nach dieser Richtung, indem sie folgenden Beschluß faßte[1]:

Ein entsetzliches Verbrechen des Kinderraubes (Lindbergh-Kind)[2] hat vor nicht so langer Zeit der Öffentlichkeit bewiesen, daß jede Person zu dem Zwecke fehlerfreier Identifizierung ständig registriert werden müßte. Es sollte eine derartige Registrierung mit der Geburt des Kindes einsetzen und von da ab das ganze Leben hindurch fortgeführt werden. . .

Es sollen folgende Richtlinien eingehalten werden:

1. Mit dem Gesundheitsdepartement (Wohlfahrtministerium) ist Fühlung zu nehmen, damit in unser Gesetz, betreffs Lebensdauerstatistik, die notwendigen Bestimmungen aufgenommen werden, von jedem innerhalb unseres Staates geborenen Kinde Fußabdrücke zu erhalten.
2. Mit dem Erziehungsdepartement (Kultusministerium) ist Fühlung zu nehmen zu dem Zweck, Fingerabdrücke von jedem Kind zu erhalten, das in öffentliche, private oder Kirchenschulen eintritt.
3. Die gesammelten Unterlagen sowohl des Gesundheits-, als auch des Erziehungsdepartements sind den geeigneten und beglaubigten Vertretern der Strafverfolgungsbehörden zur jederzeitigen Einsicht zu überlassen.
4. Mit dem Erziehungsdepartement ist in Verbindung zu treten zu dem Zwecke, die Vorbildung der Kinderwärterinnen, Ärzte und Hebammen dahin zu erweitern, daß sämtliche zu den betreffenden Stellungen amtlich zugelassenen

[1]) Vgl. Groß' Archiv f. Kriminologie Bd. 96 (1935) S. 177.

[2]) Am 1. März 1932; am 13. Febr. 1935 wurde Bruno Hauptmann deswegen zum Tode verurteilt und (über 1 Jahr später) auf dem elektrischen Stuhl hingerichtet. Vgl. meine Arbeit „Die Beweismittel im Mordprozeß Lindbergh gegen Hauptmann" (Groß' Archiv Bd. 96 S. 189—198).

Personen angelernt werden, nach einem durch die neuesten wissenschaftlichen Methoden erprobten Verfahren Fuß- und Fingerabdrücke zu nehmen.

5. Bis zur Durchführung einer derartigen Reform sind die Polizeibehörden zur Aufnahme von Fuß- und Fingerabdrücken zu ermächtigen.

6. Kopien dieses Beschlusses sind an die Vertreter unseres Staates im Kongreß und im Senat der Vereinigten Staaten weiterzuleiten, behufs Erwägung unseres Vorschlages, daß bei der Volkszählung in den V. St. eine Registrierung durch Fingerabdrücke eingeführt werde.

An dieser Stelle möchte ich noch darauf aufmerksam machen, daß auch der Gedanke, ein internationales Auskunftbüro zu erkennungsdienstlichen Zwecken zu schaffen, amerikanischen Kriminalisten zu verdanken ist. Im Januar 1899 lud die Polizei in Chicago, wo bereits 1894 ein Identifizierungsbüro eingerichtet worden war, auch die europäischen Polizeizentralen zum Anschluß ein, nachdem sich bereits 37 Polizeiverwaltungen der größten Städte der Ver. Staaten von Nordamerika angeschlossen hatten. Es kam aber nur zu einem Austausch der Meßkarten internationaler Verbrecher. Zuvor, d. h. im Dezember 1895, hatte auch die Dresdener Polizeidirektion die Errichtung einer Zentralstelle für internationale Verbrecher für ganz Deutschland vorgeschlagen, evtl. mit Einschluß von Österreich-Ungarn. Die Polizei in Chicago war auch die erste in USA., die schon 1888 das Bertillonsche Verfahren der Körpermessung eingeführt hatte, während St. Louis aus Anlaß der Weltausstellung zuerst in USA. die Daktyloskopie einführte und zugleich von den Polizeizentralen der Weltstädte die Photographien internationaler Gauner einforderte, deren unerbetener Besuch während der Weltausstellung zu befürchten war. Dieses Sammelverfahren ist später auch von anderen Großstädten bei passenden Gelegenheiten öfters wiederholt worden.

In Deutschland hat man nur für die Zigeuner eine ähnliche Identitätskarte eingeführt, weil ihre Identitätsfeststellung von jeher die größten Schwierigkeiten macht. Baden hatte dies zuerst getan, indem es gemäß § 47 des Bad. PolStGB. und Verordnung des M. d. I. vom 30. Dez. 1922 ein „Personalblatt" (Doppelblatt, Größe 8 mal 16,5 cm, gelb, starkes, aber biegsames Papier) einrichten ließ, das auf der linken Innenseite folgende Rubriken aufweist: Lichtbild (Paßbild), Abdruck des rechten Zeigefingers. Besondere Kennzeichen: ... Eigenhändige Unterschrift: .... Die rechte Innenseite enthält folgenden Vordruck: Die durch nebenstehendes Lichtbild, den Fingerabdruck und die besonderen Kennzeichen näher bezeichnete männliche (weibliche) Person hat angegeben ...... zu heißen und am ... in ...

geboren zu sein. Beruf: ... Familienstand: ... Name der Ehefrau: ... Datum und Ort der Eheschließung: ... . Fingerabdrücke befinden sich beim Landespolizeiamt Karlsruhe. (Angaben sind nicht nachgeprüft!) Ort (der Ausstellung), den ..... Bezirksamt. — Links unten Platz für den Kontrollabdruck des rechten Zeigefingers.

Einige Jahre später hat auch Preußen eine ähnliche Personenausweiskarte für Zigeuner eingeführt (Vordruck LKP. Nr. 24, Größe 21 mal 29,5 cm, gewöhnliches Kanzleipapier, der linke Rand enthält fünf Felder zur Aufnahme der Fingerabdrücke der rechten Hand, während das Lichtbild auf die rechte obere Ecke einzukleben ist. Die „Bescheinigung" enthält im übrigen folgenden Vordruck:

Bescheinigung.

„Heute ist die nachstehende Person in ... angehalten worden. Es wurden von ihr Fingerabdrücke genommen und Lichtbilder angefertigt. Über ihre Personalien hat sie folgende nicht nachgeprüfte Angaben gemacht:

Name: ... Vornamen: ... Geburtstag: ... Geburtsort: ... Staatsangehörigkeit: ... Beruf: ... Personenstand: ... Zeit und Ort der Eheschließung: ... Ehefrau: ... Ehemann: ... Zahl der Kinder: ... Name des Vaters: ... Name der Mutter: ... Ausgewiesen durch (Ausweispapiere im einzelnen nach Ort, Ausstellungsbehörde und -tag bezeichnen): ....

Wer diese Bescheinigung nicht bei sich führt, setzt sich der Gefahr aus, falls begründete Zweifel über seine Persönlichkeit bestehen, zur Feststellung seiner Persönlichkeit unter den gesetzlichen Voraussetzungen vorläufig festgenommen zu werden. Die Bescheinigung ist auf Verlangen jedem Polizei- und Gendarmeriebeamten vorzuzeigen."

Die Rückseite enthält Platz für Kontrolleintragungen.

Diese Bescheinigung müssen alle Zigeuner über 6 Jahre erhalten; mit Lichtbild werden sie erst versehen, wenn der Inhaber das 18. Lebensjahr erreicht hat.

Bei der sprichwörtlichen Unordnung und Unsauberkeit der Zigeuner muß die Bescheinigung doch öfters erneuert werden, als man ursprünglich gedacht hatte. Dadurch entsteht natürlich eine schwere Belastung der Polizeibehörden.

Der Steckbrief

ist, vom Gesichtspunkt der Personenbeschreibung aus betrachtet, auch ein Schmerzenskind der Polizei- und Gerichtsbehörden; er fällt allgemein viel zu dürftig aus, um danach einen gesuchten

Menschen wiederzuerkennen [1]). Die Beschreibung hat nach einem zweifachen Gesichtspunkte zu erfolgen: einmal soll die Möglichkeit gegeben sein, einen Gesuchten in Freiheit nach seiner Beschreibung wiederzuerkennen. (Was gehört dazu alles!). Sodann um den vorläufig Festgenommenen sofort, d. h. an Ort und Stelle und noch vor der Einlieferung zum Erkennungsdienst, als den Gesuchten festzustellen. Aber nach beiden Richtungen hin bieten die Steckbriefe unserer Behörden nichts Ausreichendes und Zuverlässiges. Trotzdem wir in polizeitechnischer Ausrüstung und Ausbildung große Fortschritte gemacht haben, lassen sich unsere Steckbriefe keineswegs mit jenen des griechischen Altertums vergleichen, die viel sorgfältiger ausgestellt waren, wie die Veröffentlichungen in Roschers ,,Großstadtpolizei" (Hamburg 1912, S. 6ff.) zeigen.

Dagegen enthalten die amerikanischen Steckbriefe, wie man z. B. in jeder Nummer der Chicagoer Zeitschrift ,,Finger Print and Identification Magazine" sehen kann, neben Beschreibung und Lichtbild auch die zehn Fingerabdrücke des Gesuchten, die allerdings in vielen Fällen ungenügend, d. h. unklar aufgenommen wurden.

Wie die Steckbriefe hinsichtlich der Personenbeschreibung, soweit sie von einem geschulten Polizeibeamten aufgenommen und im Erkennungsdienst vorhanden ist, ausgestattet sein müssen, ergibt sich aus der Signalementslehre selbst und braucht nicht mehr näher auseinander gesetzt werden.

Da das Bildnis des Täters aber für das Publikum, das ja bei schweren Verbrechensfällen zur Mithilfe aufgefordert wird, den wichtigsten Bestandteil des Steckbriefes darstellt, kommt die Behörde manchmal in Verlegenheit, weil sie ein Bild des Täters nicht auftreiben konnte. In einem Falle wurde das (sehr ähnliche) Bildnis des Zwillingsbruders im Steckbrief veröffentlicht [2]). In einem anderen Falle hatte die Polizei das Bild des der Persönlichkeit nach noch unbekannten Mörders nach den von den Wiedererkennungszeugen aus der Bildersammlung des Erkennungsdienstes herausgefundenen sehr ähnlichen Verbrecherbildnissen neu konstruiert und dem Steckbrief beigegeben. Besser aber gar kein Bild im Steckbrief, als ein schlechtes, also unkenntliches. In einer Mordsache wurde von den Tageszeitungen das schlechte Bild des kaum 17jährigen Mörders veröffentlicht (1896), der sich das Ausschreiben mit diesem Bild (in Magdeburg), umgeben von einer Schar Neugieriger, selbst ansah. Nach seiner

[1]) Die Bestimmung des § 131 Abs. 3 StPO. lautet: ,,In dem Steckbrief ist der Verfolgte zu bezeichnen und soweit möglich zu beschreiben. Die Tat, deren er verdächtig ist, sowie Ort und Zeit ihrer Begehung sind anzugeben."

[2]) Siehe ,,Die Polizei" v. 26. 9. 1907, S. 241.

Verhaftung gab er dies an mit dem Bemerken, daß ihm das völlig unähnliche Bild erst die Sicherheit gegeben habe, es zu wagen, im polizeilichen Obdach Unterkunft zu suchen und sich von der Polizei ein neues Wanderbuch (auf den angenommenen falschen Namen) ausstellen zu lassen.

Nur noch einige Bemerkungen über die Anwendung der Fingerabdrücke im Steckbrief:

Wenn die Fingerabdrücke eines Menschen in seinem Steckbrief Aufnahme finden sollen, hat dies selbstverständlich nur dann einen Zweck, wenn jeder Polizeibeamte etwas damit anzufangen weiß, also die Formenlehre der Daktyloskopie beherrscht. Das ist aber leider nicht der Fall, und darin liegt eben das wesentlichste Hindernis. Statt der Fingerabdrücke selbst kann auch die Klassifizierungsformel oder wenigstens die einfache Musterbeschreibung der zehn Fingerabdrücke in den Steckbrief aufgenommen werden, was schon eine sehr wichtige Ergänzung der Steckbriefbeschreibung darstellen würde.

Die Art der Verbreitung des Steckbriefes (Ausschreiben in polizeilichen Fahndungsblättern und Tageszeitungen, Aushängen und Anheften an öffentlichen Verkehrsplätzen, in Kinotheatern usw.) gehört zum „Fahndungswesen“ und wird daher hier nicht näher behandelt.

C. Ähnliche Menschen und die Vererbungsgesetze.

Vor einer Gefährlichkeit muß sich auch selbst der in der Signalementslehre geschulte Beamte in acht nehmen: vor den „ähnlichen Menschen“, die von jedem leicht zu verwechseln sind und wie sie in ganz charakteristischer Weise die Zwillinge darstellen. Ich halte es daher für zweckmäßig, auch über diese Frage einige aufklärende Bemerkungen zu bringen[1]).

Wenn wir der natürlichen Ähnlichkeit von Menschen nachgehen wollen, so müssen wir von den Blutsverwandten ausgehen. Hier läßt sich die Ähnlichkeit durch die Vererbungsgesetze wissenschaftlich begründen, nicht aber bei ähnlichen Menschen, die nicht blutsverwandt sind.

Die erbphysiologischen Eigenschaften oder „Genen“ muß man sich als im Keimplasma ruhend vorstellen. Das Vererbungsproblem beruht auf der Zellenlehre. Die mikroskopisch kleinen Zellen, aus denen alle organischen Wesen bestehen, sind selbst wieder aus unterscheidbaren Bestandteilen zusammengesetzt, den sog. Zellkernen. Der Inhalt des Zellkerns besteht aus be-

---

[1]) Nach Dr. E. Teichmann, Die Vererbung, 22. Auflage, Stuttgart 1921, und Dr. R. Lotze, Identische Menschen, in der Zeitschrift „Kosmos“, Heft 9 von 1921.

stimmt umgrenzten, eigentümlichen Körperchen in Form von geraden oder gebogenen Stäbchen, den sogenannten „Chromosomen". Der Mensch besitzt 48 Chromosome in den Körperzellen, die Hälfte davon in den Geschlechtszellen. Jedes Chromosom ist eine Individualität für sich und verkörpert einen bestimmten Eigenschaftskomplex. Jeder Mensch hat alle diese Anlagen doppelt, einmal vom Vater und einmal von der Mutter her. Die Eltern sind also im Kern der Keimzelle, aus deren Entwicklung das neue Individuum hervorgeht, durch die gleiche Anzahl gleichgestalteter Chromosome vertreten. Damit ist die materielle Grundlage dafür gefunden, daß beide Erzeuger sich an der Ausgestaltung der Nachkommen in gleicher Weise beteiligen können. Die Mischung väterlicher und mütterlicher Chromosome zu gleichen Teilen, wie sie bei der Befruchtung stattfindet, legt den Schluß nahe, daß eben diese körperlichen Gebilde das Mittel sind, durch das sich die Eigenschaften der einen Generation auf die andere übertragen. Die Vererbungswissenschaft lehrt uns, daß in vier Chromosomen bis zu 500 Erbanlagen durch Jahrhunderte von Geschlechtern fortgepflanzt werden können. Aber wie sich diese Vererbung abspielt, das wissen wir nicht und ist ein Lebensrätsel.

Die Körperzellen haben einen doppelten Chromosomenbestand, und nach unbekannten Naturgesetzen schlägt die väterliche oder mütterliche Eigenschaft durch. Wenn auch die Eigenschaft des einen Erzeugers nicht in Erscheinung tritt, so ist sie doch ruhend in der Zelle vorhanden. Bei der Bildung von Geschlechtszellen findet nach einem geheimnisvollen Verteilungsgesetz eine Halbierung der Chromosomenzahl statt. Eine solche Zelle hat nur noch die halbe Chromosomenzahl, aber trotzdem eine vollständige „Garnitur" aller Anlagen. Da alle Chromosome individuell verschieden sind, jedes Chromosom aber, das in die Geschlechtszelle eingeht, entweder von väterlicher oder von mütterlicher Seite kommen kann, ergibt sich eine Unmenge verschiedener Kombinationen; jeder von den 24 Anlagenträgern in der Geschlechtszelle kann aus dem väterlichen oder mütterlichen Erbgut stammen. Damit ergibt sich die ungeheuere Zahl von $2^{24} = 16777216$ Kombinationsmöglichkeiten, so daß jeder Mensch gegen 17 Millionen verschiedene Samen- und Eizellen erzeugt. Daß nun verschiedene, durch das Zusammentreffen von Samen- und Eizellen entstandene Kinder, d. h. Geschwister ähnlich sind, erklärt sich natürlich daraus, daß gewisse Anlagen als gleich durch die Zeugung übermittelt wurden, andere aber müssen wegen der Herkunft von einem anderen verschieden sein, und so folgt ebenso daraus die Verschiedenheit oder Unähnlichkeit von Geschwistern. Zwei vollständig gleiche, also identische Geschwister könnten nur entstehen, wenn bei zwei verschiedenen Zeugungen zwei gleiche Samenzellen wieder mit zwei gleichen Eizellen zusammentreffen würden, was aber auf dem gewöhnlichen Wege der Normalzeugung so gut wie ausgeschlossen ist.

Eine Ausnahme bilden nur die eineiigen Zwillinge, die aus einem einzigen befruchteten Ei entstehen und keine getrennten Eihüllen haben. Hier gingen die Chromosome und damit die Erbanlagen beider Wesen nach vollzogener Vereinigung zweier Geschlechtszellen aus der Teilung der befruchteten Eizelle (Spaltung eines Eies in zwei Querhälften[1]) hervor, so daß die Zwillinge vollständig den Chromosomenbestand, genau dieselben Erbanlagen haben, was im gewöhnlichen Leben durch ihre zum Verwechseln ähnliche Gestalt und Einzelformen, aber auch in manchen Ausdrucksformen und Ähnlichkeiten im ganzen Lebensschicksal in Erscheinung tritt. Lösen sich die Zellen nicht ganz voneinander, so entstehen solche Mißbildungen, die als siamesische Zwillinge bekannt sind. Findet aber durch irgend einen Zufall eine völlige Durchtrennung des Keimes statt, so gehen aus dem ursprünglich einheitlichen Ei zwei Individuen hervor, die stets gleichen Geschlechtes sind. Anders bei den zweieiigen Zwillingen, die aus der Befruchtung zweier Eier durch zwei Samenzellen entstehen und sich in Geschlecht und Ähnlichkeit wie andere Geschwister verhalten. Man hat durch wissenschaftliche und statistische Forschungen gefunden, daß die Übereinstimmung der eineiigen Zwillinge in allen Einzelheiten der körperlichen und seelischen Beschaffenheit nachzuweisen ist; man fand gleiche Schwankungen des Körpergewichts, wie auch gleiche Neigungen zu Krankheiten. Auffallend sind auch die Übereinstimmungen in den Mustern der Fingerpapillarlinien. Prof. Poll hat aber nachgewiesen, daß die Einzelmerkmale der noch so ähnlichen Papillarlinienmuster auch bei den eineiigen Zwillingen verschieden sind und zu Verwechselungen keinen Anlaß geben können[2]).

So haben wir also die Ursache für die Ähnlichkeit und Unähnlichkeit von Geschwistern kennen gelernt und wiederholen: Geschwister sind sich ähnlich, weil die Keimzellen, aus denen sie sich entwickelten, stets einige Chromosome gleicher Herkunft besitzen. Sie sind sich aber unähnlich, wenn auch die

[1]) Von denen sich jede in der Eihülle selbständig ansetzt und weiter entwickelt; es kommen dann zwei ähnliche Zwillinge gleichen Geschlechts in voller Ausbildung und Lebensfähigkeit zur Welt. Der Münchener Psychiater Prof. Dr. Johannes Lange hat in der Lebensbeschreibung von 13 eineiigen Zwillingspaaren lehrreiche Einzeltatsachen bekanntgegeben.

[2]) Vgl. seine Arbeit über Zwillingsforschung in der „Zeitschrift für Ethnologie" Jahrgang 1914, Heft 1, S. 87ff.

Keimzellen, aus denen sie hervorgingen, untereinander in einigen Chromosomen verschieden sind.

Diese Feststellungen gehen zurück auf die von dem österreichischen Mönch Gregor Mendel in den sechziger Jahren des vorigen Jahrhunderts gemachten Pflanzenbastardierungen und die daraus gewonnenen Vererbungsgesetze. Mendel kreuzte z. B. Erbsen, von denen die einen rot, die anderen weiß blühten. Er kreuzte sie nach beiden Richtungen, indem er einmal Blütenstaub der rotblühenden Erbsen auf die Narbe der weißblühenden, das andere Mal Blütenstaub der weißblühenden Erbsen auf die Narbe der rotblühenden brachte. Das Ergebnis war stets gleich: Immer blühte nämlich der aus dem Samen so behandelter Pflanzen gezogene Bastard rot und glich also stets dem einen seiner Eltern vollkommen, so daß demnach das Merkmal des einen seiner Eltern das entsprechende Merkmal des andern völlig zu verdecken vermag. Denn von der weißen Blütenfarbe läßt sich an ihm keine Spur entdecken, obgleich jede der beiden Geschlechtszellen, aus deren Vereinigung der Bastard hervorging, die Anlagen aller Merkmale eines ausgewachsenen Individuums enthält. Im Kern der Keimzelle, die sich zum Bastard entwickelte, sind Anlagen für beide Blütenfarben vorhanden; aber die Anlage für Rot unterdrückt die für Weiß, was in der Vererbungslehre so ausgedrückt wird, daß jene (rote) Blütenfarbe „dominiert", die weiße aber „rezessiv" ist[1]). Ein anderer Forscher hat die Vererbungsregeln durch Kreuzung einer bestimmten Fliegenart mit roten und weißen Augen studiert und eine in der Abbildung 67 dargestellte sprungweise Wiederholung der weißroten Pärchen festgestellt. Die Fliegen mit roten Augen sind durch Punkte, jene mit weißen Augen durch Kreise dargestellt.

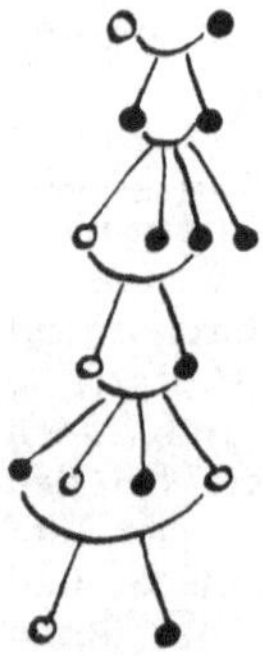

Abb. 67. Vererbung einer bestimmten Augenfarbe als Folge von Kreuzungen.

Auf menschliche Verhältnisse angewendet, beobachtet man, daß Kinder sehr häufig in einem oder dem anderen Merkmal eine Eigenschaft wiederholen, die ausschließlich der eine der beiden Eltern besaß. Zwar ist die Anlage zu dem entsprechenden Merkmal des anderen Teiles auch vorhanden, aber sie kommt nicht zur Ausgestaltung, ist rezessiv. So erbt z. B. ein Kind die blauen Augen des Vaters, obgleich die braunen Augen der Mutter in der Keimzelle, aus der es entstand, gleichfalls in den Erbanlagen vorhanden waren. Professor Poll hat besonders die Vererbung

[1]) Vgl. auch „Mendels Vererbungstheorien" von W. Bateson-A. Winckler. Verlag B. G. Teubner, Leipzig u. Berlin.

der Papillarlinienmuster studiert und z. B. folgende Ergebnisse gefunden, soweit die Bogenmuster in Betracht kommen:

a) Wenn beide Eltern Bogenmuster aufwiesen, hatten die Kinder in 63% ebenfalls Bogenmuster, in 37% dagegen keine Bogenmuster.

b) Wenn bei den Eltern nur je ein Bogenmuster vorhanden war[1], fand er bei den Kindern in 31% ebenfalls Bogenmuster, in 69% dagegen keine Bogenmuster.

c) Wenn beide Eltern keine Bogenmuster in den Fingerpapillarlinien aufwiesen, so fand er bei deren Kinder nur in etwa 10% Bogenmuster, in etwa 90% der Kinder dagegen keine Bogenmuster.

Selbstverständlich reichen diese Ergebnisse noch nicht aus zu Feststellungen, ob ein Kind bestrittener Abstammung von einem bestimmten Vater erzeugt ist oder nicht; doch ist man auf dem Wege, durch die noch nicht in allen Konsequenzen erforschten Vererbungsgesetze in einer späteren Zeit bestimmtere Beweise der Vaterschaft zu gewinnen, nicht etwa auf Grund eines einzigen Merkmals, wie z. B. der Blutgruppe oder Fingerpapillarlinien, sondern im Verein mit anderen Gestaltsformen[2]).

D. Doppelgänger.

Die Geschichte ist reich an Beispielen von Doppelgängern krimineller Art, also von Menschen, die sich die Ähnlichkeit mit einem anderen Menschen, d. h. der Gestalt oder auch nur dem Namen nach, zunutze machen. Wir kennen solche Fälle auch aus Theaterstücken und anderen literarischen Erzeugnissen. Oft sind es abenteuerlich veranlagte Menschen, die der unwiderstehliche Wunsch beseelt, wie mit einer unsichtbar machenden Tarnkappe bedeckt, im Menschengewühl unerkannt unterzutauchen, nicht um Wunder und Wohltaten auszuführen, sondern Schwindeleien mehr oder weniger großen Stils. Die größte Sorge bereiten sie aber den Polizei- und Gerichtsbehörden trotz aller

---

[1]) bzw. teils Bogen, teils andere Muster.

[2]) Die Ergebnisse weiterer Forschungen sind zu finden bei: Bonnevie, Studies on papillary patterns of human fingers (Journal of genetics 15, Nr. 1, S. 1, 1914); Bonnevie, Lassen sich die Papillarmuster der Fingerbeere für Vaterschaftsfragen praktisch verwerten? (Zentralbl. f. Gynäkologie 51, 539, 1927). — B. Mueller und W. Y. Ting, Ist die daktyloskopische Untersuchung als Hilfsmittel zum gerichtlich-medizinischen Ausschluß der Vaterschaft brauchbar? (D. Zeitschr. f. d. gesamte gerichtliche Medizin, Bd. 11, S. 347ff., 1928). — Prof. Dr. G. Geipel, Anleitung zur erbbiologischen Beurteilung der Finger- und Handleisten. München 1935.

sonst vorzüglich funktionierenden „Personenfeststellungszentralen“[1]).

Es kommt dabei weniger auf die Verbrecher an, die sich bei Ausführung ihrer Taten einer Maske bedienen, wie z. B. der falsche „Hauptmann von Köpenick“ oder Hochstapler mit beigelegten falschen Titeln und Würden, von denen die Kriminalgeschichte aller Zeiten und Länder genug Beispiele aufzuweisen hat.

Ein Hauptmotiv der Doppelgängerschaft ist der Wunsch, ein verpfuschtes, mit Vorstrafen schwer belastetes Vorleben auszutilgen und sich in die Persönlichkeit eines anderen (unbestraften, also anständigen) Menschen zu flüchten und hinter ihr zu verstecken. Dazu werden diese zwei Wege gewählt: Entweder werden aus Freundschaft oder gegen Entgelt die nötigen Ausweispapiere beschafft, oder ein Menschenleben wird, lediglich zur Erlangung seiner Ausweispapiere und Selbstübertragung seiner Persönlichkeit einfach durch Mord ausgelöscht. Fälle dieser Art, auch aus neuerer Zeit, sind in der Kriminalgeschichte bekannt geworden, sie bieten aber kaum mehr Interesse, als jeder andere Mord, sind nur wegen des merkwürdigen Tötungsmotivs auffallend und lehrreich.

Aber jene Fälle, auf die es hier ankommt, sind solche, die eine große Verwirrung aller zur Feststellung der wahren Persönlichkeit notwendigen Grundlagen im Gefolge haben, vor allem deswegen, weil anscheinend völlig glaubwürdige Wiedererkennungszeugen die bezweifelte Persönlichkeit als richtig anerkennen.

Wenn wir an den Fall Kaspar Hauser (Nürnberg) erinnern, der vor etwas mehr als 100 Jahren wegen der völligen Unklarheit der Persönlichkeit und Herkunft des jungen Burschen in weitesten Kreisen Europas großes Aufsehen erregt hatte, so konnte die Persönlichkeit dieses ausgewachsenen „Findelkindes“ deswegen nicht festgestellt werden, weil es zu jener Zeit an jedem erkennungsdienstlichen Hilfsmittel, an einem sicher funktionierenden Fahndungsdienst und an gut geschulten Polizeibeamten fehlte. Heute kann diese Feststellung selbstverständlich auch nicht mehr nachgeholt werden[2]).

Wenn auch heute noch Fälle entdeckt werden, in denen Menschen viele Jahre ungestört unter falschem Namen leben, sich verehelichen und ehrliche Geschäfte ausführen konnten, so ist das ein Beweis dafür, daß die Einrichtung unserer Ausweispapiere doch nicht die Sicherheit bietet, die man von ihr verlangen sollte.

---

[1]) Diese Zentrale ist auch beim LKP.-Amt Berlin am 1. 4. 1928 errichtet worden.

[2]) Ich verweise auf meine Arbeit „Die kriminaltechnischen Untersuchungen im Mordprozeß Kaspar Hauser 1833“ in Groß' Archiv f. Kriminologie, Bd. 96, S. 23—53.

So hatte, um ein Beispiel aus der Praxis zu erwähnen, ein Bewohner in einem westlichen Vororte Berlins, der zur Strafverbüßung steckbrieflich gesucht wurde, sich mit den erworbenen Ausweispapieren eines Ausgewanderten polizeilich angemeldet und verehelichte sich auch unter diesem falschen Namen. Jahrelang hatte er sich gut geführt und keinen Anlaß zu behördlichem Einschreiten gegeben. Eines Tages war aber, ohne daß er dies erfahren hatte, sein ausgewanderter Doppelgänger wieder nach Berlin zurückgekehrt und ließ sich unter seinem richtigen Namen in einem nördlichen Vororte Berlins nieder. Als die beiden Vororte bei der Schaffung Groß-Berlins eingemeindet und die Meldeblätter zur Eingruppierung dem Berliner Zentralmeldeamt eingesandt wurden, entdeckte der Meldebeamte zufällig die beiden ganz gleich lautenden Meldeblätter. Unbedenklich hätte er sie auf Zwillingsbrüder bezogen, wenn ihm nicht die genau gleichen Vornamen aufgefallen wären, die ja auch bei Zwillingsbrüdern nicht üblich sind. Die erkennungsdienstliche Behandlung dieser Doppelmeldung hatte die Falschmeldung sofort und mit Leichtigkeit aufgeklärt. So geschieht dies auch allemal, wenn der eine mit den gerichtlichen Strafen des anderen belastet wird, bis jener durch Zufall davon erfährt und das Berichtigungsverfahren einleitet.

Ein anderer Fall aus der Berliner Kriminalgeschichte:

Um ein neues Leben beginnen zu können, hatte sich der Mörder mit den Ausweispapieren eines nur zu diesem Zwecke ermordeten Menschen polizeilich angemeldet und war gezwungen, an die bisherige Hauswirtin seines Opfers zu schreiben, daß sie ihm die (zur Erlangung der während des Krieges eingeführt gewesenen Brotrationen notwendigen) „Brotkarten" zusenden müßte. Die Postkarte unterzeichnete er mit dem Namen des Ermordeten. Aber die Hauswirtin war zufällig die verheiratete Schwester des (von ihr bereits als vermißt gemeldeten) Opfers. Aus den ganzen Umständen, insbesondere aus Inhalt und Unterschrift der erhaltenen Postkarte konnte sie die zur sofortigen Verhaftung des Postkartenschreibers und Mörders nötigen Schlußfolgerungen ziehen.

Aus gleichem Motiv erfolgte während der Kriegszeit der Mord bei Berkenbrück (bei Frankfurt a. Oder) an einem als Flugzeugmonteur gesuchten jungen Manne, dem der Mörder nur seine Ausweispapiere abgenommen hatte.

Der falsche Heimkehrer Daubmann.

Ein lehrreiches Kapitel stellen die „Kriegsheimkehrer" aller Zeiten dar, die sich manchmal als Verschollene nach Jahren bei Verwandten einfinden und von ihnen selbstverständlich ohne nähere Prüfung mit offenen Armen aufgenommen werden, trotzdem es Schwindler sind. Sie werden wegen der angeblichen Veränderung im Laufe der langen Jahre zwar mit einigem Zögern, aber schließlich doch als der Vermißte anerkannt.

So wurde im Oktober 1932 der „Heimkehrer Daubmann" als der 34jährige Schneider Hummel aus Offenburg (Baden) entlarvt. Die alten Eltern Daubmann, sowie einige andere hatten in dem „Heimkehrer" den vermißten Sohn wiedererkannt; aber die im Erkennungsdienst Karlsruhe vorhandenen Fingerabdrücke des Hummel hatten den Irrtum sehr bald aufgeklärt und den Empfangsfeierlichkeiten ein jähes Ende bereitet. Dazu wurde noch folgendes berichtet, das für Doppelgängerschwindeleien charakteristisch ist: Hummel hatte am Wohnort des Ehepaares Daubmann, als deren Sohn er sich ausgegeben hatte, leichtes Spiel: es war in Endingen, dem größten Weinbauort Badens. Alle Spezialausdrücke des Städtchens und des Dialekts waren ihm gut bekannt. Bei früheren Besuchen war immer wieder von seinem früheren Schulfreund Oskar Daubmann die Rede gewesen. Hummel merkte sich alle die erzählten Erinnerungen an die Kriegserlebnisse Daubmanns, die über ihn im Orte umliefen. Als er in Daubmanns Persönlichkeit in die „Heimat" der Eltern zurückgekehrt war, spielte er drei Tage lang die Rolle eines Erschöpften und Schlafbedürftigen, und während er sich nur schlafend stellte, hörte er in seinem Zimmer vielerlei Lebenserinnerungen aus dem Gespräch der Besucher mit seinen „Eltern" und machte später einen erfolgreichen Gebrauch von solchen „Lebenserinnerungen".

Der falsche Martin Guerre.

Der nachfolgende, kurz geschilderte Fall eines falschen Heimkehrers, der sich vor über 370 Jahren in Frankreich ereignete[1]), ist das merkwürdigste Vorbild dieser manchmal so schwer zu entlarvenden Doppelgängerschaft, wie sie sich vor wenigen Jahren fast genau in Italien wiederholt hat. Gerade weil dieser Fall sich auch in unserem aufgeklärten und mit erkennungsdienstlichen Hilfsmitteln reich ausgestatteten Zeitalter wiederholt hat, kann man jenen Fall aus Frankreich nicht einfach mit Dummheit jener Zeitgenossen abtun; aber in aller Grellheit beleuchtet er die Psychologie der beeinflußten Wiedererkennungszeugen und die völlige Haltlosigkeit des richterlichen Augenscheins. Trotzdem Erschöpfung aller zu jener Zeit denkbaren Beweismittel!

In einem französischen Städtchen A. hatten sich Martin Guerre, der aus Biscaya stammte, und Bertrande von Rols in ganz jugendlichem Alter verheiratet; doch erst als beide

[1]) Aktenmäßig dargestellt im „Neuen Pitaval", Bd. 1 (Leipzig 1857); ferner in „Crimes célèbres" von Alexander Dumas, Bd. 7, Paris 1853, S. 235—303.

etwa 20 Jahre alt waren, gelang es ihnen, sich der Erfüllung ehelicher Pflichten hinzugeben. Sie erhielten einen Sohn. Nach einem Diebstahl zum Nachteil seiner ebenfalls in A. lebenden Eltern entfloh Martin und blieb jahrelang verschollen. Nach dem Tode des Vaters verwaltete Martins Onkel Pierre sein in Ländereien bestehendes Erbteil und zog die Einkünfte ein, während Bertrande wie eine Witwe in unbescholtener Zurückgezogenheit die Jahre verlebte.

Nach etwa 8 Jahren des Alleinseins verbreitete sich das Gerücht, daß der verschollene Martin noch lebe und wieder aufgetaucht sei. Niemand konnte mehr daran zweifeln, und die hocherfreute Gattin schloß ihren um 8 Jahre gealterten Ehemann liebevoll in ihre Arme. Und wer ihn sah, erkannte ihn wieder, denn es waren seine Gesichtszüge, sein Wuchs, sein Auftreten. Er plauderte mit den Bekannten des Hauses von alten Dingen, erinnerte sie an dies und jenes, was ihnen selbst entfallen war, an manchen Scherz und manche Heimlichkeit, war heiter und zutraulich, wie er es immer gewesen.

Martins vier Schwestern erkannten ihn als ihren Bruder, Onkel Pierre als seinen Neffen; er bezog Bertrandens Wohnung und begann sich wieder mit der Erfüllung seiner ehelichen Pflichten zu beschäftigen; zwei weitere Kinder entsprossen dieser Vereinigung.

Eines Tages kam ein neues Gerücht in dem Städtchen in Umlauf. Ein Soldat, den der Zufall nach A. führte, sollte an öffentlichen Orten erklärt haben, daß der wahre Martin Guerre, den er sehr wohl kenne, sich in Flandern aufhielte; im Krieg habe er ein Bein verloren, so daß er jetzt ein hölzernes Bein trage. Der Martin Guerre mit den beiden gesunden Beinen, der mit Bertrande zusammenhause, sei ein Betrüger. Niemand wagte aber, gegen die bestimmte Anerkennung des anwesenden Martin seitens seiner Ehefrau und der Anverwandten aufzutreten, und es blieb alles zunächst beim alten.

Da bekam eines Tages Bertrandens angeblicher Ehemann mit dem Onkel wegen der Verwaltung der Erbgüter Streitigkeiten. Es dauerte nicht lange, daß Onkel Pierre zu seinen ärgsten Feinden gehörte, der die Zeit, während Martin wegen anderer Händel in Haft saß, dazu benutzte, Bertrande aufzuklären und sie dazu zu bewegen, ihm den Laufpaß zu geben, da er doch ein Betrüger sei. Die Frau ließ sich aber nicht einschüchtern und erklärte mit ebensolcher Festigkeit: „Niemand auf der Welt kenne ihren Mann besser, als sie selbst. Wenn er nicht ihr Ehemann wäre, so müsse der Teufel in seiner Haut stecken, und wer das Gegenteil behaupte, den könne sie in ihrer Wut umbringen." Alle übrigen Verwandten stellten sich auf die Seite der kampfesmutigen Frau. Nach der Haftentlassung wurde

Martin von Bertrande mit gleicher Zuneigung empfangen; doch Onkel Pierre und seine vier Schwiegersöhne holten Martin am nächsten Morgen, schwer bewaffnet, aus dem Hause, brachten ihn unter der Beschuldigung des Ehebruchs ins Gefängnis. Ein Strafverfahren wurde gegen Martin eröffnet, der sich aber in siegesbewußter Weise leicht zu verteidigen wußte: alles was Martin über seinen Aufenthalt in den 8 Jahren angab, wurde nachgeprüft und stimmte. Auch Bertrande blieb dabei, daß es ihr richtiger Ehemann sei.

Es wurden hierauf nicht weniger als 150 Zeugen darüber vernommen, ob sie den Angeschuldigten für Martin Guerre erkännten, oder ob es ein gewisser Arnold T. sei, wie Onkel Pierre behauptete. Etwa 60 erklärten, die Ähnlichkeit zwischen beiden sei so auffallend, daß sie sich keine bestimmte Entscheidung zutrauten; 30 bis 40 Zeugen stimmten in ihren Aussagen dahin überein, daß er wirklich der ihnen wohlbekannte Martin sei, mit dem sie von Kindheit an umgegangen wären. Sie hätten ihn an gewissen Merkmalen und Narben des Körpers sofort wiedererkannt. Etwa 50 Zeugen erklärten aber mit derselben Bestimmtheit, es sei kein anderer als Arnold T. aus S., den sie ebenfalls schon in seiner Jugend gesehen und mit dem sie Umgang gehabt hätten.

Endlich wurde von Gerichts wegen der zweifelhafte Beweis der Familienähnlichkeit nach dem Augenschein versucht. Martins erster Sohn (vor seinem Verschwinden geboren) glich dem Angeschuldigten nicht im mindesten; dagegen wurden die vier Schwestern Guerre ihm so ähnlich erklärt, wie ein Ei dem andern.

Das erste Urteil der ersten Instanz wurde dahin gefällt, daß der Angeklagte des Betruges schuldig und überführt, durch das Schwert vom Leben zum Tode zu bringen und sein Leichnam zu vierteilen sei.

Die Strafsache kam in die zweite Instanz vor das Appellationsgericht in Toulouse, das eine noch strengere neue Untersuchung einleitete. Zunächst wurde versucht, ein möglichst klares Bild von dem Charakter und der Moral der Frau Bertrande zu bekommen; doch nichts Ungünstiges erwies sich nach dieser Richtung. Bei der Gegenüberstellung mit Martin machte sie einen so glaubwürdigen Eindruck, daß dies als ein neues Zeugnis für den Angeklagten ausgelegt wurde. Die wichtigsten Zeugen wurden wieder vernommen; neun oder zehn schworen auf Martin Guerre, sieben oder acht mit der gleichen Bestimmtheit auf Arnold T., der in seiner Jugend ein ruchloser Geselle und ein gewandter Dieb gewesen sei, er sei daher auch fähig, in der Maske eines Unschuldigen einen falschen Ehemann zu spielen. Die unverdächtigsten Zeugen bestätigten übereinstimmend die große Ähnlichkeit zwischen Martin und Arnold T. Doch bemerkten einige, daß in gewissen wesentlichen Merkmalen ein Unterschied vorhanden sei: Martin Guerre wäre größer und schwärzer gewesen, schmächtig gewachsen, stumpfnäsig und von dünnen Beinen; er sei ein wenig gebückt gegangen und habe den Kopf zwischen aufwärtsstehenden Schultern getragen. Dagegen war Arnold T. kleiner, untersetzter, mit starken Beinen, auch nicht stumpfnasig, noch habe er den Kopf eingezogen. Hinsichtlich einer Narbe über der rechten Augenbraue hatten sich jedoch auch diese Zeugen widersprochen.

Wenn der Angeklagte scheinbar alles wisse, was nur Martin Guerre wissen konnte, und sich durch keine Frage aus der Fassung bringen lasse, so sei dies, wie die Ankläger hervorhoben, nur eine auf die feinste Art gesponnene Betrügerei, indem der Urheber durch allerhand listige Mittel sich zeitig in den Besitz dieser Geheimnisse gesetzt habe und, wo er doch etwa irre, es durch Unverschämtheit zu bemänteln wisse. Bertranden warf man keinerlei Mitschuld an dem Spiele des Betruges vor, sie sei selbst eine Betrogene. Ihr ganzes Benehmen zeuge nur dafür, daß sie eine gutmütige, furchtsame Frau sei, unfähig eines Entschlusses, jemand ins Unglück zu stürzen, am wenigsten einen Mann, dem sie sich in gutem Glauben ganz hingegeben habe. Es fordere aber einen starken Entschluß von einer tugendhaften Frau, öffentlich zu bekennen, daß sie sich in ihrem Manne geirrt habe.

Zwei Zeugnisse erschienen endlich als schlagende Beweise:

Der Schuhmacher, der früher für Martin Guerre gearbeitet hatte, erklärte, daß nach seinen Aufzeichnungen Martin die Nummer 12 als Fußlänge gehabt habe, während des Angeklagten Füße nur die Nummer 9 aufweisen. Daß Füße eines erwachsenen Mannes in gesundem Zustande kleiner würden, sei noch nicht vorgekommen. Ein Onkel mütterlicherseits des Arnold T. erkannte bei der Gegenüberstellung in dem Angeklagten auf den ersten Blick seinen Neffen; sein Zeugnis machte einen durchaus glaubwürdigen Eindruck auf das Gericht. Wären keine Gegenzeugen vorhanden gewesen, hätte jedes Gericht den Angeklagten zweifellos verurteilen müssen; aber die Gegenzeugen waren nicht mehr aus der Welt zu schaffen und machten den zu erwartenden Urteilsspruch außerordentlich schwierig. Vor allem waren die vier Schwestern Martins keinen Augenblick in der Anerkennung des Angeklagten als ihres Bruders wankend geworden; selbst Onkel Pierre hatte ihn anfänglich als seinen Neffen anerkannt und ihm seine Erbschaft zurückübertragen. Und schließlich Bertrande selbst!

Einigen Zeugen hatte sich der Angeklagte dadurch zu erkennen gegeben, daß er sie an gewisse besondere Begebenheiten erinnerte, die nur ihnen und Martin bewußt sein konnten. Gleich in den ersten Tagen seiner Ankunft hatte er jeden mit Nennung seines Namens begrüßt, die genaueren Bekannten redete er freundlich und vertraulich an. War es möglich, daß auch der listigste Betrüger so vielen Personen und bei ganz unvermuteten Fällen, die jeden Augenblick vorkommen konnten, in der Art Rede stehen konnte, ohne sich je zu verraten? Wer konnte ihn so eingehend unterrichtet haben, wenn nicht Bertrande oder der wirkliche Martin Guerre selbst?

Überraschend war noch die Feststellung der Übereinstimmung einiger körperlicher Merkmale des Martin Guerre und des Angeklagten, nämlich: 1. im oberen Kinnbacken zwei Doppelzähne, 2. an der Stirn eine Narbe, 3. am ersten Finger der rechten Hand ein eingedrückter Nagel, 4. an der gleichen Hand drei Warzen und noch eine am kleinen Finger, 5. über dem linken Auge ein Tropfen geronnenes Blut unter der Haut. Die Richter mußten in Zweifeln befangen sein, und es war nach dem alten Grundsatze: in dubio pro reo zum wenigsten ein mildes Urteil zu erwarten.

Da erschien an dem Schauplatze des Prozesses unerwartet ein neuer Zeuge, der gewichtiger war als alle bisher vernommenen, ein Mann mit einem hölzernen Bein, der sich Martin Guerre nannte, der echte, der allein wahrhafte Martin Guerre aus dem Städtchen A., der Ehemann der Bertrande von Rols. Die eindrucksvollen Gegenüberstellungen mit den Hauptzeugen, namentlich aber mit den vier Schwestern und mit Bertrande selbst, ließen keinen Zweifel mehr aufkommen, daß der für verschollen gehaltene Martin Guerre wirklich vor ihnen stand. Es bedurfte keines weiteren Beweises mehr, das verstrickte Spiel voller Täuschungen war gelöst.

Arnold T. wurde zum Tode verurteilt. Vor seinem Tode legte er ein vollständiges Geständnis ab. Er und Martin Guerre hatten zusammen in Kriegsdiensten gestanden und waren vertraute Freunde und Zeltkameraden gewesen. Martin hatte ihm bei verschiedenen Gelegenheiten alles Mögliche über sein Herkommen, sein Vermögen, seine Eltern und seine Gattin ausführlich erzählt, ja, selbst Ehegeheimnisse anvertraut. Als Arnold Abschied genommen und nach Hause zurückgekehrt sei, hätten ihn mehrere Leute als Martin Guerre angeredet und begrüßt, im Scherz sei er darauf eingegangen und habe sie im Irrtum gelassen. Da ihm die Rolle aber über alles Erwarten glückte, sei er zuerst auf den Gedanken gekommen, Ernst zu machen und allen möglichen Vorteil daraus zu ziehen. Aus dem Scherze wurde Ernst. Er entlockte diesen Freunden seines Kameraden beim traulichen Gespräch auf der Straße und in den Herbergen immer neue Umstände, die er gebrauchen konnte, und frischte die Erinnerungen an das auf, was ihm aus Martins Mitteilungen entfallen war, weil es ihn damals wenig interessiert habe. So vorbereitet zog er im Städtchen A. ein, wo alles nach seinem Wunsche und über Erwarten gut verlief. Von Bertranden selbst wußte er im täglichen Gespräche die lückenhafte Kenntnis über sein früheres Leben allmählich immer mehr zu ergänzen, indem er auf dieses und jenes die Rede lenkte, immer, als wolle er seine eigene Erinnerung sammeln, und sie wurde so ohne Arg und Mitwissenschaft seine Lehrmeisterin und Gehilfin im Betruge. —

Der falsche Professor Canella.

Wenn etwa 360 Jahre später ein ganz ähnlicher Identitätsprozeß in Italien durchgeführt worden ist, der in manchen Punkten große Ähnlichkeit mit jenem Prozeß aufzuweisen hat, besonders hinsichtlich des unentwegten „Glaubens" der früheren Ehefrau des Verschollenen an die „Echtheit" ihres — dort nach 8, hier nach 10 Jahren Abwesenheit — wiederkehrenden Ehegatten, so soll damit nicht etwa angenommen werden, daß innerhalb dieser 360 Jahre nur zweimal die falsche Wiedererkennung eines jahrelang verschwundenen Ehegatten vorgekommen sei. Nein, in Hunderten von Jahren wird sich das schon noch öfters wiederholt haben, aber ohne daß die Fälle Aufsehen erregen konnten, weil der Öffentlichkeit und den Behörden diese Fälle nicht zur Beurteilung unterbreitet wurden.

Zunächst folgt der Tatbestand des italienischen Schulbeispiels falscher Wiedererkennung eines verschollenen Ehegatten und Bruders[1]).

Am 10. März 1926 wurde in einem Friedhof in Turin vom Friedhofswärter ein unbekannter Mann beim Versuch, eine bronzene Urne zu stehlen, ertappt und festgenommen. Auf der Polizeiwache ergab sich, daß der Unbekannte angeblich nichts über seine Persönlichkeit und Herkunft wissen wollte. Außer einer von Kinderhand stammenden Postkarte mit der Unterschrift „Giuseppino" fand man keinerlei Dokumente bei ihm. Er wurde zur Beobachtung in die Irrenanstalt Collegno bei Turin gebracht, wo er die Matrikel-Nr. 44170 erhielt, unter der er für die nächste Zukunft bezeichnet wurde. Ungefähr zwei Monate lag der Mann im Bett, sprach fast nichts, wiederholte nur öfters die Worte: „Unsägliche Schmerzen ... laßt mich sterben!"

Allmählich ging es bei guter Pflege besser, er nahm an Gewicht 18 Kilo zu, wurde ruhig und heiter, ein ansehnlicher Mann mit graublondem Vollbart.

---

[1]) Nach der Artikelreihe „Wer ist Nr. 44170?" von Walter Franke-Ruta in der „Koralle" (Berlin 1936, Verlag Ullstein) Nr. 31—34 und „Il Caso Bruneri" von Prof. Salv. Ottolenghi in „Trattato di Polizia", Bd. II, Mailand 1932, S. 570ff.

Selbstverständlich ließen die Irrenärzte nichts unversucht aus dem angeblich an Erinnerungslosigkeit leidenden Patienten etwas herauszubringen und beobachteten und prüften ihn in

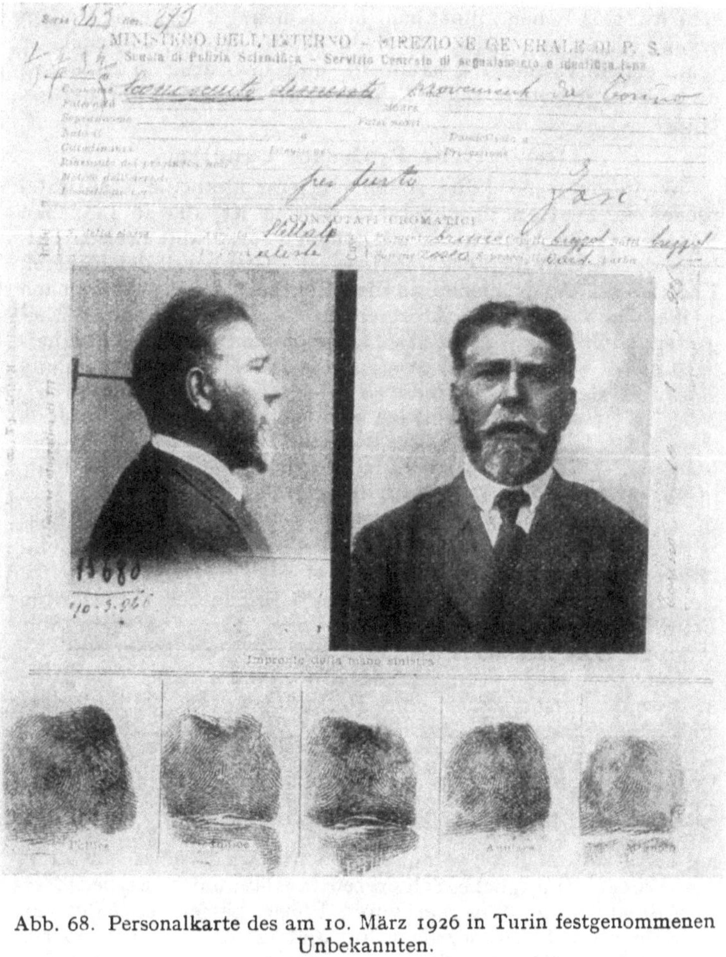

Abb. 68. Personalkarte des am 10. März 1926 in Turin festgenommenen Unbekannten.

der Chloroformnarkose, die, wie man annahm, das fest verankerte Widerstandszentrum des Gehirns lösen konnte und sollte. Vergebens!

Fast ein ganzes Jahr zögerte man, die Persönlichkeit durch

Nachrichten und Aufrufe an die breite Öffentlichkeit feststellen zu lassen, weil man den unliebsamen und doch wohl irreführenden Wiedererkennungsszenen am liebsten aus dem Wege gehen wollte. Aber schließlich mußte man sich doch zu diesem Leidens-

Abb. 69. Linkes Profilbild des Professors Canella.

weg entschließen und sandte ein Bildnis nebst Fragetext an eine große illustrierte Mailänder Zeitung.

Wie zu erwarten war, meldeten sich Dutzende interessierter Menschen, die in dem Abgebildeten einen verwandten oder bekannten Menschen wiedererkennen wollten. Ehe sie dem Patienten gegenübergestellt wurden, ließ man sich, was allerdings richtig war, vorher so genau wie möglich eine Beschreibung und die „besonderen Kennzeichen" angeben, durch die eine Wiedererkennung des armen erinnerungslosen Findlings begründet werden sollte.

So kam u. a. eines Tages der Rechtsanwalt Renzo Canella aus Verona mit der Erklärung, daß sein Bruder Giulio, Hauptmann der Infanterie, vor etwa 10 Jahren als vermißt gemeldet und später als verschollen erklärt worden sei. Aus seinen an den Unbekannten gerichteten Fragen familiärer Natur, die dieser selbstverständlich — wegen „Erinnerungslosigkeit" — nicht beantworten konnte, erfuhr er einige wichtige Daten aus des verschollenen Hauptmanns früherem Leben. Der Rechtsanwalt Renzo Canella erklärte, daß dieser Mann nicht sein vermißter Bruder sei. Kurz nach diesem Besuch erhielt Renzo Canella von dem Unbekannten, der sich auch mit „L'inconnu" unterzeichnet hatte, einen Brief, der auf eine gewisse Bildung schließen lassen konnte und Wendungen enthielt, die den Rechtsanwalt Canella auf einmal unsicher machten. Und von da an begann eine unheimlich wirkende Suggestion, besonders in der Familie dieses Renzo Canella.

Als zweiter anscheinend ernst genommener Wiedererkennungszeuge erschien ein Major der Kriegsschule in Turin, der mit dem verschollenen Hauptmann Canella Offizierskurse besucht hatte. Er erklärte, daß der Unbekannte sein Schulkamerad Canella sei.

Wenige Tage später erschienen weitere drei, offensichtlich suggestiv beeinflußte Wiedererkennungszeugen aus Verona: Der eine war der frühere Leiter einer Irrenanstalt, der zweite ein Arzt, der dritte ein Priester: Alle drei hatten in dem Unbekannten den Hauptmann Canella erkannt; später kam dazu ein Leutnant an der Militärakademie, der vor einer Reihe von Jahren Canella persönlich kennengelernt hatte, und schloß sich als fünfter Wiedererkennungszeuge an.

Aber die wichtigste Zeugin, die Ehefrau des verschollenen Hauptmanns und Professors Giulio Canella fehlte noch, obwohl ihr selbstverständlich das bisherige Ergebnis der Gegenüberstellung nicht unbekannt geblieben sein konnte. (Sie hatte zwei Kinder: Rita 1915, und Beppino im Jahre 1916 geboren; sein Vater zog am Tage seiner Geburt ins Feld!) Frau Canella hatte bisher die Verschollenerklärung mißachtet und keine Trauerkleidung angelegt, weil sie, wie ja fast alle Kriegsmütter und Gattinnen verschollener Kriegsteilnehmer, die sichere Zuversicht im Herzen trug, daß eines Tages ihr Ehegatte doch wieder, wie so mancher schon, zurückkehren werde. Mit besonderer Sorgfalt war selbstverständlich die Gegenüberstellung in diesem Falle vorbereitet worden. Aber wer vermag die Kraft der Suggestion einer solchen unerschütterlichen Zuversicht (richtiger: Einbildung) zu ermessen, für die in den besten Jahren stehende

Frau selbst und für alle Menschen ihrer nächsten Umgebung? Das hat sich ja auch bei der französischen Bertrande 360 Jahre vorher gezeigt und wird sich in allen ähnlich gelagerten Fällen noch zeigen. Und gerade deshalb ist dieser und der vorausgehende Fall falscher Wiedererkennung durch die eigene Ehefrau von unübertrefflicher Lehrkraft.

Also die schonende und unauffällige (indirekte) Gegenüberstellung hatte so gewirkt, wie die sagenhafte und doch lebendige „Liebe auf den ersten Blick". Frau Canella erkannte in dem Unbekannten ihren verschollenen Ehegatten mit einer Überzeugungskraft, die alle etwa bestehenden Bedenken stark in den Hintergrund drängte, wenn es auch im kriminalistischen Beweisverfahren kein als „Stimme des Herzens" anzuerkennendes Beweismittel gibt.

Die Folge dieser etwas dramatischen Wiedererkennung war selbstverständlich die sofortige Überlassung des armen erinnerungslosen Findlings an die wohlhabende Frau Prof. Canella, in deren Haus er durch gute Pflege bald gesund wurde, ja, sein Gedächtnis kam wieder zurück. Für jede Erinnerung, die er wiederfand, zu der aber nur die uns schon auf dem vorbeschriebenen Prozeß des falschen Martin Guerre wohlbekannte Einfühlungs- und Aushorchmethode die Grundlage bilden konnte, wurde ihm Lob gespendet. Und die Gesundung und Wiedererlangung des Gedächtnisses machte die auf beiden Seiten gewünschten und erhofften Fortschritte. Selbst das dritte Kind der Frau Professor Canella stellte sich bald ein und vermehrte das Familienglück, das aber bald getrübt wurde.

Am 3. März 1927 traf, als wäre eine Jubiläumsgabe damit beabsichtigt gewesen, bei einem Freund der Familie ein anonymer Brief ein, in dem nichts anderes behauptet wurde, als daß der zurückgekehrte Ehegatte der Frau Canella ein Betrüger sei. Der Brief wurde dem Gericht in Verona ausgehändigt, wo bald noch ein zweiter Brief vom gleichen anonymen Schreiber einlief, der die bestimmte Behauptung enthielt, daß der Betrüger kein anderer sei, als ein gewisser Mario Bruneri. Der hatte allerdings kein einwandfreies Leben hinter sich, vielmehr zeigte sein Strafregister bereits 3 Eintragungen: 1921 verurteilt wegen Wäschediebstahls; im Mai 1922 erhielt er zwei Jahre wegen Betruges und war verschwunden, aber zur Strafvollstreckung steckbrieflich gesucht. Oktober 1922 wurde er wieder wegen Betruges (in Abwesenheit) zu zwei Jahren Gefängnis verurteilt. Zusammen hätte er also ungefähr 5 Jahre zu verbüßen gehabt.

Bald war seine Familie, die er verlassen hatte, ermittelt; seine Ehefrau Rosa und sein Sohn „Giuseppino", wie ja jene bei ihm gefundene Postkarte unterschrieben war! Frau Rosa Bruneri, arm und interesselos, erkannte in dem ihr vorgezeigten

Bild ihren früheren Ehemann, hatte auch schon das Bild in der Illustrierten Mailänder Zeitung wiedererkannt, wollte ihn aber wegen seiner noch abzubüßenden Vorstrafen nicht rekognoszieren. Frau Bruneri, befragt, ob und welche besonderen Kennzeichen sie von ihrem Manne angeben könne, erklärte, daß er eine große Narbe (von einer eitrigen Rippenfellentzündung) auf dem Rücken habe. Das wurde von den Ärzten der Irrenanstalt in Collegno auch bestätigt.

Es folgte eine kriminaltaktisch richtig vorgenommene Gegenüberstellung der Frau Bruneri mit dem angeblichen Professor Canella. Sie erkannte ihn mit aller Bestimmtheit als ihren Mann, machte das aber weniger dramatisch (also nicht nach der Melodie der „Stimme des Herzens") und doch sehr glaubhaft. Auch Bruneris Sohn Giuseppino erkannte seinen Vater wieder, der aber salbungsvoll erwiderte: „Vertrau zu Gott! So wie ich meine beiden Kinder wiedergefunden habe, so wirst auch du deinen Vater wiederfinden!"

Jetzt folgten die Verwandten, Bruder und zwei Schwestern, ein Arbeitskamerad, und alle erkannten ihn mit aller Bestimmtheit als Bruneri, nichts als Bruneri!

Frau Canella kämpfte aber um ihren Mann: „Es ist mein Mann, ich lasse ihn nicht!" Auch brachte sie neue Zeugen, die ihre Aussage unterstützten. Jetzt war der Höhepunkt erreicht, die Verwirrung auf die Spitze getrieben, zwei Frauen erklärten denselben aufgefundenen Mann als ihren Ehemann .... Jetzt tauchten die Fingerabdrücke des Bruneri auf, die man von ihm im Jahre 1920 und 1922 genommen hatte, und siehe da, sie waren identisch mit den Fingerabdrücken des angeblichen Professor Canella! Das Gutachten der Höheren Polizeischule im Ministerium des Innern in Rom lautete nicht nur auf Grund der Fingerabdrücke, sondern auch der eingehend geprüften körperlichen Merkmale auf sichere Identität.

Auffällig ist zunächst, daß Bruneri nicht früher durch seine doch aus früheren Fällen vorhanden gewesenen Fingerabdrücke identifiziert werden konnte. Darüber gibt aber die oben zitierte Arbeit Ottolenghis nähere Auskunft, die ich hier einschalten muß:

Die am Tage der Verhaftung des Bruneri, also am 10. März 1926 in Turin aufgenommenen Fingerabdrücke wurden im Erkennungsdienst der Höheren Polizeischule in Rom weiter behandelt, aber eine identische Fingerabdruckkarte war dort nicht vorhanden. Am 22. Februar 1927 hat die Polizei in Verona die Anregung gegeben, daß das Bildnis des seit 10 Jahren bei den Kämpfen in Mazedonien vermißten Hauptmanns und Professors Giulio Canella mit dem Bild des angeblich unbekannten Geisteskranken verglichen werden sollte. Das geschah, aber auf die nur von Gelegenheitsaufnahmen stammenden Bildchen des Canella konnte kein sicheres Gutachten gestützt werden. Am 10. März 1927 erhielt die genannte Zentralstelle in Rom die Nachricht, daß der Unbekannte von Frau Canella, ihren Verwandten und Freunden als ihr verschollen erklärter Ehegatte erkannt worden sei; aber der Erkennungsdienst in Rom hatte

Abb. 70. Abdruck des rechten Mittelfingers des am 10. März 1926 festgenommenen Unbekannten.

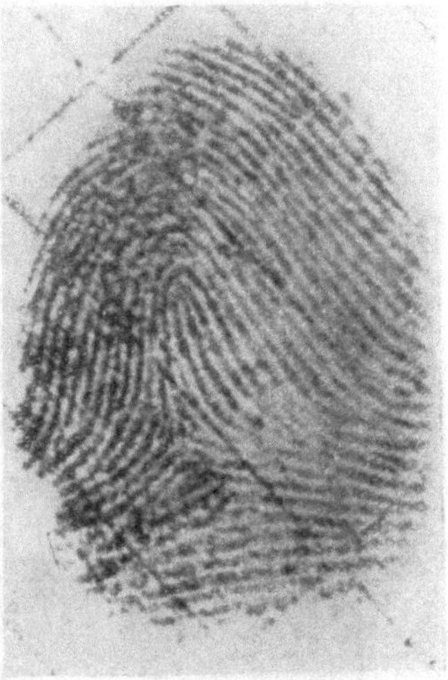

Abb. 70 a. Abdruck des rechten Mittelfingers des Bruneri vom 22. Januar 1922.

doch erhebliche Bedenken. Und zwar regte sich der allmählich zur Überzeugung gewordene starke Verdacht, daß es sich um den steckbrieflich gesuchten Mario Bruneri, 18. Juni 1886 in Turin geboren, handle. Am 11. März 1927 ging beim Erkennungsdienst Rom die S. 167 wiedergegebene Photographie des vermißten Professors Canella ein, die bei der Prüfung eine sichere Nichtidentität der Ohrformen (Abb. 71 u. 71 a) ergab, wie auch wesentliche Abweichungen bei anderen Merkmalen des Kopfes festzustellen waren.

Am 26. April 1927 übersandte die Polizei in Turin die den Gefängnisurkunden in Turin photographisch entnommenen Fingerabdrücke des Bruneri, die gelegentlich seiner Einlieferung am 21. Januar 1920 und am 14. Januar 1922 dort aufgenommen worden waren. Damit war der unumstößliche Beweis geliefert, daß der am 10. März 1926 in Turin verhaftete angebliche Geisteskranke kein anderer war als der vorbestrafte Buchdrucker Mario Bruneri.

Damit hätte der schwebende Prozeß, der im ganzen vier Jahre dauerte, sofort zu Ende sein können und müssen, wenn alles seinen normalen Gang gelaufen wäre. Das war aber nicht so. Vielmehr wurde noch weiteres Beweismaterial gesucht, das sich auch nach einer Veröffentlichung in den Tageszeitungen sehr schnell ergab. Es hieß darin, daß die Nachforschungen ergeben hätten, daß es sich um einen ausgekochten Schwindler namens Mario Bruneri handle, eines wegen Betrügereien vorbestraften Buchdrukkers. Als Überführungsgründe waren angegeben:

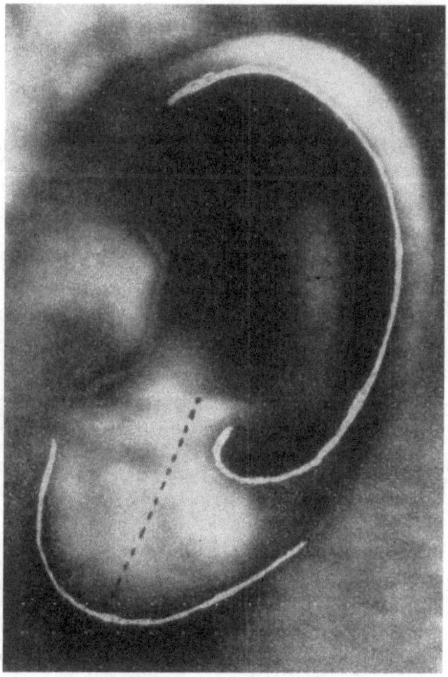

Abb. 71. Linkes Ohr des am 10. März 1926 festgenommenen Unbekannten.

1. Die Postkarte seines Sohnes Giuseppino mit dem Poststempel des Jahres 1920, während Canella bereits 1916 vermißt wurde und sein Söhnchen damals erst wenige Tage alt gewesen sei.
2. Die Operationsnarbe auf dem Rücken, die von dem operierenden Arzt als von seiner (im Jahre 1918 vorgenommenen) Operation herrührend bezeichnet worden war.
3. Die Übereinstimmung der Fingerabdrücke.
4. Die Prüfung der Photographien, insbesondere der Ohrformen.

Der Unbekannte, der sich als Professor Canella ausgab, wurde wieder in die Irrenanstalt Collegno bei Turin eingeliefert.

Es wurde weiter im Vorleben des Bruneri nachgeforscht, dabei stieß man auf ein Mädchen namens Ghidini, mit der er eine Zeitlang zusammenlebte, auch Diebstähle ausführte. Sie wurde ermittelt, lieferte weiteres wertvolles Material zur Feststellung der Persönlichkeit des Bruneri: er hatte sich bei seinen Betrügereien und Diebstählen nacheinander folgende Namen beigelegt: Montaut, La Pegna und Mighetti, unter welchen Namen er auch von einzelnen Zeugen wiedererkannt werden konnte.

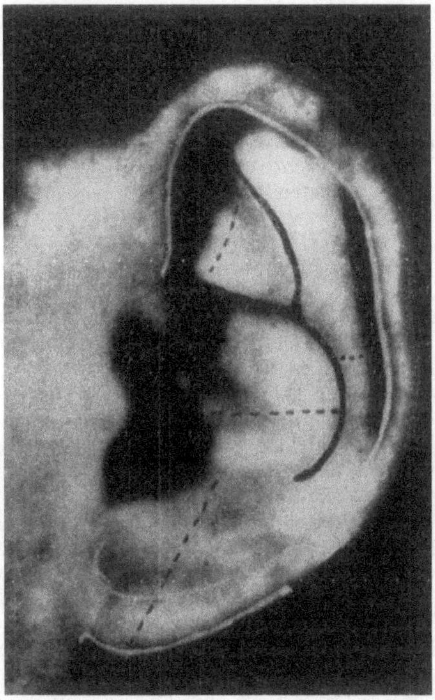

Abb. 71 a. Linkes Ohr des Prof. Canella.

Nun kam das Urteil erster Instanz, dessen Entscheidung wie folgt lautete:

Das Gericht erklärt, daß die Identifizierung des Unbekannten Nr. 44170 als Mario Bruneri, auf den sich die drei Haftbefehle vom 20. Februar 1922, vom 5. Oktober 1922 und vom 30. April 1926 beziehen, nicht erreicht worden ist. Das Gericht erklärt somit, daß die Haftbefehle auf den Unbekannten in der Irrenanstalt von Collegno nicht anzuwenden sind . . ."

Der Unbekannte, der weder als Bruneri, noch als Canella im Gerichtsurteil festgestellt war, wurde entlassen . . . und die Familie der Frau Canella, die ihn wieder aufnahm, bereitete sich auf die Geburt des vierten Kindes vor.

Einige Monate später wurde von gegnerischer Seite der Antrag gestellt: Dem Unbekannten Nr. 44170 möge gerichtlicherseits die Persönlichkeit von Mario Bruneri zugesprochen werden.

Das endgültige Urteil des Appellationsgerichtshofes in Florenz vom 1. Mai 1931 kam zu folgendem, dem ersten entgegengesetzten Urteil: Das Gericht erkennt für wahr, daß die am 10. März 1926 in die Landesirrenanstalt von Collegno eingelieferte, dort mit der Matrikel-Nr. 44170 bezeichnete physische Person Mario Bruneri ist. Das Gericht erkennt fernerhin, daß besagter Person der aus den Geburtsakten und Eheakten des Mario Bruneri sich ergebende Zivilstand zukommt und verurteilt ihn zur Tragung sämtlicher Kosten.

Die Urteilsbegründung schließt mit den Worten: Nr. 44170 ist nichts als ein Simulant, der es verstand, Treu und Glauben einer Familie auszubeuten, um in ihr wie ein Schmarotzer zu leben.

Dieses Urteil hatte die sofortige Wirkung der Überführung des Bruneri zur Abbüßung seiner 5 Jahre Gefängnis in Strafhaft, ungeachtet der sich noch weiter ergebenden Strafen aus seinem letzten Betrug.

Nach etwa einem Jahr trat eine allgemeine Amnestie ein, bei welcher Gelegenheit Mario Bruneri freikam.

Wie weiter berichtet wurde, ist Bruneri alias Professor Canella mit seiner Familie, die ihn weiterhin anerkannte und bei sich aufnahm, mit dieser nach Brasilien ausgewandert, um sich allen weiteren Persönlichkeitsfeststellungen in seiner Heimat und etwaigen weiteren Gefangennahmen zu entziehen.

Bei der Wichtigkeit dieses Falles habe ich ihn etwas näher dargestellt und füge einige, mir von der oben genannten Höheren Polizeischule in Rom zur Verfügung gestellte Bilder hier ein, die mit aller Bestimmtheit die Identität des Bruneri mit dem falschen Professor Canella beweist, was nur beweisen heißt. Hätte man aber ein solches erkennungsdienstliche Material nicht gehabt, dann müßte dieser Fall unaufgeklärt bleiben, da ja der richtige Canella bisher nicht wieder aufgetaucht ist. Der Fall bietet vor allem auch Lehrreiches und zugleich Warnendes zur Psychologie der Wiedererkennungszeugen, die leicht der Macht der Suggestion, dem schlimmen Bazillus in der Kriminalistik, unterliegen.

E. Weitere Hilfsmittel zur Personenfeststellung.

Je aufregender ein begangenes Verbrechen ist, desto mehr beschäftigt sich die Öffentlichkeit mit der Aufklärung der Verbrechenstat und der Ermittelung des flüchtigen Verbrechers. Die öffentlich ausgesetzten Belohnungen für die Ermittelung des Täters steigern selbstverständlich das Interesse des Publikums. Die Kriminalpolizei hat in solchen Fällen alle Hände voll zu tun und muß schneller und zugleich vorsichtiger als sonst die Persönlichkeit des vorläufig festgenommenen vermutlichen Täters feststellen. Ist die Person auf Grund eines in der Presse veröffentlichten unzulänglichen Signalements oder Bildes als vermutlicher

Täter durch das Publikum angezeigt und daraufhin zur Feststellung der Persönlichkeit festgenommen worden, so ist in der Regel diese Prüfung nicht allzu schwierig, insbesondere wenn der Alibibeweis hinreichend klargelegt ist. Gelingt dieser Beweis aber nicht einwandfrei, dann muß die Persönlichkeit mit den anderen verfügbaren Hilfsmitteln des polizeilichen Erkennungsdienstes festgestellt werden. Wenn der Festgenommene aber bisher noch nicht polizeilich daktyloskopiert und photographiert ist, und an Orten, an denen kein Erkennungsmaterial gesammelt wird, muß die Feststellung der Persönlichkeit zunächst auf Grund anderer Hilfsmittel vorgenommen werden. Falls jedoch kein Feststellungshilfsmittel zur Verfügung steht und das Alibi wegen der Entfernung der in Betracht kommenden Aufenthaltsorte nicht sofort nachgeprüft werden kann, bleibt nichts anderes übrig, als die Festnahme unmittelbar der zuständigen Behörde, die um Fahndung und Festnahme ersucht hat, zur weiteren Veranlassung mitzuteilen.

Mit besonderer Vorsicht sind die durch das Publikum auf Grund eines durch die Presse veröffentlichten Signalements und Bildes, die in ihrer Ausführung ja immer zu wünschen übrig lassen[1]), angezeigten und vorläufig festgenommenen Personen zu behandeln. Es hat wenig Zweck, die verdächtige Person zu einer dem öffentlichen Bild entsprechenden Bekleidung zu veranlassen, da solche Äußerlichkeiten zu leicht täuschen und das — vielleicht etwas veraltete — Bild eine andere Kleidung erkennen läßt, als sie der Täter vermutlich getragen hat. Etwas anderes ist dagegen, den Verdächtigen (als Ganzfigur) in der Kleidung zu photographieren, die er zur Zeit der Tat getragen hat; hierdurch kann dem Erinnerungsvermögen der Zeugen zweckmäßig nachgeholfen werden.

Im besonderen sei hier auf folgende Hilfsmittel der Personenidentifizierung aufmerksam gemacht.

1. Bei der Festnahme einer Person sind vor allem etwa vorhandene Ausweispapiere genau zu prüfen, die aber wie jede Prüfung der Identität verdächtiger Personen gewisse Zweifel erwecken werden. Denn die Ausweispapiere sind sehr häufig gefälscht oder werden, wenn auch echt, zu Unrecht geführt, und zwar meistens zum Zwecke der Täuschung der bei jeder Gestellung Ausweispapiere verlangenden Polizeiorgane. Selbstverständlich kommt auch auf die Art und Anzahl der vorgezeigten Papiere sehr viel an. Da aber die Fälschung und Führung der im § 363 RStGB. aufgezählten Ausweispapiere z. Zt. nur

---

[1]) Die Eigenart des Rotationsdruckes und Zeitungspapiers beeinträchtigt in allen Fällen die Schärfe der abgebildeten Personen und Überführungsgegenstände.

als geringfügige „Übertretung" angesehen wird, so wird ihre Beschaffung flüchtigen Verbrechern keine großen Schwierigkeiten machen[1]). Ausweispapiere ohne Fingerabdruck haben daher bei Personenfeststellungen keinen ausschlaggebenden Wert. Dagegen kann ein solches Papier bei näherer Prüfung seines Inhalts zu weiteren Ermittelungen Veranlassung geben.

Der rechtmäßige Inhaber eines Wanderbuches muß z. B. nähere Auskunft über die in demselben verzeichneten Ortschaften geben können, über die geographische Lage und örtlichen Verhältnisse, die vielleicht auch zufällig einem der prüfenden Beamten persönlich bekannt sind. Ebenso können bei den übrigen vorgezeigten Papieren Fragen über die persönlichen und geschäftlichen Verhältnisse seines angeblichen früheren Lehrherrn, Arbeitgebers, Arztes gestellt werden, ferner über die Verhältnisse in Gefängnissen, Erziehungs-, Irren- und Krankenhäusern, falls Entlassungsscheine vorgezeigt werden. Bei solchen Nachprüfungen wird stets darauf zu achten sein, ob die Aussteller der vorgezeigten Papiere (Zeugnisse) etwa durch Fernsprecher oder Telegraphen oder sonstwie leicht zu erreichen sind, um sie über die Richtigkeit der Angaben des Festgenommenen befragen zu können. In manchen Fällen wird auch ein Adreßbuch oder Ortslexikon[2]) zu Hilfe genommen werden können, wenn die Angaben über den früheren Aufenthalt nachgeprüft werden sollen. So wird der Angehaltene, wenn er sich an einem Ort nicht bloß vorübergehend aufgehalten hat, genauere Angaben über die in jedem Lexikon bei den größeren Ortschaften verzeichneten örtlichen, behördlichen, industriellen u. a. Verhältnisse machen können.

2. Da man es bei den hier einschlägigen Personenfeststellungen vielfach nicht mit Landstreichern zu tun haben wird, werden sich auch noch weitere Anhaltspunkte zur Prüfung der Persönlichkeit des vorläufig Festgenommenen finden lassen. Dahin gehören vor allem die Briefschaften, Quittungen, Visitenkarten, Fahrscheine, Hotelrechnungen,

---

[1]) Fälschungen nach vorgenommenen Rasuren mit Messer, Gummi oder Säuren („Tintentod") lassen sich leicht und sicher mit Joddämpfen nachweisen. Die „trockene Jodmethode" ist z. B. in dem Buche „Dennstedt und Voigtländer, Der Nachweis von Schriftfälschungen usw.", Braunschweig 1906, S. 80f. dargestellt. Findet sich kein anderer Ausweg, so muß die ausstellende Behörde sich über die Echtheit oder Fälschung der Urkunde äußern.

[2]) In Spezialfällen aber auch der „Gothaer Almanach" und die „Genealogischen Taschenbücher adeliger Häuser" (Verlag Justus Perthes in Gotha), der Bühnenalmanach und ähnliche Adreßkalender. Zur Feststellung von Wappen ist das Heroldsamt oder der Heraldische Verein in Berlin zu Rate zu ziehen.

Theater- und Kinoeintrittskarten, Empfehlungskarten, Hotel- oder Gepäckzettel auf Handtaschen und Koffern, Drucksachen jeder Art u. dgl., die bei dem Unbekannten vorgefunden werden und eine etwa schon vorhandene Wahrscheinlichkeit der Nichtidentität mit dem gesuchten Verbrecher bestätigen. In geeigneten Fällen wird hierbei auch eine von der festzustellenden Person niederzuschreibende Handschriftprobe zur Vornahme einer Handschriftvergleichung zweckdienlich sein, wenn der Betreffende z. B. einen von ihm unterzeichneten, mit einem anderen abgeschlossenen schriftlichen Vertrag bei sich hat, oder einen von ihm geschriebenen, aber noch nicht abgesandten Brief, selbstgeschriebene polizeiliche An- und Abmeldescheine usw.

3. Selbst ganz unscheinbare Merkmale, die der prüfende Polizeibeamte leicht übersieht, werden oft sachdienliche Aufschlüsse geben können, z. B. die in Kleidungs- und Wäschestücke eingenähten Firmen, Zeichen und Monogramme auf Wäschestücken, Taschentüchern, Hüten, Etuis, Brieftaschen, Schirmen, Stöcken, Uhren u. a.[1]) Der rechtmäßige Besitzer wird in der Regel genaue Auskunft hierüber geben können.

4. Falls die festzustellende Person am Ort der Festnahme oder am Nachbarort Verwandte oder persönlich Bekannte namhaft machen kann, die nicht schwer — wenn schließlich auch nur telephonisch oder telegraphisch — zu erreichen sind, so sollte eine Nachfrage bei diesen nicht unterbleiben, besonders wenn die bisher genannten Hilfsmittel nicht als ausreichend zu betrachten sind. Zur Nachtzeit können die Angaben über Namen und Wohnung etwa genannter Auskunftspersonen in der Regel schon durch das Ortsadreßbuch nachgeprüft werden oder — namentlich in größeren Städten — durch amtliche (auch telephonische) Feststellungen im Einwohnermeldeamt oder in Personalakten.

Die Prüfung der persönlichen und sachlichen Kenntnisse der als verdächtiger Täter festgenommenen Person wird ohne weiteres ergeben, ob ihre Angaben ganz oder teilweise richtig, nicht widerspruchsvoll, unwahrscheinlich oder direkt erfunden, also wahrheitswidrig und irreführend sind. Und wenn seine Angaben sich als richtig herausgestellt haben und offensichtliche Unwahrheiten nicht nachzuweisen sind, dann wird man schließlich glauben dürfen, daß er wirklich die Person ist, als die er sich ausgibt.

Hat man aber berechtigte Zweifel an der Richtigkeit der

[1]) Solche Merkmale sind aber auch bei unbekannten Toten von Wichtigkeit. Vorgefundene Selbstmörderbriefe sind grundsätzlich auf ihre Echtheit prüfen zu lassen.

Angaben des Festgenommenen, oder kann man ihm gar eine absichtliche Irreführung der Behörden nachweisen, so wird er ohne weiteres in Haft behalten und dem polizeilichen Erkennungsdienst zwecks Feststellung seiner Persönlichkeit oder dem zuständigen Richter, z. B. wegen Führung falschen Namens, Landstreicherei u. a. vorgeführt werden können. Denn wenn er auch nicht der im gedachten Fall gesuchte flüchtige Verbrecher sein sollte, könnte er doch sehr leicht in einer anderen schwebenden Strafsache gesucht werden.

Stellt sich heraus, daß der Festgenommene sich unter falschem Namen in das Gefangenenbuch (auch das eines Polizeigefängnisses) hat eintragen lassen, so hat er sich einer intellektuellen Urkundenfälschung (im Sinne des § 271 StGB.) schuldig gemacht.

5. Die Hauptfrage bei jeder Festnahme einer als „flüchtiger Verbrecher" verdächtigen Person bleibt aber immer der Alibibeweis, der allerdings ohne weitergehende und länger dauernde Ermittelungen selten nachgeprüft werden kann. Sobald dringender Verdacht vorhanden ist, daß der Festgenommene der flüchtige Täter ist, oder daß er nicht die Person ist, für die er sich ausgibt, dann ist seine vorläufige Verhaftung gesetzlich gerechtfertigt. Die weitere Nachprüfung seiner Angaben wird im Notfalle — z. B. während der Nachtzeit — bis zum nächsten Tage verschoben werden müssen. Inzwischen wird er aber der zuständigen Behörde vorgeführt werden können, die sich dann weiter mit der Prüfung der Persönlichkeit und des Sachverhalts befassen muß.

6. Ist das Verhör des Festgenommenen über seine Persönlichkeit beendet[1]), ohne über diese Gewißheit zu erlangen, dann müssen seine Fingerabdrücke nebst Lichtbild an den zuständigen Erkennungsdienst gesandt werden. Nötigenfalls werden Ausschreiben im „Deutschen Kriminalpolizeiblatt" (LKP.-Amt Berlin) veranlaßt. Das geschieht auch bei solchen Menschen, die „stumm" sind oder über Persönlichkeit und Herkunft keine Angaben machen können oder wollen.

7. Alle diese Hilfsmittel können auch in Anspruch genommen werden, wenn die Persönlichkeit eines daktyloskopierten Menschen (nach dem unter der Rubrik „Bemerkungen" stehenden Vordruck auf der Rückseite des Fingerabdruckblattes, siehe weiter oben im Kap. „Anwendung des Signalements in d. Praxis") festgestellt werden soll. Denn es ist immer leichter, gleich bei der ersten Berührung eines Menschen mit der Polizei seine Persönlichkeit einwandfrei festzustellen, als dies einer späteren

---

[1]) § 136 StPO. schreibt vor, daß bei der ersten Vernehmung des Beschuldigten zugleich auf die Ermittelung seiner persönlichen Verhältnisse Bedacht zu nehmen ist.

Gelegenheit zu überlassen. Jede grundlegende Personenfeststellung, insbesondere bei der Aufnahme von erkennungsdienstlichem Material, bedarf solcher eingehenden Nachforschungen nach Familienherkunft des Festgenommenen, die nicht auf melde- und standesamtliche Auskünfte zu beschränken sind.

Nur bei den Zigeunern ist es verständlich, eine Ausnahme zu machen, weil deren Persönlichkeitsfeststellung von jeher großen Schwierigkeiten begegnete. Am besten wird der „Reichszentrale zur Bekämpfung des Zigeunerunwesens" diese Aufgabe überlassen, die, auf eine besondere Fingerabdrucksammlung gestützt, auch hier Ordnung schaffen wird.

In einer Bekanntmachung des LKP.-Amts Berlin vom 11. Juni 1928 heißt es: Bestehen hinsichtlich eines Festgenommenen Zweifel an dessen Persönlichkeit und kann die Personenfeststellung nicht an Ort und Stelle durchgeführt werden (Gegenüberstellung mit Angehörigen oder sonstigen einwandfreien Auskunftspersonen usw.), so wird ersucht, nach Möglichkeit Lichtbilder des Festgenommenen aufzunehmen, da ohne Lichtbild die einwandfreie Feststellung der Persönlichkeit oft nicht durchgeführt werden kann. Die Lichtbilder dürfen nicht auf das Fingerabdruckblatt aufgeklebt werden, sondern sind auf der Rückseite mit Namen zu versehen und dem FA-Blatt beizufügen. Die Ortspolizeibehörden in Städten bis zu 10000 Einwohnern, die ländlichen Ortspolizeibehörden und die Gendarmeriebeamten werden ersucht, von Festgenommenen, deren Persönlichkeit nicht einwandfrei feststeht, zwei Fingerabdruckblätter zu nehmen und dem LKP.-Amt Berlin einzusenden.

Vierter Teil.

Das Signalement des Fingerabdrucks.

Formenlehre und Klassifizierung der Fingerabdrücke.

Nicht nur die Anwendung des Fingerabdruckverfahrens im polizeilichen und gerichtlichen Geschäftsverkehr soll immer weiter ausgedehnt werden, sondern auch die Kenntnisse der Wissenschaft des Fingerabdrucks überhaupt sollen in diesen Kreisen endlich eine dauernde und feste Grundlage bilden, so daß das Fingerabdruckverfahren nicht mehr als eine Art Geheimwissenschaft sorgfältig gehütet wird. Wer ein daktyloskopisches Klassifizierungssystem näher kennenlernt, der lernt vor allem auch die Grund- und Übergangsformen, sowie die hauptsächlichsten Unterscheidungsmerkmale des Fingerabdruckes erkennen, die erste Vorbedingung für das richtige Verständnis jeder weiteren Anwendung des Fingerabdrucks.

I. Allgemeine Bestimmungen.

Durch Runderlaß des Pr. Min. d. I. vom 4. Februar 1927 (MBliV. S. 133) wurde das Fingerabdruckverfahren für das ganze preußische Staatsgebiet einheitlich eingeführt[1]). Fingerabdrücke sind zu nehmen:

1. von Personen, die wegen der Art der Verbrechen oder Vergehen, deren sie verdächtig oder wegen deren sie früher verurteilt sind, oder wegen der Wahrscheinlichkeit des Rückfalls als gewohnheits- oder gewerbsmäßige Verbrecher zu erachten sind, oder bei denen Tatsachen vorliegen, welche vermuten lassen, daß sie gewohnheits- oder gewerbsmäßige Verbrecher werden,
2. von Personen, die der Behörde gegenüber die Namensangabe verweigern oder in dem begründeten Verdacht stehen, sich einen falschen Namen beigelegt zu haben,
3. von allen Ausländern, die auf Grund gerichtlicher Bestrafung wegen eines Verbrechens oder Vergehens ausgewiesen worden sind[2]),
4. von den wegen Übertretung des § 361 Nr. 3 StGB. festgenommenen Personen (Landstreichern),

[1]) In anderen Teilen Deutschlands, z. B. Bayern und Sachsen, war es schon früher einheitlich geregelt.

[2]) Ausgenommen die Vergehen gegen die Paßstrafordnung v. 6. 4. 1923.

5. von allen nicht seßhaften Zigeunern und nach Zigeunerart herumziehenden Personen.

Zur Aufnahme von Fingerabdrücken sind sowohl die Ortspolizeibehörden, als auch die Gefangenenanstalten verpflichtet. Sämtliche Fingerabdruckblätter sind an das LKP.-Amt Berlin einzusenden.

Für die monodaktyloskopische Sammlung sind Einzelfinger- und Handflächenabdrücke zu nehmen:

1. von allen gewerbs- und gewohnheitsmäßigen Einbrechern,
2. von sämtlichen Räubern,
3. von sämtlichen Erpressern,
4. von sämtlichen Hotel-, Museums- und Autodieben,
5. von allen Personen, die verdächtig sind, zu den vorausgehenden vier Verbrechergruppen zu gehören.

Vor dem Einschwärzen der Finger mit Druckerschwärze müssen die Finger sauber und trocken sein, am besten vorher gewaschen werden, was bei schweißigen Fingern unerläßlich ist. Die Druckerschwärze ist auf einer Metall- oder Glasplatte ganz dünn und gleichmäßig mittelst einer Gummiwalze zu verteilen[1]). Die Abdrücke müssen unbedingt klar sein, weil unklare Abdrücke wichtige Merkmale verschwinden lassen und die Klassifizierung erschweren. Bei verwischten oder verschmierten Abdrücken muß ein zweiter Abdruck in dasselbe Feld des FA-Blattes oberhalb des mißglückten FA abgedrückt werden. Es ist streng darauf zu achten, daß die Finger von einer Nagelkante zur anderen gerollt werden — niemals aber wieder rückwärts! —, sonst können Fehler bei der Bildung der Klassenformel entstehen. So z. B., wenn die im Bild 35 rechts liegende Schleifenpartie in Wegfall käme und statt o-Muster ein e-Muster angenommen werden müßte. (Im übrigen enthält jeder Vordruck des FA-Blattes entsprechende Anweisungen.)

Die nachfolgenden Ausführungen habe ich z. T. der von mir im Jahre 1918 ausgearbeiteten Dienstanweisung für den Berliner Erkennungsdienst[2]) entnommen. Die inzwischen notwendig gewordenen Unterteilungen brauchen hier nicht wiedergegeben werden, weil sie nur für die mit der Klassifizierung beschäftigten Beamten des LKP.-Amtes Berlin (jetzt Reichserkennungsdienstzentrale) bestimmt sind und für andere kein Interesse haben. Diese Ausführungen sollen vielmehr nur das Verständnis für

---

[1]) Nach Gebrauch muß die Platte (mit Benzin oder Petroleum) gereinigt werden.

[2]) Die grundlegende Galton-Henry-Klassifizierungsmethode, von der das Berliner System in einigen Punkten abweicht, ist zum ersten Male dargestellt in „Windt-Kodiček, Daktyloskopie", Wien 1904. — Weitere Klassifizierungsmethoden bringt Heindls „System und Praxis der Daktyloskopie".

dieses außergewöhnlich wichtige Identifizierungsmittel fördern, weshalb es genügt, die Formenlehre und die Grundzüge der Klassifizierung darzustellen.

II. Die Grundformen der Fingerabdrücke.

Schleifen-, Wirbel- und Bogenmuster sind die drei anatomisch-biologischen Grundmuster, in die sich alle vorkommenden Übergangsformen oder Zwischenstufen einordnen lassen.

Bei der Einordnung der Fingerabdruckblätter werden vier Hauptformen unterschieden, sie werden mit **e, i, o, u** bezeichnet[1]).

Vergleiche die Musterabdrücke 1—4 auf der nächsten Seite.

1. **e** = Schleifen, die nach **rechts** verlaufen und links ein Delta zeigen,
2. **i** = Schleifen, die nach **links** verlaufen und rechts ein Delta zeigen,
3. **o** = Kreise, Spiralen, Schnecken, Doppelschlingen, Zwillingsschlingen, Taschenmuster mit zwei Deltas, manchmal zeigen sich auch drei Deltas, wie im Bildbeispiel 12.
4. **u** = Bogen, bei denen die Papillarlinien mehr oder weniger gewölbt von der einen Fingerseite zur anderen laufen, und die kein Delta aufweisen. Zulässig ist hierbei, daß eine einzige Schleife nach links oder rechts oder je eine einzige Schleife nach links und rechts (also eine e- oder i-Schleife) in die Bogenlinien eingelagert verläuft. (Vgl. Beispiel 5). Das hierbei etwa gebildete Delta bleibt unberücksichtigt. Ferner sind u-Muster alle Formen, die nicht zu den e-, i- und o-Mustern gezählt werden können (vgl. Beispiel 6).

Im einzelnen ist bei den Grundformen noch folgendes zu unterscheiden:

Zur Klasse **e** gehören alle Muster, in denen wenigstens zwei ineinanderliegende Schleifen frei nach rechts verlaufen (vgl. Beispiel 7).

Die innere Schleife kann durch zwei Stäbchen (oder Linien), die man sich oben verbunden denkt, gebildet werden (vgl. Zeichnung 23 c). Diese Stäbchen dürfen unten nicht zusammenlaufen, können aber die nächste äußere Schleife mit ihren beiden unteren Enden berühren (vgl. Beispiel 8).

Die zweite (äußere) Schleife kann auch durch einen Haken gebildet werden, wenn die unvollständige Seite der Schleife die Richtung hinreichend andeutet (vgl. Beispiel 9).

Zur Klasse **e** werden auch zwei nebeneinander laufende Schleifen gerechnet (vgl. Beispiele 10, 11 und Zeichnung 23 h).

Zur Klasse **i** werden die Muster gezählt, deren im Innern des

---

[1]) Nach Galton-Henry: **R** u. **U** (= **Radial-** u. **Ulnarschleifen**), **W** (= **Wirbel**), **A** (= Bogenmuster), **T** (= Tannenmuster).

Musters **ineinanderliegende** zwei Schleifen nach links auslaufen. Im übrigen gelten dieselben Bestimmungen wie für das **e**-Muster.

Bemerkt wird, daß die Schleifen der **e**- und **i**-Muster zuweilen an der Umbiegung spitz sind, wie Beispiel 11 zeigt.

Zur Klasse **o** gehören Kreise, Spiralen, Schnecken, Doppelschlingen, Zwillingsschlingen und Taschenmuster; außerdem

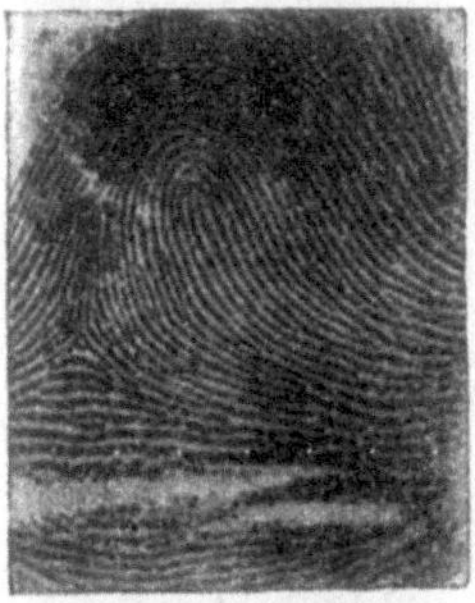

1

2

3

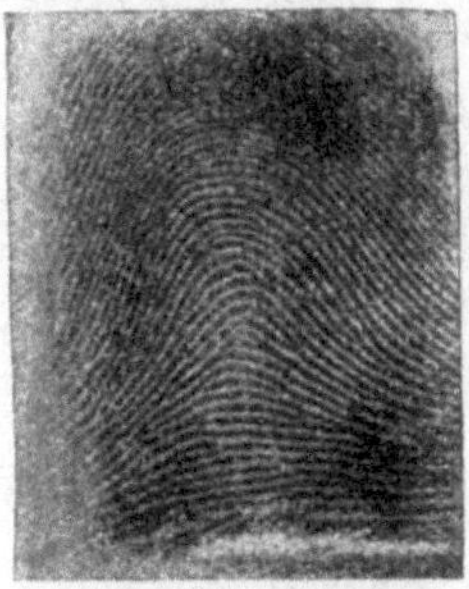

4

5

6

gewisse zufällige Muster mit zwei und mehr Deltas, die den übrigen Gruppen nicht zugeordnet werden können (vgl. Beispiel 12).

Unter **Kreisen** sind solche Formen zu verstehen, die abgeschlossene Ringe bilden (vgl. Beispiel 13),

unter **Spiralen** und **Schnecken** solche, die in der Mitte links- oder rechtsherum sich zu drehen anfangen und im weiteren Verlauf frei enden (vgl. Beispiel 14).

Doppelschlingen sind Schleifen, die übereinander verlaufen und nach einer Seite auslaufen (vgl. Beispiel 15).

7

8

9

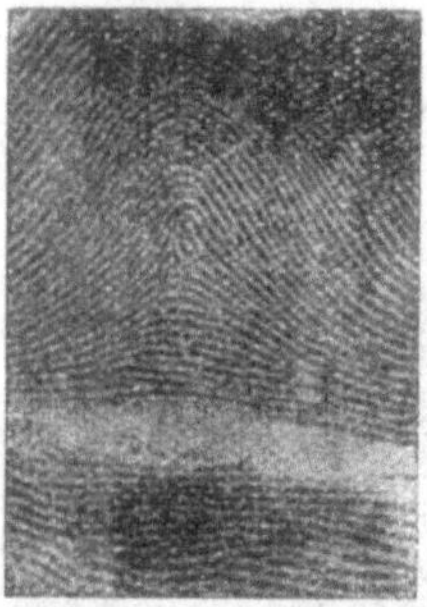
10

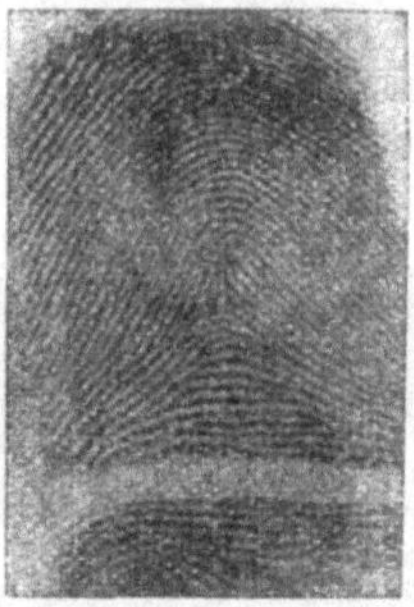
11

12

13

14

15

16

17

18

19

20

21

22

23

Zwillingsschlingen nennt man Linienformen, in denen ebenfalls Schleifen übereinander liegen, die jedoch nach verschiedenen Seiten auslaufen (vgl. Beispiel 16).

Taschenmuster sind Schleifenformen, die — im Gegensatz zu den reinen Schleifenmustern — unten spitz zusammenlaufen und durch Umgabelung eingeschlossen sind; die Spitze kann nach links oder nach rechts gerichtet sein (vgl. Beispiele 17 und 18). (Biologische Übergangsform von Schleifen- und Wirbelformen).

Demnach ist jede im Mittelpunkt des Musters befindliche in sich abgeschlossene Figur, auch wenn sie nur in geringem Zusammenhange mit anderen Papillarlinien steht, eine **o**-Form.

Verlaufen die Linien der **übereinander** liegenden Schleifenpaare nach einer Richtung, so wird der Abdruck als **o**-Form bewertet, wenn das untere Schleifenpaar auch nur aus einer einzigen Schleife besteht (vgl. Beispiel 19 mit einer **e**-Schleife und Beispiel 20 mit einer **i**-Schleife).

Als **o**-Muster werden auch alle kreisförmigen Bildungen im Mittelpunkt des Abdruckes bewertet und zwar ein ganzer Kreis (vgl. Beispiel 21), wie auch ein halber Kreis oder ein halbes Oval (vgl. Beispiel 22) oder eine Spirale (vgl. Beispiel 23), wenn sich diese Bildungen gegen die Öffnung der Schleife wenden.

Tannenmuster (= T) ist eine Abart des Bogenmusters, bei der die Papillarlinienbogen in ihrer Mitte sich spitzzeltförmig erhöhen, um eine Mittellinie sich wölbend (vgl. Beispiel 6). Das am Fuße sich bildende Delta wird bei der Klassifizierung nicht bewertet, es sei denn, daß es bei der Einlagerung von zwei Schleifen auf der linken oder rechten Seite der Achsenlinie als Delta eines e- oder i-Musters zu betrachten ist.

III. Bewertung und Klassifizierung der Fingerabdrücke.

Zur Bildung der Klassenformel ist es notwendig, zunächst die Formen der 10 Fingerabdrücke festzustellen. Dabei kommt es darauf an, ob und in welchen Fingern **o**-Formen vorkommen, die zur **Bildung der Hauptgruppe,** durch eine Bruchzahl (z. B. $\frac{5}{17}$) dargestellt, dienen.

Abkürzung der einzelnen Finger.

r	(= rechter)	und	lk	(= linker)	Daumen = D
r	,,	,,	lk	,,	Zeigefinger = Zf
r	,,	,,	lk	,,	Mittelfinger = Mf
r	,,	,,	lk	,,	Ringfinger = Rf
r	,,	,,	lk	,,	Kleinfinger = Kf.

a) Die Bewertung der o-Muster:

Die in den einzelnen Fingern vorkommenden **o**-Muster werden zahlenmäßig bewertet, wie folgt:

eine o-Form im 1. Finger zählt: 16
,, ,, ,, 3. ,, ,, : 8
,, ,, ,, 5. ,, ,, : 4
,, ,, ,, 7. ,, ,, : 2
,, ,, ,, 9. ,, ,, : 1

eine o-Form beim 2. Finger zählt: 16
,, ,, ,, 4. ,, ,, : 8
,, ,, ,, 6. ,, ,, : 4
,, ,, ,, 8. ,, ,, : 2
,, ,, ,, 10. ,, ,, : 1.

Bildliche Darstellung der o-Muster-Bewertung.

r D	r Zf	r Mf	r Rf	r Kf
1	2	3	4	5
16	**16**	**8**	**8**	**4**
6	7	8	9	10
4	**2**	**2**	**1**	**1**
lk D	lk Zf	lk Mf	lk Rf	lk Kf

b) Beispiel:

r D	r Zf	r Mf	r Rf	r Kf
1	2	(7) [1] 3	4	5
o (16)	**o** (16)	**e**	**e**	**e**
6	7	(6) [1] 8	9	10
o (4)	**o** (2)	**i**	**i**	**i**
lk D	lk Zf	lk Mf	lk Rf	lk Kf

[1]) Zahl der Papillarlinien zur Bildung von Untergruppen (s. unter d).

Um einen Fingerabdruck mit umstehenden Mustern einordnen zu können, wird folgende Formel gebildet:

Die Summe der o-Muster-Zahlen der **geraden** Fingerzahlen (oben also im 2. Finger = 16 und im 6. Finger = 4) beträgt 16+4 = 20, die Summe der o-Muster-Zahlen der **ungeraden** Fingerzahlen (oben also im 1. Finger = 16, im 7. Finger = 2) beträgt 16+2 = 18. Zu diesen Summen (also 20 und 18) muß jeweils die Zahl 1 hinzugezählt werden, weil beim Fehlen von o-Mustern in einem FA-Blatt als Mindestzahl: 1 gesetzt werden muß, um die zuerst vorkommende Bruchzahl $\frac{1}{1}$ bilden zu können.

Jetzt wird die Formel in Bruchform gebildet, wobei im Zähler die Summe der o-Muster der **geraden,** im **Nenner** die Summe der o-Muster der **ungeraden** Fingerzahlen einzutragen sind; also: $\frac{21}{19}$. Kommen in allen 10 Fingern o-Muster vor, so erhält man folgende Bruchzahl:

$$\frac{16+8+4+2+1\ (+1)}{16+8+4+2+1\ (+1)} = \frac{32.}{32.}$$

c) Bildung der Klassenformel.

Die Klassenformel eines FA-Blattes setzt sich aus einer Bruchzahl und vier weiteren Untergruppen zusammen.

Beispiel:

Summe der O-Formen	r Zf	r Mf	weitere Untergruppen		Linien im r Kf
			r Zf	r Mf	
(20+1) 21	0	e	a	a	19
(18+1) 19	0	i	b	a	
	lk Zf	lk Mf	lk Zf	lk Mf	
I	II	III	IV		V

I = $(\frac{21}{19})$ bezeichnet die Hauptgruppe, in welcher das FA-Blatt eingelegt ist.

II = $(\frac{0}{0})$ bezeichnet die Untergruppe innerhalb dieser Hauptgruppe; die Zf werden hier mit **großen** Buchstaben bezeichnet.

III = $(\frac{e}{i})$ bezeichnet in dieser Untergruppe eine weitere Unterteilung.

IV = weitere Untergruppen, die durch Auszählen der Papillarlinien in den Zeige- und Mittelfingern[1]) bei e- und i-Mustern und durch besondere Einteilung der o- und u-Muster gebildet werden, nach den unter d folgenden Regeln.

V = (19) eine weitere Untergruppe, gebildet durch die Zahl der Papillarlinien im rechten Kleinfinger, vom Delta bis zum Mittelpunkt oder „Herz" gezählt.

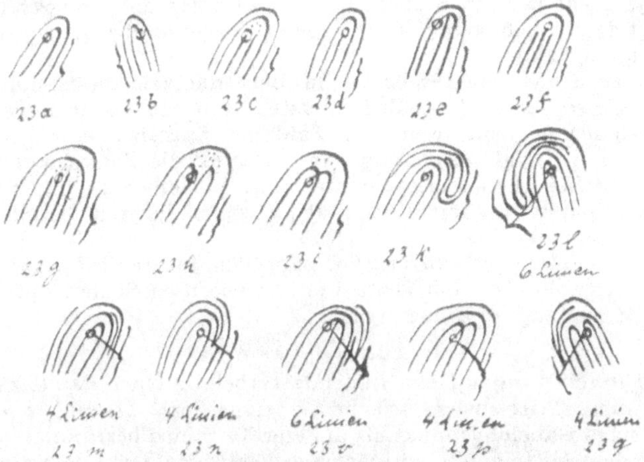

d) Die Bildung der Untergruppen.

1. Innerer und äußerer Terminus.

Zur Bildung der Untergruppen werden die Muster der Zeige- und Mittelfinger noch besonders bewertet. Dabei ist zu unterscheiden, ob es sich um Schleifenmuster oder um Wirbel-Muster handelt. Bei den Schleifenmustern werden die zwischen dem sogenannten Delta und dem Mittelpunkt liegenden Papillarlinien gezählt, bei den o-Mustern wird der Verlauf der unteren Deltalinie des linken Deltas durch Nachfahren festgestellt und je nach ihrer Ausmündung im rechten Delta verschieden bewertet. Das Delta wird regelmäßig durch die Gabelung einer Papillarlinie gebildet, aber auch durch das Auseinanderlaufen von zwei zunächst parallel verlaufenden Linien; vgl. Zeichnung 23u. Um die Papillarlinien richtig auszählen zu können,

[1]) Bei größeren Sammlungen, z. B. der Berliner, auch noch in Daumen und Ringfinger.

müssen zunächst Ausgangs- und Endpunkt oder äußerer und innerer Terminus näher bestimmt werden.

Der innere Terminus

α) bei vollständigen Schleifen liegt an der Umbiegungsstelle oder im Scheitelpunkt der innersten Schleife, siehe Zeichnung 23 a, b (an der Stelle des zur besseren Veranschaulichung eingezeichneten, unmittelbar unter der Umbiegung liegenden kleinen Kreises).

β) bei unvollständiger innerer Schleife, die also, wie Zeichnung 23c zeigt, aus zwei Stäbchen besteht, werden beide Stäbchen verbunden gedacht und bewertet wie eine vollständige Schleife.

γ) Liegt nur ein Stäbchen in der Mitte der innersten Schleife, so ist dessen Scheitelpunkt als innerer Terminus anzusehen, siehe Zeichnung 23d.

Liegen mehrere Stäbchen in der innersten vollständigen Schleife, so werden die beiden innersten Stäbchen wie im Falle 23c verbunden gedacht, wenn die Zahl der Stäbchen eine gerade (z. B. 4) ist; vgl. Zeichnung 23g. Ist aber die Zahl der eingelagerten Stäbchen ungerade (also z. B. 3 oder 5), so bildet der Scheitelpunkt des mittleren Stäbchens den inneren Terminus; vgl. Zeichnung 23f.

δ) Bei Doppelschlingen liegt der innere Terminus im Scheitelpunkt der vom Delta weiter entfernten Schleifenpartie; vgl. Zeichnung 23 k und 23 l.

Der äußere Terminus

wird durch die das Delta bildende Gabelung einer Papillarlinie bestimmt. Tritt eine mehrfache Gabelung der Linie ein, so wird derjenige Gabelungspunkt als äußerer Terminus bezeichnet, welcher dem Mittelpunkt am nächsten liegt, also der innere Gabelungspunkt; vgl. Zeichnung 23 v. Wird das Delta durch zwei auseinander laufende Linien gebildet, so ist die unmittelbar vor den beiden auslaufenden Linien liegende Stelle der äußere Terminus, vgl. Zeichnung 23 u; er kann auch durch eine kürzere oder längere Linie gebildet werden, wie in Zeichnung 23 t, erste und zweite Form, wenn es sich nicht um eine vollständige Schleifenlinie handelt, wie in Zeichnung 23 t, dritte Form, wo der äußere Terminus im Gabelungspunkt liegt.

Beim Auszählen der Papillarlinien

muß man sich vom äußeren zum inneren Terminus eine gerade Linie gezogen denken[1]). Jede Papillarlinie, die von dieser gedachten Linie durchschnitten wird, gleichgültig, wie lang sie ist, oder welche diese gedachte Linie nur berührt, wird mitgezählt, je-

[1]) Die Lupen der Erkennungsdienstbeamten sind so eingerichtet, daß sie auf diese gedachte Linie eingestellt werden können und das Auszählen erleichtern.

doch wird *der äußere und der innere Terminus nicht mitgezählt*. Vgl. die Beispiele der Zeichnungen 23 m—q; nur wenn das in der Mitte liegende einzelne Stäbchen mit der darüber liegenden Schleife verbunden ist, wie in Zeichnung 23 v, wird der innere Terminus mitgezählt, weil es sich hier gewissermaßen um zwei nebeneinander liegende Schleifen handelt, deren innere Schenkel aufeinander liegen. Liegen im Innern zwei Schleifen getrennt nebeneinander, wie Zeichnung 23 q zeigt, so wird dieser Fall behandelt, wie wenn vier Stäbchen eingelagert

wären. Berührt bei Doppelschlingen die Umbiegungsstelle einer Schleife die gedachte Linie (vom äußeren zum inneren Terminus), wie Zeichnung 23 l zeigt, so wird dieser Berührungspunkt mit *zwei* Linien gezählt; mit *einer* Linie dagegen nur, wenn der *Gabelungspunkt* einer Papillarlinie von der gedachten Linie durchschnitten wird, wie in Zeichnung 23 n, o, q. Bei zwei sich kreuzenden Schleifen, wie in Zeichnung 23 p, wird so gezählt, wie im Falle der Zeichnung 23 g, wo vier Stäbchen eingelagert sind, oder wie im Falle der Zeichnung 23 q mit zwei nebeneinander liegenden Schleifen.

Das Auszählen der Papillarlinien im rechten Kleinfinger muß, wie unter e noch weiter ausgeführt wird, genau erfolgen, während es sich beim Zeige- und Mittelfinger nur darum handelt, festzustellen, ob die Zahl der zwischen dem äußeren und inneren Terminus liegenden Linien unter 9 (bzw. unter 10) oder über 9 (bzw. über 10) beträgt. Beim rechten Kleinfinger müssen auch die Linien bei o-Mustern ausgezählt werden; vgl. die beiden Beispiele 23 r und 23 s.

Nur bei den Bogen- oder u-Mustern ist ein Auszählen der Papillarlinien nicht möglich, da hier ein innerer und äußerer Terminus nicht festgelegt werden kann.

Das Nachfahren bei o-Mustern

wird etwas weiter unten näher erklärt und durch die Zeichnungen 26 a bis 26 e veranschaulicht.

2. Nähere Bestimmungen zur Bildung der Untergruppen.

In den **Zeigefingern** werden, falls es sich um Schleifenmuster (e- oder i-Muster) handelt, zur weiteren Gruppierung die Linien zwischen Delta und Mittelpunkt des Musters ausgezählt, und die bis einschließlich **neun** Linien enthaltenden Muster mit a, die mehr als neun Linien enthaltenden mit **b** bezeichnet.

In den **Mittelfingern** erfolgt die gleiche Bezeichnung, nur mit dem Unterschiede, daß die Grenze bei **zehn** Papillarlinien ist. Also bis einschließlich zehn Linien wird die Untergruppe mit **a**, bei mehr als 10 Linien mit **b** ausgezeichnet. Können infolge undeutlichen, namentlich auch vernarbten Abdrucks die Linien in den (beiden) Zeige- und Mittelfingern nicht gezählt werden, dann wird in beiden Fällen die Untergruppe mit **a** ausgezeichnet.

So können mit den Unterscheidungsfällen **a** und **b** folgende 16 Untergruppen gebildet werden:

$\frac{aa}{aa}$	$\frac{aa}{ab}$	$\frac{ab}{aa}$	$\frac{ab}{ab}$
$\frac{aa}{ba}$	$\frac{aa}{bb}$	$\frac{ab}{ba}$	$\frac{ab}{bb}$
$\frac{ba}{aa}$	$\frac{ba}{ab}$	$\frac{bb}{aa}$	$\frac{bb}{ab}$
$\frac{ba}{ba}$	$\frac{ba}{bb}$	$\frac{bb}{ba}$	$\frac{bb}{bb}$

Mit den drei Unterscheidungsfällen **a**, **b** und **c** können im ganzen die folgenden 81 Untergruppen[1]) gebildet werden:

$\frac{aa}{aa}$	$\frac{aa}{ab}$	$\frac{aa}{ac}$	$\frac{ab}{aa}$	$\frac{ab}{ab}$	$\frac{ab}{ac}$	$\frac{ac}{aa}$	$\frac{ac}{ab}$	$\frac{ac}{ac}$
$\frac{aa}{ba}$	$\frac{aa}{bb}$	$\frac{aa}{bc}$	$\frac{ab}{ba}$	$\frac{ab}{bb}$	$\frac{ab}{bc}$	$\frac{ac}{ba}$	$\frac{ac}{bb}$	$\frac{ac}{bc}$
$\frac{aa}{ca}$	$\frac{aa}{cb}$	$\frac{aa}{cc}$	$\frac{ab}{ca}$	$\frac{ab}{cb}$	$\frac{ab}{cc}$	$\frac{ac}{ca}$	$\frac{ac}{cb}$	$\frac{ac}{cc}$
$\frac{ba}{aa}$	$\frac{ba}{ab}$	$\frac{ba}{ac}$	$\frac{bb}{aa}$	$\frac{bb}{ab}$	$\frac{bb}{ac}$	$\frac{bc}{aa}$	$\frac{bc}{ab}$	$\frac{bc}{ac}$
$\frac{ba}{ba}$	$\frac{ba}{bb}$	$\frac{ba}{bc}$	$\frac{bb}{ba}$	$\frac{bb}{bb}$	$\frac{bb}{bc}$	$\frac{bc}{ba}$	$\frac{bc}{bb}$	$\frac{bc}{bc}$
$\frac{ba}{ca}$	$\frac{ba}{cb}$	$\frac{ba}{cc}$	$\frac{bb}{ca}$	$\frac{bb}{cb}$	$\frac{bb}{cc}$	$\frac{bc}{ca}$	$\frac{bc}{cb}$	$\frac{bc}{cc}$
$\frac{ca}{aa}$	$\frac{ca}{ab}$	$\frac{ca}{ac}$	$\frac{cb}{aa}$	$\frac{cb}{ab}$	$\frac{cb}{ac}$	$\frac{cc}{aa}$	$\frac{cc}{ab}$	$\frac{cc}{ac}$
$\frac{ca}{ba}$	$\frac{ca}{bb}$	$\frac{ca}{bc}$	$\frac{cb}{ba}$	$\frac{cb}{bb}$	$\frac{cb}{bc}$	$\frac{cc}{ba}$	$\frac{cc}{bb}$	$\frac{cc}{bc}$
$\frac{ca}{ca}$	$\frac{ca}{cb}$	$\frac{ca}{cc}$	$\frac{cb}{ca}$	$\frac{cb}{cb}$	$\frac{cb}{cc}$	$\frac{cc}{ca}$	$\frac{cc}{cb}$	$\frac{cc}{cc}$

[1]) Die Zahl der Untergruppen wird noch um ein Vielfaches größer, wenn, wie in der Berliner Sammlung, jeweils die Schleifenmuster von

24

25

26

26 a (= a)

26 b (= b)

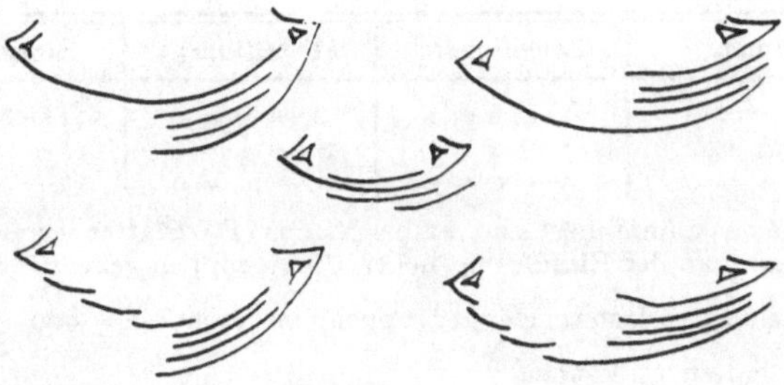

26 c (= c)

Finden sich **o-Muster** in den **Zeigefingern** und **Mittelfingern** der beiden Hände, so wird durch Nachfahren der untersten Linie des linken Deltas nach dem rechten Delta zu festgestellt, ob die Linie oberhalb oder unterhalb des rechten Deltas verläuft. Verläuft sie wie im Beispiel 24 und 26a **oberhalb,** so wird diese Form mit **a** bezeichnet, verläuft sie wie im Beispiel 25 und 26 b **unterhalb,** mit **b.** Mündet aber die unterste Linie des linken Deltas direkt in die unterste Linie des rechten Deltas, wie im Beispiel 26, oder liegen zwischen linkem unterem und rechtem unteren Deltaarm nicht mehr als drei Papillarlinien, wie in Zeichnung 26c, so wird diese Form mit c bezeichnet. Hierbei ist noch zu beachten: Hört der unterste linke Deltaarm vor dem rechten Delta plötzlich auf, so verfolgt man jeweils die nächste darunterliegende **nicht unterbrochene** Papillarlinie bis zu ihrem Endpunkt; vgl. Zeichnungen 26a, b, c. Abdrücke, die nicht bis zum Delta ausgerollt, also unbestimmbar sind, werden mit „?" ausgezeichnet und bilden eine besondere, vor $\frac{aa}{aa}$ liegende Gruppe[1]).

U-Muster in den Zeige- und Mittelfingern werden mit **a** bezeichnet. Sind in den Zf und Mf nur **u**-Muster vorhanden, so werden beide Daumen und beide Ringfinger nach ihrem Muster hinzugefügt, z. B. $\frac{1\ U\ u\ o\ e\ 6}{17\ U\ u\ i\ i}$, oder bildlich dargestellt:

D	Zf	Mf	Rf	Kf
o	u	u	e	i
i	u	u	i	e

acht Fingern nach folgender Tabelle bewertet werden und zu Untergruppen dienen:

Daumen:	Zeigefinger:	Mittelfinger:	Ringfinger:
1—10 = a	1— 6 = a	1— 9 = a	1—10 = a
10—17 = b	7—12 = b	10—14 = b	11—16 = b
18— x = c	13— x = c	15— x = c	17— x = c

Sobald eine Sammlung eine halbe Million FA-Blätter erreicht hat, muß ständig an der Einführung neuer Untergruppen gearbeitet werden, um einzelne überlastete Hauptgruppen, insbesondere $\frac{1}{1}$ und $\frac{32}{32}$, übersichtlich halten zu können.

[1]) Mangelhaft aufgenommene FA-Blätter müssen aber zwecks Erneuerung grundsätzlich zurückgesandt werden.

	r Zf	r Mf	r D	r Rf	Linien im r Kf
1	U	u	o	e	6
17	U	u	i	i	
	lk Zf	lk Mf	lk D	lk Rf	

Eine besondere Gruppe bilden FA-Blätter, die 10, 9 oder 8 Bogenmuster enthalten und die Klassenformel $\frac{1\ \text{U u u u}}{1\ \text{U u u u}}$ erhalten; sobald in einem oder zwei Fingern Schleifen auftreten, lassen sich in dieser Hauptgruppe leicht Untergruppen[1]) bilden, außerdem werden die FA-Blätter der Männer und Weiber getrennt gelegt.

e) Das Auszählen der Papillarlinien im rechten Kleinfinger.

Im **rechten** Kleinfinger werden die zwischen dem äußeren und inneren Terminus liegenden Papillarlinien ausgezählt. Die das Dreieck nach innen zu abschließende Linie des linken Deltas bei e-Muster (bzw. des rechts stehenden Deltas bei i-Muster) wird als erste Linie gezählt, wenn sie eine lange durchgehende Linie darstellt oder wenn sie eine kurze freiliegende ist. Im Beispiel 27 sind es 6 Linien, im Beispiel 28 sind es 5 Linien. Nicht mitgezählt wird die Linie, wenn sie kurz ist und an einer Seite oder beiden Seiten die sich gabelnde Linie oder die auseinanderlaufenden Linien des Deltas berührt wie im Beispiel 29, wo es 15 Linien sind. Die erste, nach dem Delta liegende Linie der innersten Schleife wird mitgezählt. Im Beispiel 30 sind es demnach 17 Linien. Befindet sich eine einzelne Papillarlinie in der innersten Schleife, also im Herzen, so wird diese als letzte nur mitgezählt, wenn sie an die Umbiegung der Schleife oben heranreicht, wie im Beispiel 31, nicht aber wie im Beispiel 32, wo die innerste Linie freiliegt. Liegen in der innersten Schleife mehrere Papillarlinien, so wird, wie oben schon bei Zeichnung 23f und 23g gesagt wurde, bei ungerader Zahl die mittelste nicht mehr mitgezählt, bei gerader Zahl denkt man sich die beiden getrennt liegenden Papillarlinien zu einer Schleife verbunden und zählt daher deren erste Linie als letzte, vom Delta aus

[1]) In größeren Sammlungen, z. B. in der Berliner, werden auch durch Ausscheidung und Bewertung der Tannenmuster (= T), einer Abart der Bogenmuster, neue Untergruppen gebildet.

27

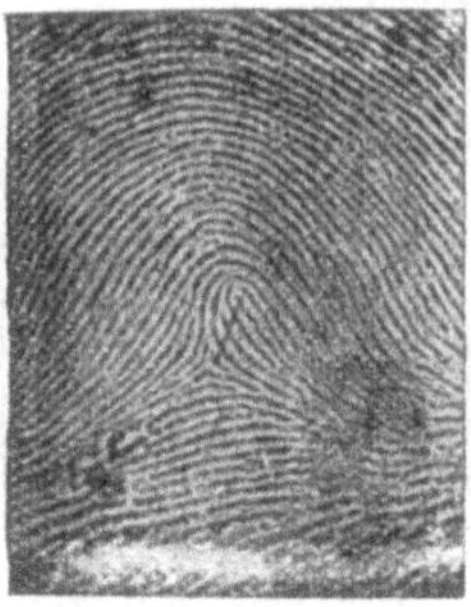
28

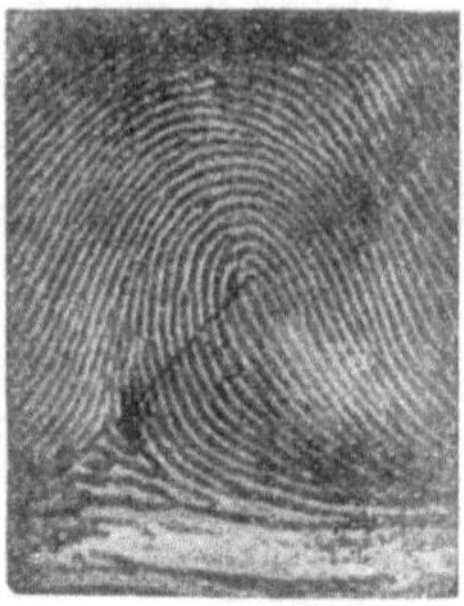
29

30

31

32

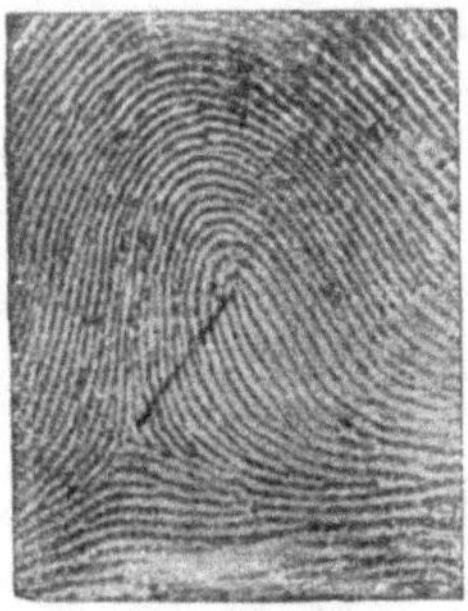
33

34

35

gerechnet. Im Beispiel 33 sind es 14 Linien, im Beispiel 34 sind es auch 14 Linien.

Sind im Kleinfinger o-Muster, so werden die Papillarlinien vom linken Delta aus gezählt, wie Zeichnung 23 r zeigt; bei Taschenmustern, wie Zeichnung 23 s zeigt, vom rechten Delta aus.

Kleinfinger mit u-Formen ohne Schleife werden nicht ausgezählt, vielmehr nur mit einem Strich „—" ausgezeichnet; solche FA-Blätter werden in dem betreffenden Lebensjahrgang obenaufgelegt. Bei Doppel- und Zwillingsschleifen wird bis zur Mitte des dem linken Delta zunächstliegenden Schleifenpaares gezählt. Im Beispiel 35 werden daher 6 Linien gezählt. Ist die Anzahl der Papillarlinien nicht ganz genau festzustellen, so wird ein Fragezeichen „?" an Stelle der Ziffer gesetzt und das FA-Blatt im Jahrgang des Lebensalters obenaufgelegt.

f) Bestimmung der Formel bei fehlenden Fingern.

Fehlt ein Finger oder ist infolge Zerstörung der Fingerhaut die Form unkenntlich[1]), so wird die Form des entsprechenden Fingers der anderen Hand mitbewertet. Fehlt der gleiche Finger jeder Hand, dann wird ein o-Muster und $\frac{a}{a}$ als Untergruppe angenommen.

Fehlt der für die letzte Zahl der Klassenformel wichtige **rechte** Kleinfinger, dann werden die Linien des **linken** Kleinfingers gezählt; fehlen beide Kleinfinger, dann wird das FA-Blatt in dem betreffenden Jahrgang obenaufgelegt. Fehlt die ganze Hand, so werden die Muster der Finger der anderen Hand sowohl im Zähler wie im Nenner eingetragen. Können einzelne Finger infolge ganz undeutlichen oder nachlässigen Abdruckes nicht bewertet werden, dann müssen die FA-Blätter zur Ergänzung oder Neuaufnahme nochmals an die Aufnahmestelle zurückgesandt werden.

g) Ordnung der FA-Blätter.

In der mit dem Zahlenbruch, z. B. $\frac{21}{19}$, bezeichneten Hauptgruppe sucht man die mit dem **Buchstabenbruch**, z. B. $\frac{O}{O}\,\frac{e}{i}\,\frac{a\,a}{b\,a}$ bezeichnete Untergruppe, in der die Abdrücke der daktyloskopierten Personen nach den **Altersklassen** liegen, und zwar die älteren oben, die jüngeren unten, innerhalb der gleichen Jahrgänge nach der Anzahl der Papillarlinien im rechten Kleinfinger, und zwar nach unten zahlenmäßig ansteigend. Für den Fall, daß

---

[1]) Nach Erneuerung der Fingerhaut wird am besten ein neues FA-Blatt aufgenommen.

das Alter falsch angegeben oder auch unrichtig abgeschätzt ist, muß, von dem angegebenen oder geschätzten Alter ausgehend, in den Jahrgängen bis zu zehn Jahren auf- und abwärts nachgesehen werden. Beim Auszählen der Papillarlinien im rechten Kleinfinger ist eine Fehlergrenze bis zu drei Papillarlinien zugelassen, die beim Nachsuchen in den Untergruppen berücksichtigt werden muß.

$\frac{1}{1}$	$\frac{1}{2}$	$\frac{1}{3}$	$\frac{1}{4}$	——————>	$\frac{1}{32}$
$\frac{2}{1}$	$\frac{2}{2}$	$\frac{2}{3}$	$\frac{2}{4}$	——————>	$\frac{2}{32}$
$\frac{3}{1}$	$\frac{3}{2}$	$\frac{3}{3}$	$\frac{3}{4}$	——————>	$\frac{3}{32}$
$\frac{4}{1}$	$\frac{4}{2}$	$\frac{4}{3}$	$\frac{4}{4}$	——————>	$\frac{4}{32}$
↓	↓	↓	↓		↓
$\frac{32}{1}$	$\frac{32}{2}$	$\frac{32}{3}$	$\frac{32}{4}$	——————>	$\frac{32}{32}$

Sollten hinsichtlich einzelner Formelbildungen Zweifel herrschen, so werden **Doppelblätter** angefertigt und jede gesondert in der Sammlung eingelegt.

Die FA-Blätter der **Weiber** sind am oberen Rand mit Rotstrich versehen, werden besonders gelegt und beginnen hinter dem letzten Jahrgang der Männer jeder Hauptgruppe.

h) Alphabetisches Register.

Für jede daktyloskopierte Person wird eine Karte für das **alphabetische Register** angelegt, sie enthält Vor- und Zunamen, Beruf, Geburtstag, -Monat und -Jahr, Geburtsort, sowie die Klassenformel seines FA-Blattes und auf der Rückseite den r. Zf-Abdruck. Bei Wiedereinlieferung einer daktyloskopierten Person wird deren **r. Zeigefinger** zur **Kontrolle** auf dieser

Karte abgedrückt und mit dem Datum der Einlieferung und dem Namenszeichen des kontrollierenden Beamten versehen.

i) Die Einordnung der Hauptgruppen in die Schränke.

Die Hauptgruppen werden der **Bruchzahl** der Klassenformel entsprechend nach der Tabelle S. 198 geordnet.

Demnach enthält die ganze Sammlung $32 \times 32 = 1024$ Hauptgruppen, die auf zahlreiche Schrankfächer verteilt sind.

IV. Die Merkmale des Fingerabdrucks.

Um zwei Fingerabdrücke miteinander zu vergleichen und ihre Identität festzustellen, bedarf es außer der äußeren Formengleichheit auch einer Übereinstimmung der Einzelmerkmale.

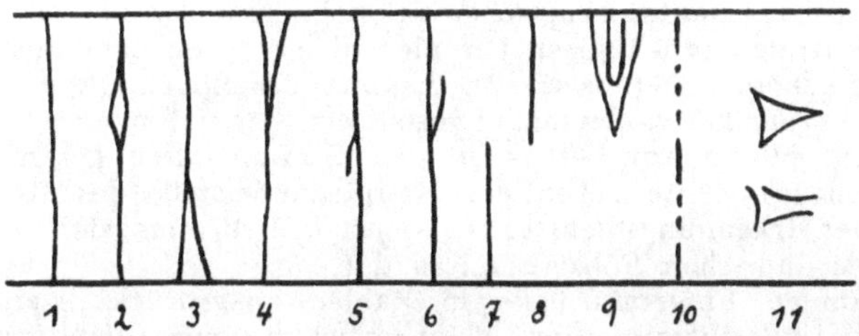

Abb. 67.

1) Durchgehende Linie (d. h. ohne jedes Merkmal). — 2) Auge (oder Inselbildung). — 3) Gabelung. — 4) Kontragabel (aufwärtsstehend). — 5) Haken (nach unten stehend). — 6) Kontrahaken (nach oben stehend). — 7) Beginnende Linie. — 8) Endende Linie. — 9) Eingelagerte Schleife. — 10) Fragmente (mehrfach unterbrochene Linie). — 11) Delta (mit offenen oder geschlossenen Schenkeln).

Der Bezeichnung nach sind es, wie die vorstehende Tabelle zeigt, nur wenige; entscheidend ist aber ihre Lage im ganzen Papillarlinienbild. Ein Fingerabdruck enthält 80 bis 100 solcher anatomischen Merkmale (auch Minutien genannt), und schon 6—10 solcher klar erkennbaren Merkmale reichen aus, um die Identität zweier Abdrücke mit Bestimmtheit zu bejahen. Näheres enthalten die oben erwähnten Lehrbücher von Heindl und Windt-Kodicek, sowie mein Buch „Der Beweis durch Fingerabdrücke" (Berlin 1923). Die grundlegende englische Literatur ist: Francis Galton, Finger Prints, London 1892. — E. R. Henry, Classification and uses of fingerprints. London 1901.

Unter

Fernidentifizierungsverfahren

versteht man entweder den einen Weg, durch telegraphische (oder telephonische) Übermittelung der Beschreibung einer Person und ihrer Fingerabdrücke mit Hilfe eines besonderen Telegrammcodes eine umgehende telegraphische (oder telephonische) Auskunft von der Zentralsammelstelle zu erhalten, oder den anderen Weg, die daktyloskopischen Klassenformeln wenigstens der schwersten Verbrecher in Buchform zusammenzustellen, um diese danach gleich bei der Verhaftung identifizieren zu können. Es ist klar, daß eine Fingerabdrucksammlung der Schwerverbrecher, die jeder Polizeibehörde in einfacher Buchform zugänglich gemacht werden könnte, das Ideal eines erkennungsdienstlichen Hilfsmittels darstellen würde. Diesen Gedanken hat der frühere Kopenhagener Polizeiinspektor Hakon Jörgensen verwirklicht, indem er im Jahre 1916 sein erstes Buchregister daktyloskopischer Formeln zum Zwecke der von der Zentrale unabhängigen Fernidentifizierung für die dänischen Polizeibehörden herausgab. In diesem Formelbuch waren etwa 7500 Verbrecher zahlenmäßig registriert, deren Fingerabdrücke in den Jahren 1913—1915 in den Strafanstalten gesammelt wurden; es stellte neben der Hauptsammelstelle des Kopenhagener Erkennungsdienstes ein wichtiges Erkennungshilfsmittel für die dänischen Polizeibeamten dar.

Können Fingerabdrücke in Zahlen ausgedrückt werden? Nichts ist leichter als dies; denn ob ich die vier Grundformen der Fingerabdrücke, wie sie der regelmäßigen Klassifizierung zugrunde gelegt werden, mit e, i, o, u oder mit 1, 2, 3, 4 bezeichne, ist an sich ganz gleichgültig. Damit wäre aber noch nichts gewonnen, denn zur Identifizierung der zehn Fingerabdrücke eines Menschen genügen diese vier Hauptgruppen noch nicht, es müssen vielmehr noch viele Untergruppen gebildet werden, wie im vorausgehenden Kapitel gezeigt wurde. Bekanntlich sind aber die Klassifizierungsmethoden der zahlreichen daktyloskopischen Sammelstellen der Welt unter sich so verschieden, daß es nicht möglich wäre, alle durch ein einheitliches Verfahren in Zahlen so umzuformen, daß die Zahlenformeln überall verstanden würden. Es mußte daher ein ganz neues Einteilungs- und Beschreibungsverfahren ersonnen werden, das allgemein verständlich ist und vom Sprachgebrauch und den Klassifizierungsmethoden der einzelnen Länder unabhängig, also im wirklichen Sinne international verständlich ist. Der Grundgedanke dieses Verfahrens, wie er auch von einem englischen Erkennungsdienstfachmann (Collins) in einem ähnlichen Verfahren zum Ausdruck gebracht wurde, ist richtig und verdient auch aus polizeigeschichtlichem Interesse festgehalten zu werden.

Das Neue, das Jörgensen in die Daktyloskopie eingeführt hat, ist das Signalement des Fingerabdrucks. Außer zwei Generalformeln, welche wie bei jeder anderen daktyloskopischen Sammlung die Hauptgruppen kennzeichnen, werden einmal die Papillarlinien der fünf Finger der rechten Hand gezählt, dann folgt die genaue Beschreibung eines bestimmten Fingerabdruckes, wie ihn gerade einer der zehn Finger in klarer und möglichst einfach erkennbarer Weise darbietet, wozu ein maßähnliches, vergrößerndes Hilfsinstrument (Meßlupe) benötigt wird. Schließlich wird noch je ein besonderes, klares und unverkennbar gut ausgeprägtes Merkmal in zwei beliebigen Fingern angegeben. Auf Grund dieser so gewonnenen Angaben ist die Identifizierung eines Menschen mit Sicherheit möglich. Versuche in der Praxis haben die Brauchbarkeit dieser Methode bewiesen.

Daß ein einzelner Fingerabdruck ebenso genau, aber viel sicherer beschrieben werden kann, als die Bestandteile des Kopfes und deren Merkmale, ist ganz zweifellos. Denn die sich wiederholenden Merkmale, wie Gabelungen, Insel- und Hakenbildungen, beginnende und endende, sowie unterbrochene Linien an ganz bestimmten Punkten eines Abdruckes sind bei der Identifizierung ausschlaggebend. Die Identifizierung eines Tatortfingerabdruckes mit dem Abdruck des Täters beruht also auf der gleichen Beschreibung und der genauen Feststellung der Lage der identischen Punkte des betreffenden Abdruckes. Da durch die Erfahrung, wie auch durch wissenschaftliche Forschungen als festgestellt anzusehen ist, daß es keine zwei gleichen Fingerabdrücke gibt, muß auch die Beschreibung eines einzelnen Fingerabdrucks so genau ausgeführt werden können, daß Verwechselungen ausgeschlossen sind.

Aber auch die Beschreibung des Menschen nach dem portrait parlé ist in das FI-Verfahren von Jörgensen mit aufgenommen worden. Es soll zur Ergänzung und Kontrolle dienen, wenngleich man bei der unübertroffenen Beweiskraft der Fingerabdrücke auf die weitere Ergänzung oder auf Kontrollmittel ohne weiteres verzichten könnte. In der Anweisung des FI-Verfahrens finden wir die ganze Signalementslehre in bewundernswerter Einfachheit tabellarisch dargestellt, so daß einige Zahlen und Buchstaben genügen, um neben dem daktyloskopischen Befund eines Menschen auch noch dessen Körperbeschreibung einfügen zu können.

Ein Beispiel aus dem daktyloskopischen, bzw. alphabetischen Register Jörgensens lautet:

2/I 57 Rothe Emilie Auguste. Deutschland.

D. 5 $\frac{3}{7}$ 335 $\frac{3}{5}$ 1545 323 15 B. a 7041 $\frac{5}{7}$, b 3 $\frac{5}{7}$ 302, e 4—1, f 07

(Beide Zeilen nehmen im Register nur eine einzige Zeile ein!)

2/I 57 = Geburtstag und -Jahr.

D = daktyloskopische Generalformeln.

B = Beschreibung nach Bertillon, die Zahlen nach der erwähnten Tabelle abgelesen bedeuten: blond, Nasenrücken geradlinig, Nasengrundlinie aufwärts, Lippensaum schmal, Mund zusammengekniffen, hintere Ohrleiste klein, hintere Längsfurche offen, Ohrläppchen freihängend, untere Gegenleiste vorgewölbt, Augenbrauen nahe beisammen, Oberlid bedeckt.

In ähnlicher Weise können auch besondere Kennzeichen durch wenige Zahlen notiert werden.

Jörgensens Bestreben ging nun dahin, das FI-Verfahren seiner eigentlichen Bedeutung entsprechend nutzbar zu machen und es in den internationalen Polizeiverkehr einzuführen. Er hatte bereits ein kleines Lexikon von 1500 internationalen Verbrechern in dieser Weise zusammengestellt, das periodisch ergänzt und erneuert werden sollte, um es den Polizeiverwaltungen aller Länder zugänglich zu machen, sobald durch die zu erwartende Unterstützung der Länder die Bereicherung der Sammlung durch Übersendung der Fingerabdruckblätter internationaler Verbrecher an die dänische Zentrale in die Tat umgesetzt worden wäre.

Wie steht es mit der telegraphischen Übersendung der so beschriebenen daktyloskopischen und signaletischen Formeln? Bei der Polizeikonferenz in Berlin 1912 hatte man bereits das Bedürfnis der Schaffung eines Telegrammschlüssels für Signalementsangaben anerkannt. Die beste Lösung finde ich darin, einen Polizeicode auszuarbeiten, der den im internationalen kaufmännischen Geschäftsverkehr seit langem eingeführten Codes angepaßt wäre. Zu diesem Zwecke müssen Zahlen oder Buchstaben in Silben von je drei Buchstaben (zwei Konsonanten und ein Vokal oder zwei Vokale und ein Konsonant) umgewandelt und Wortgruppen von je neun Buchstaben gebildet werden.

Nach den postalischen Vorschriften müssen die Codewörter, gleichviel ob es wirkliche oder künstliche sind, aus Silben bestehen, die sich nach einer der europäischen Sprachen aussprechen lassen; sie dürfen höchstens zehn Buchstaben nach dem Morsealphabet enthalten. Wortbildungen, die diesen Bedingungen nicht entsprechen, werden der chiffrierten Sprache zugerechnet und demgemäß taxiert. Handelszeichen, abgekürzte und in der gewöhnlichen oder Handelskorrespondenz gebräuchliche Ausdrücke wie fob, cif, caf, sop gelten als Texte in offener Sprache.

Bei Aufstellung des Polizeitelegrammschlüssels für Übermittelung von Formeln der gedachten Art kommt es also darauf an, gut lesbare, leichtverständliche und mnemotechnisch einprägsame Silben zu wählen, welche die Gefahr einer Verstümmelung oder eines Mißverständnisses möglichst ausschließen. Mein nachstehender Vorschlag eines solchen Telegrammschlüssels könnte sowohl für das Jörgensensche Fernidentifizierungsverfahren, als auch für die Übermittelung der daktyloskopischen Formeln der Reichszentrale benützt werden. Bei der Galton-Henryschen Fingerabdruckklassifizierung müssen zunächst Silben für die Zahlen 1—32 gewählt werden, dann folgen die vier Grundformen der Fingerabdruckmuster e, i, o, u, dann die Buchstaben a—i zur Bezeichnung der Hauptgruppen der signaletischen Tabelle[1]) und schließlich einige weitere Bezeichnungen, die sich als notwendig erweisen.

Durch die genau einzuhaltende Reihenfolge der Wiedergabe der Formeln in allen Fällen kann ein Irrtum über die Bedeutung einer sich wiederholenden Zahl (oder der Silbe) nicht eintreten, so daß z. B. die Ziffer 4 (vir) je nach ihrer Stellung in der Silbenreihe bedeuten kann: ein bestimmtes Fingerabdruckmuster, einen bestimmten Finger, Anzahl der Papillarlinien oder ein bestimmtes signaletisches Merkmal eines Fingerabdruckes oder eines körperlichen Merkmals.

Polizei-Telegrammschlüssel

zur telegraphischen Übermittelung von signaletischen Angaben.

0 = *nul*	21 = *enz*	Linienmuster:
1 = *ein*	22 = *woz*	e = *eke*
2 = *zwo*	23 = *riz*	i = *iri*
3 = *dri*	24 = *irz*	o = *oto*
4 = *vir*	25 = *ifz*	u = *uhu*
5 = *fif*	26 = *eza*	Tannenmuster = *tan*
6 = *ses*	27 = *iza*	Doppelschleife = *dos*
7 = *sib*	28 = *aza*	Zwillingsschleife = *zis*
8 = *ach*	29 = *nia*	Taschenmuster = *tas*
9 = *nin*	30 = *eis*	zufälliges Muster = *zuf*
10 = *zen*	31 = *eid*	amputiert = *amp*
11 = *elf*	32 = *zid*	vernarbt = *nar*
12 = *zwe*	a = *abt*[1])	Beschreibung nach Bertil-
13 = *diz*	b = *buz*	lon = *bes*
14 = *viz*	c = *col*	Verbrecherspezialität = *spe*
15 = *fiz*	d = *der*	Strich = *ich*
16 = *sez*	e = *elm*	Bruchstrich = *bru*
17 = *siz*	f = *for*	× (mal) = *mal*
18 = *atz*	g = *gar*	Detailformel = *det*
19 = *niz*	h = *hat*	Notabeneformel = *not*
20 = *ziz*	i = *ist*	oder = *ode*

Beispiel: Die Klassenformel $\frac{21\,O\,e\,a\,b\,18}{19\,O\,i\,b\,b}$ würde im Telegrammcode lauten:

enznizoto otoekeiri abtbuzbuz buzatz

[1]) a—i sind die Gruppen der Beschreibung nach Bertillon im Lehrbuch des FI-Verfahrens von Jörgensen, Berlin 1922, A. W. Hayns Erben.

Um aus dieser Gruppe das richtige Fingerabdruckblatt herausfinden zu können, müssen unbedingt noch einige Merkmale einzelner Finger angegeben werden. In dem oben klassifizierten Fingerabdruckblatt zeigt der zweite und sechste Finger eine Doppelschleife, außerdem hat der zweite Finger in der achten Winkelzone auf der dritten Linie ein „Auge" (d. h. Inselbildung), was nach dem System Jörgensen so bezeichnet wird: NB. 2831.

Das obige Telegramm würde daher noch so ergänzt werden müssen: zwosesdos notzwoach driein. Mit diesen sieben Codewörtern könnten die in Frage kommenden Fingerabdruckblätter aus der Sammlung der daktyloskopischen Reichszentrale herausgefunden werden. Wollte man diesem Telegramm noch die Angabe eines besonderen Kennzeichens beifügen, z. B. g 500 i 42359 = Warze, 4 cm unter dem linken Augenwinkel, so kämen noch folgende Codewörter hinzu: bes garfifnul nulistvir zwodrifif nin und das ganze Telegramm wiese sonach 30 × 3 = 90 Buchstaben oder zehn Codewörter mit je neun Buchstaben auf.

Anhang.

Geschichtlicher Rückblick und Ausblick.

Der Fingerabdruck, der heute in der ganzen Kulturwelt als unerschütterliche Stütze des modernen Erkennungsdienstes angesehen wird, war nicht, wie man manchmal noch hört, von Alphons Bertillon in die Kriminaltechnik eingeführt worden. Im Gegenteil, er war als das Bessere der Feind des Guten und hat daher die Bertillonage oder Körpermessung gänzlich verdrängt. Bertillon scheint den kommenden Siegeslauf des Fingerabdrucks nicht vorausgeahnt zu haben, wenn er in seinem Lehrbuch des „Anthropometrischen Signalements"[1]) sagte: „. . . Wir bestreiten gar nicht, daß, um z. B. nur von der chinesischen[2]) Methode zu reden, die Hautzeichnungen der inneren Daumenfläche beim gleichen Menschen von großer Stetigkeit sind, und dabei vielleicht von einer Person zur anderen solche Verschiedenheiten aufweisen, daß jedes Individuum gleichsam sein eigenes Originalsiegel mit sich herumträgt. Aber leider ist es ebenso unleugbar, daß trotz der scharfsinnigen Versuche des Engländers Francis Galton die Zeichnungen so genügend markierte Abstufungen nicht zeigen, als daß sie mit Vorteil zur Grundlage einer Registratur von mehreren hunderttausend Fällen anzuwenden wären." [3]).

Hier hat sich also, wie die Geschichte lehrt, Bertillon „unleugbar" geirrt. Heute wissen wir aber auch, daß die Chinesen längst vor den Europäern den Wert des Fingerabdrucks gekannt haben. In der Geschichte der Medizin bei den ostasiatischen Völkern[4]) können wir folgendes lesen: „Erwähnt sei noch, daß schon seit alter Zeit in der chinesischen Rechtspflege Abdrücke des Daumens, und zwar des linken bei Männern, des rechten bei

---

[1]) Deutsche Ausgabe von Prof. Dr. v. Sury, Bern 1895, Seite XXI.

[2]) Er erwähnt an gleicher Stelle u. a. den zurückzuweisenden Vorschlag, den Abdruck der Hautzeichnungen des Daumens als Klassifizierungssystem einzuführen, „welche Methode bei den Chinesen üblich sein soll".

[3]) Gleichwohl hatte B. seit 1894 seine Meßkarten mit dem Abdruck einzelner Finger zwecks Bildung von Untergruppen versehen lassen.

[4]) Von Scheube, im Handb. d. Geschichte der Medizin von Puschmann, S. 35.

Frauen, nicht nur als Unterschriften von Geständnissen, sondern auch bei den Signalements von Verbrechern zur Verwendung kommen."[1])

Bertillon erwähnt (a. a. O.) außer dem Daumenabdruck noch einige weitere unbrauchbare Vorschläge von klassifizierbaren körperlichen Merkmalen, so den von einigen Zahnärzten empfohlenen Gipsabdruck des Unterkiefers, dann das Modell, d. h. den Abguß oder die Photographie des Ohres. Diesen Vorschlägen könnte ich noch einige weitere anfügen, die im Laufe der Jahre seitdem gemacht worden sind, z. B. die Klassifizierung der im Röntgenbild aufgenommenen Fingerknochen, des Adernnetzes auf dem Handrücken, den photographierten Augenhintergrund (Netzhaut), phonographische Stimmenaufnahme und kinematographische Aufnahmen von Haltung und Gang des Verbrechers usw. Aber auch die mittelalterliche Brandmarkung der Verbrecher taucht in den Vorschlägen immer wieder auf unter Hinweis auf völlig schmerzlose, daher humane Signierverfahren, z. B. durch das Sandstrahlgebläse mit Hilfe besonderer Schablonen (1902) und vor allem durch die Tätowierung, wie sie Heindl a. a. O. (S. 421) als von einem Arzt vorgeschlagen erwähnt, bei gleichzeitig ablehnendem Standpunkt.

Daß aber die Tätowierung auch heute noch als durchaus brauchbares Mittel der Verbrecherkennzeichnung betrachtet und sogar hier und da noch angewendet wird, scheint sich aus einer Mitteilung eines weitgereisten Schiffoffiziers zu ergeben, die ich vor mehreren Jahren von ihm erhielt. In ausländischen Häfen, vor allem in Honkong, seien oft Menschen mit starken Narben auf dem Handrücken zu sehen, die von der Entfernung der in Siam erhaltenen polizeilichen Tätowierung einer „Pagode" zum Zeichen der Ausweisung aus dem Staatsgebiet zurückgeblieben seien. Wenn die Notiz, die ich in einer Berliner Tageszeitung vom 6. Oktober 1935 gelesen habe, richtig ist, bekommen im nordamerikanischen Bundesstaate Jowa die Heiratsschwindler auf den rechten Unterarm drei Sterne zwangsweise tätowiert. Das nützt aber nichts, seitdem man Tätowierungen entweder gänzlich durch Verzierungen entstellen oder auslöschen kann.

Die Brandmarkung und Markierung kennen wir bei uns nur noch in der Viehzucht und bei Grenzkontrollen. So müssen z. B. im pfälzischen Grenzort Schweigen die zur Weide oder Arbeit über die Grenze nach Elsaß (Frankreich) geführten Tiere ein

[1]) Über die Geschichte der Daktyloskopie bringt Heindl, a. a. O., eingehende Ausführungen. Zu vgl. ist auch Dr. Edmond Locard, L'histoire de la dactyloscopie. Lyon 1930. (Revue intern. de criminalistique.)

„D" auf Horn, Huf oder Hinterteil eingebrannt erhalten, wie umgekehrt die von französischem Gebiet auf deutsches aus gleichem Anlaß gebrachten Tiere ein „F", merkwürdige Folgen unsinniger Grenzziehung.

Gehen wir zur neuesten Zeit über, so ist als wichtigstes Ereignis die weit fortgeschrittene gegenseitige internationale Verständigung zur Bekämpfung des internationalen Berufsverbrechertums hervorzuheben mit einem gut ausgebauten Nachrichtenwesen und Karteisystem. Selbstverständlich hat auch die Polizeitechnik aus den Erfindungen technischer Neuheiten großen Nutzen gezogen, es sei nur an die drahtlose Telegraphie, den Polizeifunk erinnert. Berlin ist als Zentralfunkstelle des internationalen Polizeifunknetzes mit dem Rufzeichen: IPCQ (d. h. Internationale Polizei an alle!) vereinbart worden. Jede internationale Polizeifunknachricht geht zunächst an die Berliner Polizeizentrale, gleichgültig, von welcher ersuchenden ausländischen Behörde sie ausgeht, und wird von hier aus an alle Funkstellen des internationalen Polizeifunknetzes weiter geleitet.

Als Rufzeichen Berlins für das nationale Polizeifunknetz Deutschlands ist DQB gewählt worden. Jede Meldung und Fahndung aus deutschen Orten wird ebenso wieder an die Berliner Zentrale gegeben und geht von hier aus an die Leitfunkstellen, wie sie alle größeren Polizeiverwaltungen besitzen und einzelnen Provinzgebieten unterstehen. Jede Funkstelle hat ihren Namen und Rufzeichen und kann direkt erreicht werden. Damit das Amtsgeheimnis gewahrt bleibt, werden die Funksprüche chiffriert gegeben.

Vom Bildfunk[1]), der übrigens noch nicht in den anderen europäischen Ländern eingeführt ist, kann wegen der erhöhten Kosten nur ausnahmsweise in sehr wichtigen Fällen Gebrauch gemacht werden. Aber die Funkwiedergabe von photographischen Bildnissen steckbrieflich gesuchter Personen und von Fingerabdrücken ist technisch vollkommen gelöst. Um die Sprachschwierigkeiten zu überwinden, ist ein internationaler Polizeicode mehrfach vorgeschlagen, aber noch nicht eingeführt worden. Um die Kosten bedeutend zu ermäßigen, wollte man, wie in der kaufmännischen Geschäftswelt, das Codeverfahren anwenden.

Das Jörgensensche Fernidentifizierverfahren geht von diesem Standpunkt aus und wurde schon mehrere Jahre versuchsweise angewendet. Die Erfolge waren aber anscheinend

---

[1]) Ein Lebenswerk des Berliner Prof. Korn, der bei der Polizeiausstellung in Karlsruhe 1925 zum ersten Male einen Einblick in den Stand seiner Erfindung gewährte.

nicht befriedigend, so daß es z. Zt. nicht mehr angewendet wird und in die polizeitechnische Vorratskammer gestellt wurde. Aber irgendeinmal wird es von da wieder hervorgeholt und auf neu aufgearbeitet. Wenn dabei eine wesentliche Vereinfachung erzielt würde, hätte es auch Aussicht, ernstlich studiert und der Praxis wieder zugeführt zu werden.

In der ersten Zeit, als die erkennungsdienstlichen Grundlagen der Personenfeststellung der von der Polizei eingelieferten Personen (durch Körpermessung, Photographie und Fingerabdrucknahme) geschaffen werden sollten, gab es oft genug Widerstand, bis durch die Reichsgerichtsentscheidung vom 2. Juni 1899 (Band 32 S. 199) ausdrücklich anerkannt wurde, daß die Polizeibehörden zuständig sind für die Anordnung, daß die vorläufig festgenommenen und in Polizeihaft gebrachten Personen Messungen zu unterwerfen und gleichzeitig zu photographieren sind und daß sonach der ihren Beamten dabei von dem Betroffenen geleistete Widerstand als Widerstand gegen die Staatsgewalt gemäß § 113 StGB. zu bestrafen ist.

Durch Novelle vom 24. November 1933 hat die StPO. diesen neuen Paragraphen 81 b erhalten, der lautet:

> „Soweit es für die Zwecke der Durchführung des Strafverfahrens oder für die Zwecke des Erkennungsdienstes notwendig ist, dürfen Lichtbilder und Fingerabdrücke des Beschuldigten auch gegen seinen Willen aufgenommen und Messungen oder ähnliche Maßnahmen an ihm vorgenommen werden.“

Ein sehr verdienstvolles Bemühen wird es sein und bleiben, den unschätzbaren Beweiswert des Fingerabdruckes über seine bisherige Anwendung hinaus voll und ganz auszunützen, wenn die Ausweispapiere zur sicheren Feststellung der Persönlichkeit ihres Inhabers den gewünschten und gewollten Zweck auch wirklich erreichen sollen. Die allgemeine Fingerabdrucknahme für alle Staatsbürger in irgendeiner Form obligatorisch zu machen, ist keine Utopie, denn ein Blick auf amerikanische Einrichtungen zeigt uns den Weg der Zukunft des Fingerabdrucks und des Personenfeststellungsverfahrens.

Neben der größten amtlichen Fingerabdrucksammlung der Welt von über 6 Millionen FA-Blätter in Washington[1]) ist ein hiervon völlig und streng abgetrennter ziviler Identifizierungsdienst eingerichtet, in dem bereits 246000 FA-Blätter freiwillig daktyloskopierter Menschen der USA., gewissermaßen zu ihrer eigenen Sicherheit, aufbewahrt und verwaltet werden. Bei einer (irgendwie durchgeführten) Abstimmung über die Frage einer allgemeinen staatsbürgerlichen Fingerabdruck-

---

[1]) Im Federal Bureau of Investigation des Departement of Justice.

nahme wurde in einigen Landesteilen der USA. die Frage mit 66—72% bejaht und nur mit 28—34% verneint.

Argentinien hat seine 18 Millionen und Mexiko seine 15 Millionen Einwohner daktyloskopiert, wie auch Chile bereits die Fingerabdrucknahme seiner Bevölkerung beschlossen und begonnen hat. (Siehe oben S. 148 und 149.)

Brasilien registriert die Fingerabdrücke aller seiner Kinder[1]. Daneben dient der Fingerabdruck auch seit langem schon im amerikanischen Bankverkehr als bester Ersatz für die mangelnde Unterschrift der schreibunkundigen Kontoinhaber.

Statistik der Erkennungsdienstzentrale des LKP.-Amtes Berlin.

Aus der nachstehenden Übersicht ersieht man eine 27jährige Tätigkeit der Berliner Erkennungsdienstzentrale, soweit es auf die Feststellung der Persönlichkeit Lebender und unbekannter Toten durch die drei Hilfsmittel: Fingerabdruck, Signalement und Bildnis ankommt. Die wertvollen Sammlungen eines modernen leistungsfähigen Erkennungsdienstes erfordern in ihrer Verwaltung fleißige und zuverlässige Beamte. Zur Erhaltung der Übersicht bedarf es einer wohlüberlegten, gründlichen Ballastentfernung. So sieht man z. B. in den Jahren 1918 und 1935 eine starke Verringerung der Bilder des Verbrecheralbums. Aber auch die Fingerabdrucksammlung muß ständig bereinigt werden, indem vor allem

	1936	1935	1934	1933
die FA-Blätter der Verstorbenen: . .	2037	1894	1775	1749
und der über 70jährigen:	2698	2329	2221	2103

entfernt wurden.

Die Zahlen der Wiedererkennungen von Tätern nach ihrem im Verbrecheralbum vorgezeigten Bildnis — sie schwanken nach der Zahl der Einsichtnahmen von 19% bis 24% — haben keineswegs absoluten Wert, weil die Wiedererkennungen bei der Nachprüfung des Alibis und durch Gegenüberstellung manchmal sich als falsch erweisen oder widerrufen werden. Daher müssen jeweils einige Prozent dieser statistischen Zahlen abgestrichen werden; diese Differenzzahlen werden abei statistisch nicht festgestellt.

[1]) Nach Mitteilungen im „Finger Print Magazine" (Chicago 1937, Heft Nr. 11, S. 3).

Statistik der Reichserkennungsdienstzentrale in Berlin.

Jahr	Gesamtzahl der Fingerabdruckblätter	Daktyloskopische Identifizierungen von Personen		Durch Tatortfingerspuren identifiziert			Identifizierung von unbekannten Toten durch Fingerabdrücke	Verbrecheralbum		
		a) mit falschen Namen	b) Insgesamt	a) Auf Grund der Einzelfinger und der Hauptsammlung	b) Von bereits Verdächtigten	c) Insgesamt		a) Gesamtzahl der Bildnisse	b) Wiedererkennungen	c) Von wieviel Personen eingesehen
1910	97825	554[1])	6184	—	—		?	36993	219	1814
1911	113510	787[2])	6565	—	—	24	?	39466	244	1507
1912	130991	931[3])	?	—	—		?	42474	?	?
1913	156085	1070[4])	?	4	26	30	?	44768	?	?
1914	174656	968[5])	6988	6	41	47	5	47214	200	1050
1915	185801	541	4868	8	21	29	8	48660	167	863
1916	197238	529	5344	6	26	32	5	50090	171	1415
1917	209077	534	4797	16	20	36	5	51389	219	1195
1918	220693	605	4637	13	20	33	8	29670[6])	221	1120
1919	234949	713	5853	8	11	19	11	28930	293	1698
1920	254420	1040	7990	10	30	40	11	26206	485	2282
1921	277141	1205	8130	14	33	47	14	26523	448	2244

1922	306246	1335	9481	17	50	67	9	28460	485	2562
1923	334438	1386	16039	10	60	70	17	31345	556	2608
1924	355103	1136	11702	10	47	57	12	33628	435	2190
1925	378135	1526	13949	30	131	161	16	33361	431	2220
1926	403435	1602	12068	46	169	215	16	35388	490	2513
1927	429686	1686	15781	91	112	203	10	38179	477	2560
1928	460663	2461	16352	143	261	404	24	40243	492	2670
1929	482560	2159	14885	69	120	189	19	42337	539	3011
1930	512373	1983	14461	180	112	292	13	44538	633	3126
1931	534695	1524	15359	136	78	214	11	46708	1001	3723
1932	561172	1360	14769	113	79	192	13	48988	997	4142
1933	587538	1082	13424	89	54	143	15	50685	722	3171
1934	611412	903	11378	109	51	160	13	52361	504	2422
1935	643028	1165	11775	96	46	142	15	36805[6])	402	2107
1936	677502	1597	12307	77	52	129	11	38673	429	2115

1) Außerdem 452 durch Meßkarten.
2) Außerdem 242 durch Meßkarten.
3) Außerdem 133 durch Meßkarten.
4) Außerdem 22 durch Meßkarten.
5) Außerdem 6 durch Meßkarten.
6) Von diesem Jahre an erfolgte eine starke Ausscheidung veralteter Bilder.

Sachregister.

T

U

V

W

Z

Kolibri 360 GmbH
Ferdinand-Jühlke-Straße 7
99095 Erfurt, Deutschland
produktsicherheit@kolibri360.de